FRITZ OSSENBÜHL

Das elterliche Erziehungsrecht im Sinne des Grundgesetzes

Soziale Orientierung

Veröffentlichungen der Wissenschaftlichen Kommission
bei der Katholischen Sozialwissenschaftlichen Zentralstelle
Mönchengladbach

In Verbindung mit

Karl Forster · Hans Maier · Rudolf Morsey

herausgegeben von

Anton Rauscher

Band 2

Das elterliche Erziehungsrecht
im Sinne des Grundgesetzes

Von

Fritz Ossenbühl

DUNCKER & HUMBLOT / BERLIN

Redaktion: Günter Baadte

Alle Rechte vorbehalten
© 1981 Duncker & Humblot, Berlin 41
Gedruckt 1981 bei Buchdruckerei A. Sayffaerth - E. L. Krohn, Berlin 61
Printed in Germany
ISBN 3 428 05001 0

Inhaltsverzeichnis

Einführung   11

Erstes Kapitel

Verfassungsgeschichtlicher Rückblick

I. Zur Bedeutung eines verfassungsgeschichtlichen Rückblicks 17

II. Die Verbürgung des elterlichen Erziehungsrechts in der Weimarer Reichsverfassung 18

   1. Rechtsgrundlagen 18

   2. Elterliches Erziehungsrecht als „natürliches" Recht 20

   3. Elterliches Erziehungsrecht und staatliche Schulerziehung 21

III. Zur Entstehungsgeschichte des Art. 6 GG 23

IV. Resümee und Ertrag für die Interpretation des Art. 6 Abs. 2 GG .. 36

Zweites Kapitel

Verfassungsrechtliche Grundlagen des elterlichen Erziehungsrechtes

I. Übersicht über die verfassungsrechtlichen Regelungen 38

   1. Die Regelungen in den Länderverfassungen 38

   2. Art. 6 Abs. 2 GG und landesverfassungsrechtliche Verbürgungen des elterlichen Erziehungsrechtes 39

   3. Art. 6 GG und die Verfassungstradition 40

II. Das elterliche Erziehungsrecht — ein Element der grundrechtlich geschützten Familie als Lebensgemeinschaft 42

III. Elterliches Erziehungsrecht als Grundrecht 43

   1. Elterliches Erziehungsrecht als Abwehrrecht 43

   2. Elternrecht als wertentscheidende Grundsatznorm 44

   3. Elternrecht als „natürliches Recht" 45

   4. Elternrecht als Menschenrecht 47

IV. Inhalt und Schranken des elterlichen Erziehungsrechts 48

1. Schutzbereich und Schutzgegenstand 48
2. Elternrecht und Elternverantwortung — zum Gedanken der treuhänderischen Freiheit 50
3. Elterliches Erziehungsrecht als „Amt"? 52
4. Die genuin-elterliche Komponente des Elternrechts 52
5. Elternrecht und Kindesgrundrechte 53
6. Bestimmung der Erziehungsziele und Erziehungsmethoden 58
7. Zum Interpretationsprimat der Eltern betreffend das Kindeswohl 64

Drittes Kapitel

Elterliches Erziehungsrecht und Wächteramt des Staates

I. Rechtfertigung des staatlichen Wächteramtes 67
   1. Textbefund 67
   2. Sinn und Gegenstand des staatlichen Wächteramtes 68
II. Inhalt und Schranken des staatlichen Wächteramtes 70
   1. Staatliches Wächteramt — kein staatliches Erziehungsrecht 71
   2. Vorrang des elterlichen Erziehungsrechtes 71
   3. Beschränkung des Staates auf Mißbrauchs- und Gefahrenabwehr 72
III. Modalitäten des staatlichen Wächteramtes 74
   1. Unterstützung vor Eingriff 74
   2. Prävention und Information 75
   3. Der Grundsatz der Verhältnismäßigkeit als leitende Maxime .. 76

Viertes Kapitel

Elterliches Erziehungsrecht im Spiegel staatlicher Familien- und Jugendpolitik

I. Reform der elterlichen Sorge 77
   1. Motive und Inhalt der Reform der elterlichen Sorge 78
   2. Festlegung von Erziehungszielen und Erziehungsmethoden 80
      a) Inhalt des § 1626 Abs. 2 BGB 80
      b) Rechtsnatur des § 1626 Abs. 2 BGB 81
      c) Verfassungsrechtliche Würdigung 82
      d) Verfassungskonforme Auslegung 85
   3. Zur Eingriffsschwelle für staatliche Maßnahmen 86

    a) Inhalt der Neuregelung des § 1666 Abs. 1 BGB 86
    b) Wegfall des Erfordernisses des Verschuldens als Eingriffsvoraussetzung 87
    c) „Verhalten Dritter" als Eingriffsgrund 89

II. Reform des Jugendhilferechts 90

  1. Zum Inhalt und Stand der Reform 90
  2. Einige umstrittene Einzelfragen 91
    a) Eingriff und Leistung 91
    b) Prinzip der Freiwilligkeit 93
    c) Zum Antragsrecht des Jugendlichen 93
    d) Zur Beratung von Minderjährigen 94

Fünftes Kapitel

Elternrecht und Schule — Grundlagen

I. Individuelles und kollektives Elternrecht 96

  1. Anknüpfung für die Unterscheidung 96
  2. Besonderheiten und Unterschiede 97
  3. System einer erzieherischen Gewaltenbalance 98

II. Konfessionelles und pädagogisches Elternrecht 102

III. Zum staatlichen Erziehungsmandat 103

  1. Grundlagen und Rechtfertigung des staatlichen Erziehungsmandates 103
    a) Erziehung als notwendiger Bestandteil des Schulehaltens ... 103
    b) Kompensationsfunktion staatlicher Schulerziehung 105
    c) Integrationsfunktion staatlicher Schulerziehung 105
  2. Inhalt und Umfang der staatlichen Schulerziehung 106

IV. Elterliches Erziehungsrecht und staatliches Schulerziehungsmandat 107

  1. Zur These der „Gleichordnung" 107
  2. Drei-Bereiche-Lehre 109
  3. Differenzierung tut not 110
  4. Vorrang und Übergewicht des elterlichen Erziehungsrechts gegenüber dem staatlichen Erziehungsmandat 110
    a) Qualitativer Vorrang des elterlichen Erziehungsrechtes 111
    b) Quantitatives Übergewicht des elterlichen Erziehungsrechtes 113
    c) Folgerungen 116
  5. Kooperationsmodell 117
    a) Kooperationsformel 117

  b) Lösung individueller Konflikte 118
  c) Lösung genereller Konflikte 119
 6. Abgrenzungsraster 119

Sechstes Kapitel

Elternrecht und Schule — Aktuelle Einzelfragen

I. Schulorganisation und Schullaufbahn des Kindes 122
 1. Relevanz aus der Sicht des elterlichen Erziehungsrechts 122
 2. Schulorganisation als Gegenstand der Gestaltungsfreiheit des Gesetzgebers 123
 3. Dirigierende und beschränkende Kraft des Elternrechts 125
 4. Dirigierende und beschränkende Kraft des Kindesgrundrechts 128
 5. Effektuierung des elterlichen Erziehungsrechts durch Freie Schulen 129

II. Schulversuche 130
 1. Kein Anspruch auf Durchführung von Schulversuchen 131
 2. Zum Anspruch auf Fortführung begonnener Schulversuche 131
 3. Kein Zwang zur Teilnahme an Schulversuchen 132

III. Orientierungsstufe und elterliches Erziehungsrecht 133

IV. Ganztagsschule 137

V. Vorschulerziehung 140

VI. Bestimmung der Erziehungsziele und Lerninhalte 142
 1. Bedeutung und Brisanz 142
 2. Kompetenz und Gestaltungsfreiheit des Staates 144
 3. Einflüsse durch das elterliche Erziehungsrecht 146

VII. Schulgebet 147

VIII. Schülerbeurteilung sowie Gestaltung und Inhalt der Zeugnisse 149
 1. Ausgangspunkt: der grundrechtlich fundierte Informationsanspruch der Eltern gegen die Schule 150
 2. Inhalt und Umfang der Informationspflicht 151
 3. Art und Weise der Information 152

Literaturverzeichnis (Auswahl)   154

    a) Inhalt der Neuregelung des § 1666 Abs. 1 BGB 86
    b) Wegfall des Erfordernisses des Verschuldens als Eingriffsvoraussetzung 87
    c) „Verhalten Dritter" als Eingriffsgrund 89

 II. Reform des Jugendhilferechts 90

    1. Zum Inhalt und Stand der Reform 90
    2. Einige umstrittene Einzelfragen 91
        a) Eingriff und Leistung 91
        b) Prinzip der Freiwilligkeit 93
        c) Zum Antragsrecht des Jugendlichen 93
        d) Zur Beratung von Minderjährigen 94

Fünftes Kapitel

Elternrecht und Schule — Grundlagen

  I. Individuelles und kollektives Elternrecht 96

    1. Anknüpfung für die Unterscheidung 96
    2. Besonderheiten und Unterschiede 97
    3. System einer erzieherischen Gewaltenbalance 98

 II. Konfessionelles und pädagogisches Elternrecht 102

III. Zum staatlichen Erziehungsmandat 103

    1. Grundlagen und Rechtfertigung des staatlichen Erziehungsmandates 103
        a) Erziehung als notwendiger Bestandteil des Schulehaltens ... 103
        b) Kompensationsfunktion staatlicher Schulerziehung 105
        c) Integrationsfunktion staatlicher Schulerziehung 105

    2. Inhalt und Umfang der staatlichen Schulerziehung 106

 IV. Elterliches Erziehungsrecht und staatliches Schulerziehungsmandat 107

    1. Zur These der „Gleichordnung" 107
    2. Drei-Bereiche-Lehre 109
    3. Differenzierung tut not 110
    4. Vorrang und Übergewicht des elterlichen Erziehungsrechts gegenüber dem staatlichen Erziehungsmandat 110
        a) Qualitativer Vorrang des elterlichen Erziehungsrechtes 111
        b) Quantitatives Übergewicht des elterlichen Erziehungsrechtes 113
        c) Folgerungen 116
    5. Kooperationsmodell 117
        a) Kooperationsformel 117

b) Lösung individueller Konflikte 118
   c) Lösung genereller Konflikte 119
   6. Abgrenzungsraster 119

Sechstes Kapitel

Elternrecht und Schule — Aktuelle Einzelfragen

I. Schulorganisation und Schullaufbahn des Kindes 122
   1. Relevanz aus der Sicht des elterlichen Erziehungsrechts 122
   2. Schulorganisation als Gegenstand der Gestaltungsfreiheit des Gesetzgebers 123
   3. Dirigierende und beschränkende Kraft des Elternrechts 125
   4. Dirigierende und beschränkende Kraft des Kindesgrundrechts 128
   5. Effektuierung des elterlichen Erziehungsrechts durch Freie Schulen 129

II. Schulversuche 130
   1. Kein Anspruch auf Durchführung von Schulversuchen 131
   2. Zum Anspruch auf Fortführung begonnener Schulversuche 131
   3. Kein Zwang zur Teilnahme an Schulversuchen 132

III. Orientierungsstufe und elterliches Erziehungsrecht 133

IV. Ganztagsschule 137

V. Vorschulerziehung 140

VI. Bestimmung der Erziehungsziele und Lerninhalte 142
   1. Bedeutung und Brisanz 142
   2. Kompetenz und Gestaltungsfreiheit des Staates 144
   3. Einflüsse durch das elterliche Erziehungsrecht 146

VII. Schulgebet 147

VIII. Schülerbeurteilung sowie Gestaltung und Inhalt der Zeugnisse 149
   1. Ausgangspunkt: der grundrechtlich fundierte Informationsanspruch der Eltern gegen die Schule 150
   2. Inhalt und Umfang der Informationspflicht 151
   3. Art und Weise der Information 152

Literaturverzeichnis (Auswahl) 154

Abkürzungsverzeichnis

a. A.	=	anderer Ansicht
Abg.	=	Abgeordnete(r)
Abs.	=	Absatz
AcP	=	Archiv für die civilistische Praxis
a. F.	=	alte Fassung
Anm.	=	Anmerkung
AöR	=	Archiv des öffentlichen Rechts
ArbuR	=	Arbeit und Recht. Zeitschrift für Arbeitsrechtspraxis
Art.	=	Artikel
Aufl.	=	Auflage
BayLV	=	Bayerische Landesverfassung
BayVBl.	=	Bayerische Verwaltungsblätter
BayVerfGH	=	Bayerischer Verfassungsgerichtshof
Bd.	=	Band
BGB	=	Bürgerliches Gesetzbuch
BRDrucks.	=	Bundesrats-Drucksache
BTDrucks.	=	Bundestags-Drucksache
BVerfGE	=	Entscheidungen des Bundesverfassungsgerichts
BVerwGE	=	Entscheidungen des Bundesverwaltungsgerichts
Diss.	=	Dissertation
DÖV	=	Die Öffentliche Verwaltung
Drs.	=	Drucksache
DVBl.	=	Deutsches Verwaltungsblatt
Erl.	=	Erläuterung
FamRZ	=	Ehe und Familie im privaten und öffentlichen Recht. Zeitschrift für das gesamte Familienrecht
FAZ	=	Frankfurter Allgemeine Zeitung
GG	=	Grundgesetz
Grundsatz-A	=	Grundsatzausschuß
HA	=	Hauptausschuß
HessStaatsGH	=	Hessischer Staatsgerichtshof
HessVerf.	=	Hessische Verfassung
Hrsg.	=	Herausgeber
JöR NF	=	Jahrbuch des öffentlichen Rechts. Neue Folge
JR	=	Juristische Rundschau
JuS	=	Juristische Schulung
JWG	=	Jugendwohlfahrtsgesetz
JZ	=	Juristen-Zeitung
KKW	=	Kernkraftwerk
LV BW	=	Landesverfassung von Baden-Württemberg
LV NRW	=	Landesverfassung von Nordrhein-Westfalen
MDR	=	Monatsschrift für Deutsches Recht
NJW	=	Neue Juristische Wochenschrift

OVG	=	Oberverwaltungsgericht
Parl. Rat	=	Parlamentarischer Rat
PrALR	=	Preußisches Allgemeines Landrecht
RdJ	=	Recht der Jugend. Zeitschrift für Jugenderziehung, Jugendpflege und Jugendschutz, für Jugendfürsorge und Jugendstrafrecht
RdJB	=	Recht der Jugend und des Bildungswesens. Zeitschrift für Jugenderziehung und Jugendförderung, für Recht und Verwaltung, Soziologie und Wirtschaft des Bildungs- und Unterrichtswesens
SGB	=	Sozialgesetzbuch
SGB-AT	=	Sozialgesetzbuch, Allgemeiner Teil
Sten. Berichte	=	Stenographische Berichte
Sten. Prot.	=	Stenographische Protokolle
VerwArch	=	Verwaltungsarchiv
VerwRspr.	=	Verwaltungsrechtsprechung in Deutschland. Sammlung oberstrichterlicher Entscheidungen aus dem Verfassungs- und Verwaltungsrecht
VGH	=	Verwaltungsgerichtshof
VVDStRL	=	Veröffentlichungen der Vereinigung der Deutschen Staatsrechtslehrer
WRV	=	Weimarer Reichsverfassung
ZRP	=	Zeitschrift für Rechtspolitik

Einführung

Eine Untersuchung über das elterliche Erziehungsrecht bedarf in der gegenwärtigen Situation keiner besonderen Rechtfertigung. Die Aktualität und Brisanz des Themas ist seit Jahrzehnten ungebrochen und hat nach den Ereignissen des letzten Dezenniums eher zugenommen. Vor allem die Familienpolitik, die Jugendpolitik und die Schulpolitik sind jene Felder, in denen weitestgehende gesellschaftsverändernde Reformvorhaben (noch) auf die begrenzende und disziplinierende Kraft des elterlichen Erziehungsrechts stoßen. Ging es in der ersten Phase nach Inkrafttreten des Grundgesetzes im wesentlichen um die auf den Bereich der Schulerziehung beschränkte konfessionelle Frage und die Gleichberechtigung von Mann und Frau, so hat sich im letzten Jahrzehnt das Problem- und Konfliktfeld wesentlich erweitert. Der Verlust an Konsens über gemeinsame Erziehungsvorstellungen und die zunehmende Ideologisierung der Schulerziehung[1] führen zu einer wachsenden Zahl von Rechtsstreitigkeiten, in deren Mittelpunkt die Frage nach dem Inhalt und der Wirkkraft des elterlichen Erziehungsrechts steht. Im Bereich der schulischen Erziehung kann der Staat sich auf Art. 7 GG stützen und sein Erziehungskonzept auch gegen das widerstrebende Elternrecht durchsetzen. Die Rechtsprechung des Bundesverfassungsgerichts zeigt hier einen stark etatistischen Einschlag; sie formuliert den Inhalt des elterlichen Erziehungsrechts zwar mit Dignität, läßt es in der Sache aber kaum zur Wirksamkeit gelangen[2]. Im Bereich der Familienpolitik liegen die Dinge hingegen komplizierter, weil der Staat zwar die Befugnis hat, das Familienrecht einfachgesetzlich auszuformen, es ihm aber von Verfassung wegen prinzipiell verwehrt ist, in den Innenraum der Familie generell oder individuell dirigierend einzuwirken. Dirigierende Eingriffe können hier im Gegensatz zur schulischen Erziehung nicht auf einen verfassungsrechtlichen Kompetenztitel gestützt werden. Strategisch lassen sich solche Zugriffe nur legitimieren durch eine äußere und innere Umorientierung des Leitbildes der Familie und der elterlichen Erziehung. Dies geschieht dadurch, daß das

---

[1] Vgl. dazu beispielsweise: *J. Abr. Frowein*, Erziehung zum Widerstand?, in: Festschrift für Willi Geiger, 1974, S. 579 ff.; *Chr. Tomuschat*, Der staatlich geplante Bürger, in: Festschrift für Eberhard Menzel, 1975, S. 21 ff.; *G. Püttner*, Toleranz und Lehrpläne für Schulen, DÖV 1974, S. 656 ff., alle mit weiteren Nachweisen.

[2] Vgl. dazu die Darstellung im Fünften und Sechsten Kapitel.

vom Bundesverfassungsgericht geprägte Wort von der Familie als „Keimzelle der Gesellschaft", die als solche durch keine andere Form der Gemeinschaft zu ersetzen ist[3], kurzerhand als „beliebte Hochstilisierung" oder als „altpreußische Ideologie" apostrophiert wird[4]. Doch eine solche Diffamierung allein überzeugt nicht. Wirksamer erscheinen Argumentationen, die in den Schlagworten vom „Funktionsverlust der Familie"[5] und der „Emanzipation des Kindes"[6] kulminieren. Insbesondere mit der Formel von der „Emanzipation des Kindes" haben sich neuere politische Richtungen einen polemischen Kampfbegriff geschaffen, der es ihnen erlaubt, den Keim der Spaltung in die Solidargemeinschaft der Familie zu legen und sie als Institution von innen her aufzubrechen. Ausläufer dieser Argumentation reichen bis in amtliche Begründungen zur Reform des Rechts der elterlichen Sorge[7].

Die bestehenden Fronten und Meinungsverschiedenheiten im Bereich des elterlichen Erziehungsrechts werden noch dadurch unterstrichen und verschärft, daß man von verschiedenen Erfahrungsbereichen aus urteilt und argumentiert: aus der Sicht gestörter Familien auf der einen und aus der Sicht intakter Familien auf der anderen Seite. Auf diese Weise wird durch ein empirisch geprägtes Vorverständnis über den Wert und die Leistungskraft der Familie die Einstellung zu staatlichen Eingriffen vorweggenommen. Dies ist verständlich, wenn auch ein die Diskussion belastendes Moment. Das Feld der rationalen Abklärung eines drängenden verfassungsrechtlichen Problems wird jedoch verlassen, wenn die Familie aus ideologischen Gründen unerwünscht ist und als Hindernis für eine angestrebte Systemüberwindung erachtet wird. Es ist nicht die Aufgabe und Ambition dieser Untersuchung, solchen eindeutig verfassungswidrigen, kulturrevolutionär geprägten Konzepten nachzugehen. Dies ist Sache der Pädagogen, Politologen und Soziologen. Sie mögen die Zielrichtung und die innere Taktik und Strategie solcher Konzepte aufzeigen[8]. Für den Juristen bieten Tatbestände mit eindeutiger Verfassungswidrigkeit keinen Stoff.

Beliebt ist in der Diskussion zuweilen der Hinweis auf die Statistiken über Kindesmißhandlungen. Solche Statistiken sind schrecklich. Aber

---

[3] *BVerfGE* 6, 55 (71); 36, 146 (167).

[4] Vgl. die Nachweise bei *H. Lecheler*, Der Schutz der Familie, FamRZ 1979, S. 1 ff.

[5] Vgl. zu diesem Schlagwort die Hinweise bei *R. König*, Die Familie der Gegenwart, 1974, S. 69 f.; *H. Lecheler*, FamRZ 1979, S. 1 ff. (6 ff.).

[6] Vgl. die Nachweise bei *W. Becker*, Die Eigen-Entscheidung des jungen Menschen. Gedanken zur Emanzipation im Kindesrecht, in: Festschrift für Friedrich Wilhelm Bosch, 1976, S. 37 ff.

[7] Vgl. die Darstellung und Nachweise bei *W. Schmitt Glaeser*, Das elterliche Erziehungsrecht in staatlicher Reglementierung, 1980, S. 1 ff.

[8] Vgl. etwa *W. Brezinka*, Erziehung und Kulturrevolution. Die Pädagogik der Neuen Linken, 1974.

was beweisen sie? Doch eben nicht mehr als menschliche Unzulänglichkeit bei den Eltern, wobei sich dieses extreme Erziehungsversagen glücklicherweise als Ausnahmefall darstellt. Es ist ganz selbstverständlich und außer Streit, daß der Staat in solchen Fällen eingreifen muß. Aber es ist eine ganz andere Frage, ob der einfache Gesetzgeber, der das grundgesetzlich garantierte elterliche Erziehungsrecht in einzelnen Lebensbereichen (Familie, Schule) inhaltlich ausprägt, von dem Leitbild der gestörten Familie und krimineller Eltern auszugehen, also den Ausnahmefall zugrunde zu legen hat, oder ob er sich an der Normallage orientieren muß. Die Antwort auf diese Frage kann verfassungsrechtlich gar nicht zweifelhaft sein. Das Grundgesetz geht in Art. 6 Abs. 2 Satz 1 GG von dem Normalfall aus, „daß diejenigen, die einem Kind das Leben geben, von Natur aus bereit und berufen sind, die Verantwortung für seine Pflege und Erziehung zu übernehmen"[9], „daß die Interessen des Kindes am besten von den Eltern wahrgenommen werden"[10]. Dies ist das verfassungsrechtlich verbindliche Leitbild des Eltern-Kind-Verhältnisses, an das der einfache parlamentarische Gesetzgeber bei der Ausübung seiner Gesetzgebungsgewalt gebunden ist. An ihm hat er alle Regelungen zu orientieren, die — in welchem Bereich auch immer — das elterliche Erziehungsrecht betreffen[11]. Dies bedeutet selbstredend nicht, daß er keine Vorkehrungen gegen einen Mißbrauch des elterlichen Erziehungsrechts treffen dürfte. Dazu ist er aufgrund des in Art. 6 Abs. 2 Satz 2 GG etablierten staatlichen Wächteramtes sogar verfassungsrechtlich verpflichtet. Aber es kommt entscheidend darauf an, daß Normalfall und Ausnahme in der verfassungsrechtlich vorgegebenen Balance gehalten werden.

Die nachstehende Untersuchung betrifft das elterliche Erziehungsrecht „im Sinne des Grundgesetzes". Im Vordergrund der Betrachtungen steht deshalb die Auslegung des Art. 6 Abs. 2 GG. Gegenstand der Erörterungen können nicht die dem Grundgesetz im Range untergeordneten einfachgesetzlichen Vorschriften etwa des Familienrechts und des Schulrechts sein, die sich mit Einzelheiten des elterlichen Erziehungsrechts befassen. Die im letzten Jahrzehnt diskutierte Reform der elterlichen Sorge hat im wissenschaftlichen Schrifttum eine breite Diskussion ausgelöst, die im wesentlichen von den Zivilrechtlern bestritten worden ist, aber nur vereinzelt die Aufmerksamkeit der Öffentlichrechtler gefunden hat[12]. Daneben steht eine kaum mehr übersehbare Literatur der

---

[9] BVerfGE 24, 119 (150).
[10] BVerfGE 34, 165 (184).
[11] Vgl. auch W. *Schmitt Glaeser*, wie Fußnote 7, S. 4.
[12] Vgl. z. B. W. *Schmitt Glaeser*, Die Eltern als Fremde, DÖV 1978, S. 629 ff.; ders., wie Fußnote 7; H. *Lecheler*, Der Schutz der Familie, FamRZ 1979, S. 1 ff.; M. *Zuleeg*, Familienpolitik und Verfassungsrecht, FamRZ 1980, S. 210 ff.

Disziplin des öffentlichen Rechts zu Fragen des Verhältnisses zwischen staatlicher Schulerziehung und elterlichem Erziehungsrecht. Zu diesen literarischen Stellungnahmen tritt eine entsprechend ausgedehnte Rechtsprechung der Zivilgerichte und der Verwaltungsgerichte sowie des Bundesverfassungsgerichts.

Es ist nicht die Ambition dieser Abhandlung, diesen gesamten Stoff aufzuarbeiten und gleichsam in einer enzyklopädischen Form zusammenzufassen. Beabsichtigt ist vielmehr die Herausarbeitung der verfassungsrechtlichen Grundpositionen. Dabei wird freilich nicht verkannt, daß sich, zumal im Normbereich des Art. 6 Abs. 2 GG, der Konflikt meist im Detail zeigt. Deshalb darf die Untersuchung nicht im Grundsätzlichen steckenbleiben. Sie muß auch in den Raum der einfachgesetzlich geregelten Lebensordnungen ausgreifen, um die gefundenen Grundsätze zu illustrieren, zu erproben und zu verifizieren. Doch kann dies — um von vornherein dem Einwand der Unvollständigkeit zu begegnen — nur exemplarisch geschehen; konzentriert auf jene Probleme und Fragen, die in der gegenwärtigen Diskussion als essentiell und besonders aktuell erscheinen.

Die Schwierigkeit besteht darin, festzustellen, inwieweit die unterhalb des Grundgesetzes bestehenden Normschichten etwa des (einfachen) Familienrechts oder des Schulrechts sich als notwendige, d. h. *verfassungsgebotene* Konkretisierungen des Art. 6 Abs. 2 GG erweisen, die nur so und nicht anders ausgestaltet werden können, und wo jener Bereich beginnt, in dem dem Gesetzgeber ein von der Sache her freilich eng begrenzter Spielraum alternativer Ausgestaltung des elterlichen Erziehungsrechts eröffnet ist. Verfassungsrechtlich geboten ist beispielsweise, daß der Familienrechtsgesetzgeber innerhalb der bestehenden ehelichen Lebensgemeinschaft beide Elternteile gleichermaßen zur Personensorge für das Kind berechtigt und verpflichtet. Hingegen bietet Art. 6 Abs. 2 GG für den Fall zerbrochener Ehen oder nicht verheirateter Eltern keine ebensolche eindeutige Regelung an. Hier taucht die Frage auf, ob mehrere Regelungen alternativ zulässig und ihre Auswahl der Verantwortung des einfachen Gesetzgebers anheimgegeben ist oder ob nur eine einzige Regelung im Sinne der Verfassung liegt. Der Bereich der dem einfachen Gesetzgeber zugeordneten Gestaltungsfreiheit beginnt dort, wo im Wege der Verfassungsauslegung und Grundrechtskonkretisierung[13] keine verfassungsgebotene Normsubstanz mehr ausgemacht werden kann. Die Markierung dieser Grenze führt in grundsätzliche Probleme der Verfassungsinterpretation[14]. Was an ver-

---

[13] Vgl. *H. Huber*, Über die Konkretisierung von Grundrechten, in: Gedächtnisschrift für Max Imboden, 1971, S. 191 ff.; *F. Ossenbühl*, Die Interpretation der Grundrechte in der Rechtsprechung des Bundesverfassungsgerichts, NJW 1976, S. 2100 ff. (2105).

fassungsfester Normsubstanz in einer Grundrechtsvorschrift enthalten ist, läßt sich wiederum nur in einem wissenschaftlichen Erkenntnisverfahren ermitteln, das — wie jede menschliche Erkenntnis — den Irrtum nicht ausschließt. Das maßgebliche Wort spricht in diesem Erkenntnisverfahren nach dem Entscheidungssystem des Grundgesetzes das Bundesverfassungsgericht, denn es gibt „logisch keine Grenze der Verfassungsgerichtsbarkeit"[15], also auch keine Grenze der Überprüfung an der Verfassung, weder der Breite der Materien noch der Tiefe der Kontrolle nach. Zwar ist auch das Bundesverfassungsgericht selbstredend nicht gegen Irrtümer gefeit. Aber seine Entscheidungen haben kraft gesetzlicher Anordnung bindende Wirkung für die Rechtspraxis. Ihnen kommt deshalb aus der Sicht der Rechtspraxis maßgebliche Bedeutung zu.

Das Bundesverfassungsgericht hat von seiner Interpretationskompetenz, was die Intensität der Konkretisierung und Substantiierung von Grundgesetznormen anbetrifft, einen unterschiedlichen Gebrauch gemacht. In diesem Zusammenhang ist für das hier zu untersuchende Thema von grundsätzlichem Interesse, daß das Gericht einer Art „pedagogical-question-Doktrin" zuneigt[16], die dazu führt, daß es sich mangels rechtlicher Maßstäbe für außerstande erklärt, Reformen des Schulsystems auf ihre Verfassungsmäßigkeit zu überprüfen. Diese Tendenz hat unmittelbare Rückwirkungen auf die Effizienz des elterlichen Erziehungsrechts im Bereich der schulischen Erziehung, weil sie dazu führt, daß pädagogische Schulreformen von vornherein praktisch nicht zur Entscheidung angenommen werden, auch wenn sie von den Eltern unter Berufung auf Art. 6 Abs. 2 Satz 1 GG gerügt werden. Auf diese Weise ergibt sich eine sehr restriktive Haltung des Bundesverfassungsgerichts, die zu anderen Judikaten, etwa zur Ostpolitik oder Hochschulpolitik, in einem deutlichen Gegensatz steht. Wenn das Bundesverfassungsgericht wiederholt den Satz anführt: „Das Grundgesetz enthält keinen Maßstab für eine pädagogische Beurteilung von Schulsystemen"[17], so wird damit das Problem der Grundrechtsüberprüfung von hoheitlichen Maßnahmen eher verdeckt als gelöst. Entscheidend kommt es aus dem Blickpunkt des Art. 6 Abs. 2 GG darauf an, ob eine schulische Erziehung Auswirkungen hat, die das elterliche Erziehungsrecht in seiner Substanz treffen. Wie mir scheint, sind insoweit manche Akzente

---

[14] Vgl. *E.-W. Böckenförde*, Die Methoden der Verfassungsinterpretation — Bestandsaufnahme und Kritik, NJW 1976, S. 2089 ff.

[15] *E. Friesenhahn*, Wesen und Grenzen der Verfassungsgerichtsbarkeit, Zeitschrift für Schweiz. Recht 73 (1954), S. 129 ff. (149).

[16] Vgl. *F. Hufen*, Zur „Verrechtlichung" der Lehrinhalte — Tendenzwende durch eine „pedagogical-question-Doktrin" des Bundesverfassungsgerichts, RdJB 1978, S. 31 ff.

[17] Zuletzt *BVerfG*, NJW 1980, S. 2403 ff.

falsch gesetzt. Die nachstehende Untersuchung wird sich deshalb besonders auch dem Problem des Verhältnisses von schulischer Erziehung und elterlichem Erziehungsrecht widmen.

Erstes Kapitel

Verfassungsgeschichtlicher Rückblick[1]

I. Zur Bedeutung eines verfassungsgeschichtlichen Rückblicks

Der Rückgriff auf die Geschichte gehört gelegentlich zum akademischen Ritual wissenschaftlicher Untersuchungen. Stets ist ein solcher Rückblick belehrend und unter Umständen auch für die Beurteilung gegenwärtiger Probleme anregend. Nicht selten wird der Verweis auf geschichtliche Fakten aber auch dazu benutzt, um gegenwärtige Regelungen als plausibel oder evident richtig darzustellen. So hat beispielsweise die Bundesregierung in ihrem Gesetzentwurf über die Neuregelung des Rechts der elterlichen Sorge auf die §§ 109—114 II 2 PrALR verwiesen, um darzutun, daß eine von ihr vorgeschlagene Regelung der elterlichen Sorge auf uraltes Gedankengut zurückführe[2]. Dieser rechtsgeschichtliche Rückgriff hat der Bundesregierung die Bemerkung eingetragen, es sei nicht ohne Ironie, in dem gesellschaftserziehenden Pathos die sozialliberale Koalition des Jahres 1979 unmittelbar auf den Spuren des aufgeklärten Absolutismus von Monarchen des 18. Jahrhunderts wandeln zu sehen[3].

Damit ist ein schönes Beispiel geliefert, wie man einen verfassungsgeschichtlichen Rückblick *nicht* vornehmen sollte; nämlich nicht so, daß man sich aus einer vergangenen Epoche deutscher Geschichte eine für passend gehaltene Vorschrift heraussucht, ohne den historischen Kontext, die verfassungsrechtliche und soziale ambiance der jeweiligen Epoche, mit in Erwägung zu ziehen. Aus den Vorschriften des PrALR zur elterlichen Gewalt lassen sich die Probleme des 20. Jahrhunderts weder lösen noch erhellen.

Von unmittelbarer hermeneutischer Bedeutung für eine juristische Untersuchung ist ein verfassungsgeschichtlicher Rückblick nur dann,

---

[1] Bei der Sichtung und Ordnung des dokumentarischen Materials für dieses Kapitel hat mir meine Assistentin *Christine Steinbeiß* wertvolle Hilfe geleistet, wofür ihr Dank gesagt sei.

[2] BTDrucks. 7/2060, S. 13.

[3] So *U. Diederichsen,* Die Neuregelung des Rechts der elterlichen Sorge, NJW 1980, S. 1 ff. (5).

wenn eine gedankliche, traditionelle, auf Kontinuität beruhende Verbindungslinie zu einem in der Vergangenheit existierenden Rechtsinstitut oder Rechtsprinzip hergestellt werden kann. Insoweit ist es für die Erhellung des elterlichen Erziehungsrechtes als Grundrecht nicht geboten, über die Weimarer Verfassung hinaus zu blicken. Denn das elterliche Erziehungsrecht gehört nicht zum Katalog der klassischen Freiheitsrechte, wenngleich es im thematischen Umkreis von Erziehung, Unterricht und Bildung auch schon in der konstitutionellen Bewegung eine Rolle gespielt hat. Eine verfassungsrechtliche Verbürgung des elterlichen Erziehungsrechts findet man erstmals in Art. 120 WRV.

II. Die Verbürgung des elterlichen Erziehungsrechts in der Weimarer Reichsverfassung

1. Rechtsgrundlagen

Das elterliche Erziehungsrecht erscheint in der Weimarer Reichsverfassung im zweiten Abschnitt unter der Überschrift „Das Gemeinschaftsleben". Dieser Abschnitt beginnt mit Art. 119, der die Ehe als Grundlage des Familienlebens unter den besonderen Schutz der Verfassung stellt. In Art. 120 heißt es sodann wie folgt:

„Die Erziehung des Nachwuchses zur leiblichen, seelischen und gesellschaftlichen Tüchtigkeit ist oberste Pflicht und natürliches Recht der Eltern, über deren Betätigung die staatliche Gemeinschaft wacht."

In Art. 121 folgt ein Programmsatz über die Gleichstellung der unehelichen mit den ehelichen Kindern. Art. 122 bestimmt, daß „die Jugend gegen Ausbeutung sowie gegen sittliche, geistige oder körperliche Verwahrlosung zu schützen" sei.

Thematisch wird das elterliche Erziehungsrecht außerdem im vierten Abschnitt der WRV, der sich mit dem Bereich „Bildung und Schule" befaßt, angesprochen. Nach Art. 143 Abs. 1 WRV ist für die Bildung der Jugend durch öffentliche Anstalten zu sorgen, wobei Reich, Länder und Gemeinden zusammenwirken. Art. 144 WRV stellt das gesamte Schulwesen unter die Aufsicht des Staates.

Besondere Bedeutung für das elterliche Erziehungsrecht besitzt Art. 146 WRV, der sich mit dem Aufbau des öffentlichen Schulwesens befaßt. Dort heißt es, daß sich das mittlere und höhere Schulwesen auf einer für alle gemeinsamen Grundschule aufbaut. Sodann präzisiert Art. 146 Abs. 1 Satz 3 und Abs. 2 WRV weiter: „Für diesen Aufbau ist die Mannigfaltigkeit der Lebensberufe, für die Aufnahme eines Kindes

II. Die Verbürgung des elterlichen Erziehungsrechts in der WRV

in eine bestimmte Schule sind seine Anlage und Neigung, nicht die wirtschaftliche und gesellschaftliche Stellung oder das Religionsbekenntnis seiner Eltern maßgebend. Innerhalb der Gemeinden sind indes auf Antrag von Erziehungsberechtigten Volksschulen ihres Bekenntnisses oder ihrer Weltanschauung einzurichten, soweit hierdurch ein geordneter Schulbetrieb, auch im Sinne des Abs. 1, nicht beeinträchtigt wird. Der Wille der Erziehungsberechtigten ist möglichst zu berücksichtigen. Das Nähere bestimmt die Landesgesetzgebung nach den Grundsätzen eines Reichsgesetzes." —

Art. 147 WRV läßt Privatschulen als Ersatz für öffentliche Schulen zu. In Abs. 2 dieser Vorschrift heißt es, daß private Volksschulen nur zugelassen werden dürfen, „wenn für eine Minderheit von Erziehungsberechtigten, deren Wille nach Art. 146 Abs. 2 zu berücksichtigen ist, eine öffentliche Volksschule ihres Bekenntnisses oder ihrer Weltanschauung in der Gemeinde nicht besteht oder die Unterrichtsverwaltung ein besonderes pädagogisches Interesse anerkennt".

Schließlich erklärt Art. 149 WRV den Religionsunterricht zum ordentlichen Lehrfach, überläßt aber die Teilnahme an religiösen Unterrichtsfächern und an kirchlichen Feiern und Handlungen der Willenserklärung desjenigen, der über die religiöse Erziehung des Kindes zu bestimmen hat.

Die zeitgenössische Auslegung dieser Verfassungsvorschriften über die Erziehung ist bis zum Ende der Weimarer Ära durch tiefe Gegensätze gekennzeichnet und nicht zu einem klärenden Abschluß gelangt. Der Auslegungsstreit betraf vor allem zwei Fragen. Zum einen die rechtliche Herkunft und Fundierung des elterlichen Erziehungsrechtes, das in Art. 120 WRV als „natürliches" Recht bezeichnet ist. Zum anderen die Auswirkungen des elterlichen Erziehungsrechts auf das Schulwesen, also das Verhältnis zwischen Elternrecht und Staatsrecht, sprich: Schulrecht.

Die Kontroverse war bereits bei den Verfassungsberatungen angelegt. Die schulpolitischen Auseinandersetzungen drehten sich um die verfassungsrechtliche Verbürgung der Schulformen (Bekenntnisschule — Gemeinschaftsschule). Sie haben in den Beratungen zu den beiden sog. Weimarer Schulkompromissen geführt, die schließlich in den Art. 143 ff. WRV ihren normativen Ausdruck fanden[4].

---

[4] Vgl. dazu im einzelnen W. *Landé*, Art. 143—149, Bildung und Schule, in: H. C. Nipperdey (Hrsg.), Die Grundrechte und Grundpflichten der Reichsverfassung, 3. Bd., 1930, S. 1 ff. (7 ff.).

2. Elterliches Erziehungsrecht als „natürliches" Recht

Über die Interpretation des in Art. 120 WRV verwendeten Begriffs „natürliches Recht" und damit über die Herkunft des elterlichen Erziehungsrechts bestanden unter den zeitgenössischen Interpreten mehrere Meinungen.

Kurz nach Inkrafttreten der Weimarer Reichsverfassung wurde von einem an den Verfassungsberatungen maßgeblich beteiligten Kenner die These aufgestellt, der Art. 120 WRV sei „die einleuchtende und unanfechtbare Grundlage für die Wahrung der natürlichen Rechte und Pflichten der Eltern auf dem Gebiete des Schulwesens" und damit die volle Rezeption bestimmter Positionen der katholischen Rechtsauffassung in die Weimarer Reichsverfassung[5]. Das Elternrecht hat nach dieser Auffassung seine Verwurzelung im Naturrecht, wird vom Staat vorgefunden und kann von ihm nur als vorgegebenes Recht gesetzlich anerkannt und bestätigt werden[6].

Gegen eine solche Rezeption des Elternrechts „im Sinne einer spezifisch scholastisch-naturrechtlichen Größe" in die Weimarer Reichsverfassung wandte sich namentlich *Holstein*. Er sah in den einschlägigen Artikeln der Weimarer Reichsverfassung nur eine Konservierung des überkommenen Rechtszustandes[7]. Diesen Rechtszustand deutete er so, daß das Elternrecht „im Sinne einer selbständigen und wurzeleigenen, vom Staat und seinem Erziehungswillen wohl überlagerten, aber nicht geschaffenen Rechtsposition der Eltern" zu verstehen sei. „Staatliches Erziehungsrecht ist nicht vom elterlichen Erziehungsrecht abgeleitet, aber auch elterliches Erziehungsrecht nicht vom staatlichen Erziehungsrecht." Widersprüchlich erscheint jedoch die weitere Folgerung *Holsteins*, daß der Staat „mit der Qualität des verfassungsändernden Gesetzes" das Erziehungsrecht der Eltern „rechtlich vollständig aufheben" könne[8]. Ist nämlich das elterliche Erziehungsrecht „wurzeleigen" und nicht vom Staate abgeleitet, so kann es auch nicht zur Disposition des staatlichen Gesetzgebers stehen. Des weiteren reklamiert *Holstein* den „Erziehungsprimat" für den Staat, wobei allerdings nicht recht deutlich wird, ob er diesen Primat nur für den Bereich der schulischen Erziehung

---

[5] J. *Mausbach*, Kulturfragen in der deutschen Verfassung, 1920, S. 44.
[6] Vgl. weitere Nachweise bei W. *Landé*, Die staatsrechtlichen Grundlagen des deutschen Unterrichtswesens, in: Handbuch des Deutschen Staatsrechts II, 1932, S. 723 mit Fußnote 204; ferner F. *Poetzsch-Heffter*, Handkommentar der Reichsverfassung vom 11. 8. 1919, 3. Aufl. 1928, Art. 120 Erl. 2; F. *Hodes*, Art. 120 der Deutschen Reichsverfassung, Diss. Frankfurt a. M., 1932, S. 54; O. *Bühler*, Die Reichsverfassung vom 11. August 1919, 3. Aufl. 1929, Erl. zu Art. 120.
[7] G. *Holstein*, Elternrecht, Reichsverfassung und Schulverwaltungssystem, AöR 12 (1927), S. 187 ff. (237 f.).
[8] AöR 12 (1927), S. 240.

annimmt oder auch auf die häuslich-familiäre Erziehung ausdehnen will[9].

Auf derselben Linie wie die Auffassung von *Holstein* bewegt sich die Stellungnahme von *Anschütz*. Er sieht in der Verbürgung des Art. 120 WRV zunächst eine Absage an radikalsozialistische Einflußnahmen im Erziehungswesen einerseits und an kirchliche Einflüsse andererseits, um sodann dem Staat die Hauptposition im Erziehungswesen einzuräumen[10]. Das Prädikat „natürliches Recht", welches die WRV dem elterlichen Erziehungsrecht beilegt, will er nicht als die „Anerkennung eines für die staatliche Gesetzgebungshoheit unantastbaren ‚Naturrechts' irgendwelcher Art" verstanden wissen. Diese Bezeichnung wolle wohl nur sagen, daß das Elternrecht nicht vom Staat verliehen, nicht aber auch, „daß es der Gesetzgebungshoheit des Staates entrückt sei". — Die letztere Wendung bleibt indessen mehrdeutig; sie läßt offen, ob — wie *Holstein* meint — der Staat das elterliche Erziehungsrecht „mit der Qualität des verfassungsändernden Gesetzes" ganz aufheben oder nur verfassungskonform ausprägen kann.

Noch einen Schritt weiter entfernt von der naturrechtlichen Verwurzelung des elterlichen Erziehungsrechts steht jene Auffassung, die die „elterliche Gewalt" (lediglich) als ein naturgegebenes (tatsächliches) Lebensverhältnis qualifiziert, welches seinerseits erst dadurch „juristisch faßbar" wird, also Rechtsqualität erlangt, daß der Staat es als Recht anerkennt[11]. Zugleich wird diese Auffassung jedoch abgemildert, indem der Staat als verpflichtet angesehen wird, den Eltern das Erziehungsrecht zu gewähren. Damit erscheint die Unterscheidung zum „wurzeleigenen" „natürlichen" Recht praktisch aufgehoben. In Wirklichkeit wird mit der soeben skizzierten nuancierten Position die Grundlage für den staatlichen Erziehungsprimat im Bereich der schulischen Erziehung gelegt.

3. Elterliches Erziehungsrecht und staatliche Schulerziehung

Von unmittelbar praktischer Bedeutung war die Kontroverse um die Abgrenzung des elterlichen Erziehungsrechts vom staatlichen Erziehungsmandat. Rechtstechnisch gesehen ging es dabei um die Zuordnung des Art. 120 WRV zu den Schulrechtsartikeln 143 ff. WRV. Zum Teil wurde insoweit die Meinung vertreten, das in Art. 120 WRV verbürgte

---

[9] AöR 12 (1927), S. 215, 237.
[10] G. *Anschütz*, Die Verfassung des Deutschen Reiches, 14. Aufl. 1933, Erl. 1 u. 2 zu Art. 120; anders: F. *Hodes*, Art. 120 der Deutschen Reichsverfassung, Diss. Frankfurt a. M., 1932, S. 116 ff.
[11] So K. *Maury*, Elterliche Erziehungsgewalt und öffentliche Schulgewalt nach deutschem Recht, 1931, S. 33 f.

elterliche Erziehungsrecht sei in seinem Garantiegehalt keineswegs räumlich auf die häusliche Erziehung beschränkt, sondern erstrecke sich auch auf den Bereich der Schule. Insoweit seien die Schulartikel „eine Ausnahme von der Norm des Art. 120"[12]. Es gelte der Satz „Elternrecht bricht Schulrecht".

Dieser Auffassung sind maßgebliche Staatsrechtslehrer der Weimarer Ära entgegengetreten, namentlich *Holstein* und *Anschütz*, ferner der Schulrechtler *Walter Landé*[13]. *Holstein* wies die Auffassung vom Primat des elterlichen Erziehungsrechts auch im schulischen Bereich mit der Begründung zurück, sie beruhe auf dem falschen Ausgangspunkt, daß das staatliche Erziehungsrecht vom elterlichen Erziehungsrecht abgeleitet sei. In Wirklichkeit stehe dem Staat ein eigenes unabgeleitetes Erziehungsrecht im schulischen Bereich zu. Deshalb müsse „für die Weimarer Verfassung als grundlegender Wertungsgedanke die Formel ‚Staatsrecht überhöht Elternrecht' gelten". — Im gleichen Sinne betonte *Landé*, daß die Art. 143 ff. und Art. 120 WRV „gleichberechtigt nebeneinander" stünden. Art. 120 WRV garantiere das elterliche Erziehungsrecht nur innerhalb des Familienrechts. Es gebe jedoch „keine schulrechtliche Generalpräsumtion aus primärem Elternrecht". Vielmehr hätten die Erziehungsberechtigten auf dem Gebiet des Schulrechts verfassungsmäßig nur die Rechte, die die Schulartikel ihnen gewährten.

Holstein machte darauf aufmerksam, daß die Rechte der Erziehungsberechtigten aus Art. 120 einerseits und Art. 146 II WRV andererseits „von qualitativ verschiedener Art" seien[14]. In Art. 146 II WRV (Antragsrecht der Erziehungsberechtigten betreffend die Einrichtung von Bekenntnisschulen) träten die Erziehungsberechtigten nicht „als Individualitäten, sondern als Exponenten, Organe, Willensbildner" größerer Bevölkerungsgruppen auf. — Mit dieser Differenzierung ist offenkundig der Unterschied zwischen individuellem und kollektivem Elternrecht angesprochen[15].

---

[12] Vgl. *Chr. J. Klumker*, Art. 120, Elternrecht, in: H. C. Nipperdey (Hrsg.), Die Grundrechte und Grundpflichten der Reichsverfassung, 2. Bd., 1930, S. 101.

[13] Vgl. *G. Holstein*, Elternrecht, Reichsverfassung und Schulverwaltungssystem, AöR 12 (1927), S. 187 ff. (insbes. S. 215); *G. Anschütz*, Die Verfassung des Deutschen Reiches, 14. Aufl. 1933, Erl. zu Art. 120 u. Art. 143; *W. Landé*, Art. 143—149, Bildung und Schule, in: H. C. Nipperdey (Hrsg.), Die Grundrechte und Grundpflichten der Reichsverfassung, 3. Bd., 1930, S. 1 ff. (insbes. S. 18 f.); *F. Poetzsch-Heffter*, Handkommentar der Reichsverfassung, 3. Aufl. 1928, Art. 120, Erl. 1; ferner *K. Maury*, Elterliche Erziehungsgewalt und öffentliche Schulgewalt nach deutschem Recht, 1931, S. 35 ff.

[14] *G. Holstein*, AöR 12 (1927), S. 218 f.; vgl. auch *W. Landé*, wie vorige Fußnote, S. 47 f.

[15] Vgl. dazu unten Fünftes Kapitel, II.

III. Zur Entstehungsgeschichte des Art. 6 GG

Der Entwurf des Herrenchiemseer Konvents enthielt keine Bestimmungen über die Erziehung in Familie und Schule.

Erst in den Sitzungen des Parlamentarischen Rates wurde diese Thematik aufgegriffen. In der zweiten Plenarsitzung vom 8. 9. 1948 plädierte der *Abg. Süsterhenn* (CDU) für eine Wiederherstellung der deutschen Kulturhoheit auch auf verfassungsrechtlicher Ebene. Dabei wies er auf das Naturrecht der Eltern, über die religiöse, sittliche und sonstige Erziehung ihrer Kinder zu bestimmen, hin[16]. Hieran anknüpfend äußerte der *Abg. Brockmann* (Zentrum) in der dritten Plenarsitzung am 9. 9. 1948, die Erziehung obliege weder der Gemeinschaft noch dem Staat, sondern sei — entsprechend einem allgemeinen freiheitssichernden Subsidiaritätsprinzip — allein Aufgabe der Familie. Das naturhaft begründete Elternrecht gehe allen anderweitigen Befugnissen vor und könne nur bei Unfähigkeit der Eltern eingeschränkt werden[17].

Im Gegensatz dazu äußerte sich der spätere Bundespräsident *Heuss* (FDP) in derselben Sitzung zur Zurückhaltung des Herrenchiemseer Entwurfs positiv. Im Hinblick auf eine Regelung des Schulwesens erinnerte er an das, „was dabei nach Weimar herausgekommen ist". Der Verzicht auf eine verfassungsrechtliche Verankerung des Elternrechts sei zu begrüßen, weil man sonst — vor allem im Hinblick auf die Flüchtlingsmassen — die Gefahr provoziere, daß konfessionelle Minderheits-Zwergschulen entstünden und Kinder aufgrund ihrer Herkunft isoliert würden[18]. Die *Abg. Wessel* (Zentrum) wiederholte in der sechsten Plenarsitzung vom 20. 10. 1948 die Überzeugung, daß zu den in einem Grundgesetz zu garantierenden Freiheitsrechten auch das vom Naturrecht abgeleitete Elternrecht gehöre, und verwies hierbei auf Art. 120 WRV. Auf den Einwurf des *Abg. Heuss* (FDP), gerade dieser Artikel habe durch seine „unmögliche Fassung" das Zustandekommen eines Schulgesetzes blockiert, entgegnete sie, es gehöre zur Glaubens- und Gewissensfreiheit, über religiöse Kindererziehung und Schulart bestimmen zu können[19].

Mit Datum vom 19. 11. 1948 erstellte die DP-Fraktion einen Entwurf zusätzlicher Bestimmungen zum Thema Familie, Erziehung und Schule, in dem neben dem Schutz von Ehe und Familie das natürliche Recht und die Pflicht der Eltern, ihre Kinder zu leiblicher, sittlicher und gesellschaftlicher Tüchtigkeit zu erziehen, geregelt war. Für die Ent-

---

[16] Parlamentarischer Rat, Stenographische Berichte über die Plenarsitzungen, Bonn 1948/49 (im folgenden: Plenum, Sten. Berichte), S. 19 f.
[17] Plenum, Sten. Berichte, S. 55 f.
[18] Plenum, Sten. Berichte, S. 44 f.
[19] Plenum, Sten. Berichte, S. 81 f.

ziehung dieses Rechts wurde eine richterliche Entscheidung gefordert. Weiterhin war der Schutz der Jugend gegen Ausbeutung vorgesehen sowie ein Gesetzesvorbehalt für Fürsorgemaßnahmen im Wege des Zwanges. Im weiteren heißt es: „Die Jugend ist in Ehrfurcht vor Gott, gesund an Leib und Seele, in Lebenszuversicht, Gemeinsinn, Vaterlandsliebe und Heimattreue fest zu gründen und zu stärken. Es besteht allgemeine Schulpflicht. Für die Bildung der Jugend ist durch öffentliche Anstalten zu sorgen. Der Wille der Eltern und Erziehungsberechtigten ist bei der Gestaltung des Erziehungswesens maßgebend"[20].

Dieser Ergänzungsvorschlag wurde in die anschließenden Beratungen des Grundsatzausschusses nicht einbezogen.

Erst in der 24. Sitzung des Grundsatzausschusses vom 23. 11. 1948 behandelte man erstmals konkret die Aufnahme elternrechtlicher Bestimmungen in das Grundgesetz. Zur Debatte stand folgender Vorschlag der CDU/CSU:

> „Die Ehe als die rechtmäßige Form der dauernden Lebensgemeinschaft von Mann und Frau und die aus ihr wachsende Familie sowie die aus der Ehe und der Zugehörigkeit zur Familie fließenden Rechte und Pflichten stehen unter dem besonderen Schutz der Verfassung.
>
> Pflege und Erziehung der eigenen Kinder ist das natürliche Recht der Eltern und die zuvörderst ihnen obliegende Pflicht. Dieses Recht ist auch bei der Bestimmung des religiös-weltanschaulichen Charakters der Schule und durch Sicherung der Unterrichtsfreiheit zu wahren. Die Herausnahme von Kindern aus der Familiengemeinschaft gegen den Willen der Erziehungsberechtigten ist nur auf gesetzlicher Grundlage möglich, wenn durch ein Versagen der Erziehungsberechtigten die Gefahr der Verwahrlosung der Kinder gegeben ist.
>
> Der Religionsunterricht ist ordentliches Lehrfach an allen Schulen. Er wird nach den Grundsätzen der Kirche in ihrem Auftrag und unter ihrer Aufsicht erteilt"[21].

Dieser Entwurf gibt dem Elternrecht eine zweifache verfassungsrechtliche Basis: Er nennt zum einen die aus der Zugehörigkeit zur Familie fließenden Rechte und Pflichten, zu denen auch das elterliche Erziehungsrecht gehören dürfte, unterstellt dieses aber sodann einer weiteren Spezialbestimmung.

Auf diese systematische Besonderheit ging man allerdings im Grundsatzausschuß nicht ein. Im Vordergrund stand vielmehr die Frage, ob eine Regelung des Familienschutzes nur deklaratorischer Natur und

---

[20] Parl. Rat, Drs. Nr. 298 v. 19. 11. 1948.

[21] Dieser Vorschlag wurde in der Sitzung des Grundsatzausschusses vom *Abg. Süsterhenn* (CDU) verlesen, vgl. Stenographisches Protokoll der 24. Sitzung des Grundsatzausschusses vom 23. 11. 1948 (im folgenden: Grundsatz-A, Sten. Prot.), S. 34, 39, und später mit einer Änderung der beiden letzten Sätze als Drucksache des Parl. Rates Nr. 302 vom 24. 11. 1948 festgehalten.

damit entbehrlich sei, oder ob sie in Anlehnung an den Entwurf der UNO-Menschenrechtsdeklaration in das Grundgesetz gehöre[22].

In der Frage des Elternrechts wies der *Abg. Süsterhenn* (CDU) wiederum auf das natürliche Erziehungsrecht hin[23], während der *Abg. Heuss* (FDP) sich gegen eine Zusammenziehung von Bestimmungen über Elternrecht und Religionsunterricht aussprach, da letztere nicht zum Familien- und Elternrecht, sondern zum Recht der Konfessionen gehörten[24].

In der 29. Sitzung des Grundsatzausschusses vom 4. 12. 1948 wurde die Debatte über diesen Vorschlag, an dem die konservativen Parteien bis zum Ende der Beratungen vergeblich festhielten, fortgesetzt. Die CDU/CSU hatte in der Zwischenzeit die beiden letzten Sätze des Ausgangsentwurfes modifiziert:

„Unbeschadet des Rechts der Eltern, ihre Kinder vom Religionsunterricht abzumelden, ist der Religionsunterricht schulplanmäßiges Lehrfach in allen Schulen. Er wird nach den Grundsätzen der Kirche in ihrem Auftrage und unter ihrer Aufsicht erteilt"[25].

Während dieser Sitzung trat mit verstärkter Deutlichkeit hervor, daß zwischen den Parteien eine schon aus der Weimarer Zeit herrührende Kluft bestand, die den weiteren Verlauf der Beratungen entscheidend prägte.

Zunächst allerdings wichen die Meinungen schon in der Grundfrage, ob man überhaupt Bestimmungen über Ehe und Familie in die Verfassung aufnehmen solle, voneinander ab. SPD und FDP argumentierten, man wolle keine vollkommene, sondern eine provisorische Verfassung schaffen und müsse sich deshalb auf die klassischen Grundrechte beschränken. So habe die SPD bislang auch die gewerkschaftlichen Forderungen nach sozialen Grundrechten zurückgestellt. Im übrigen sei die Regelung kultureller Angelegenheiten den Ländern zu überlassen[26]. Die CDU hingegen wiederholte, daß der Schutz von Ehe und Familie für sie ein grundsätzliches Anliegen sei, zumal auch die UN-Verfassung Derartiges in die klassischen Freiheitsrechte aufgenommen habe[27]. Es gehe darum, einen bundeseinheitlichen Minimalgrundsatz über das Gemeinschaftsleben aufzustellen, wie ihn auch die

---

[22] Vgl. Grundsatz-A, Sten. Prot., wie vor, S. 33 ff.
[23] Grundsatz-A, Sten. Prot., wie vor, S. 39 f.
[24] Grundsatz-A, Sten. Prot., wie vor, S. 40 f.
[25] Parl. Rat, Drs. v. 24. 11. 1948, Nr. 302.
[26] So vor allem *Abg. Menzel* (SPD), Kurzprotokoll der 29. Sitzung des Grundsatzausschusses vom 4. 12. 1948, S. 2; Grundsatz-A, Sten. Prot., wie vor, S. 3; ähnlich *Abg. Eberhard* (SPD), Kurzprotokoll, wie vor, S. 3.
[27] *Abg. v. Mangoldt* (CDU), Grundsatz-A, Kurzprotokoll, wie vor, S. 2.

Weimarer Reichsverfassung enthalten habe. Dadurch werde die Kompetenz der Länder nicht berührt[28].

Die so bereits im Grundsätzlichen zu verzeichnenden politischen Gegensätze spitzten sich bei der Frage nach einem Bestimmungsrecht der Eltern bezüglich der Schulformen weiter zu. Gegen diesen Regelungsvorschlag richteten sich die von SPD und FDP geäußerten föderalen Bedenken im besonderen Maße. *Dr. Heuss* wies für die FDP darauf hin, daß man hier in die Landesgesetzgebung eingreife und die Länder mit Verfassungen ohne ein solches Elternrecht zu Verfassungsänderungen zwinge[29].

Dr. Menzel (SPD) stellte die Frage, was den Ländern an originärer Kompetenz verbleibe, wenn man ihnen das Bestimmungsrecht über die Schulformen entziehe[30]. Während der *Abg. Blomeyer* (CDU) in Abrede stellte, daß man sich mit der fraglichen Bestimmung in Gegensatz zu süddeutschen Verfassungen bringe, konzedierte *Dr. v. Mangoldt*, ebenfalls CDU, daß ein solcher Konflikt entstehe, mit dessen Folgen man sich auseinandersetzen müsse[31].

Zu dieser Auseinandersetzung um kompetentielle Fragen gesellte sich der Streit um den Inhalt der geforderten elternrechtlichen Regelung. Hier ist das Wiederaufleben des Weimarer Konflikts unverkennbar. Der *Abg. Heile* (DP) berief sich auf den „alten liberalen Grundsatz", daß der Mensch das Maß aller Dinge sei. Deshalb dürfe der Staat nicht über das Recht der Eltern hinweg festlegen, wie es die Eltern mit ihren Kindern halten sollten. Insbesondere könne man sie nicht zwingen, ihre Kinder auf eine Simultanschule zu schicken. Ebensowenig wie diese dürfe man also die Konfessionsschule verbieten. Das alleinige Bestimmungsrecht der Eltern sei wesentlicher Inhalt des Familienlebens. Verneine man das, so könne man kein aufrechter und freier Mensch bleiben[32]. *Dr. Heuss* (FDP) hingegen bestritt die Existenz eines natürlichen Elternrechts in bezug auf Staatsschulen. Dies sei eine Erfindung des 19. Jahrhunderts. Vorher habe es eine vergleichbare Problematik gar nicht gegeben, da die Schule von Haus aus Sache der Kirche gewesen sei[33]. Für die SPD führte *Dr. Bergsträsser* aus, daß der Wille der Eltern in Form von Mitbestimmungsrechten durch die Elternräte geltend gemacht werden könne und müsse. Diese natürliche Be-

---

[28] *Süsterhenn* (CDU), Grundsatz-A, Kurzprotokoll, wie vor, S. 2; *Weber* (CDU), Grundsatz-A, Sten. Prot., wie vor, S. 3.
[29] Grundsatz-A, Kurzprotokoll, wie vor, S. 2 f.
[30] Grundsatz-A, Kurzprotokoll, wie vor, S. 3.
[31] Grundsatz-A, Kurzprotokoll, wie vor, S. 3.
[32] Grundsatz-A, Sten. Prot., wie vor, S. 25.
[33] Grundsatz-A, Sten. Prot., wie vor, S. 22.

fugnis solle ihnen sowohl mit Rücksicht auf die Gewissensfreiheit als auch im Interesse des Staatswohls keinesfalls abgesprochen werden, da man ihre Mißachtung im Dritten Reich vor Augen habe. Die Simultanschule sei aber eine Notwendigkeit, um die Jugend zur Toleranz zu führen[34]. *Dr. Menzel* (SPD) fügte hinzu, eine Erziehung zur Toleranz durch Simultanschulen sei vor allem angesichts des Zustroms von Flüchtlingen von verstärkter aktueller Wichtigkeit. Die Bekenntnisschule dagegen fördere die Intoleranz, weshalb diese Frage auch für die SPD sehr ernst sei[35]. Nachdem *Dr. Süsterhenn* (CDU) bemerkt hatte, die CDU sei hier nicht zu Kompromissen bereit und ihre Gesamthaltung zur Verfassung hinge von der Behandlung dieses grundsätzlichen Problems ab, rief *Dr. Heuss* (FDP) dazu auf, den politischen Kampf zu vermeiden und einen Kompromiß zu finden[36]. Er schlug vor, die strittige Bestimmung durch die Formulierung „Die ungestörte Religionsausübung wird gewährleistet" zu entaktualisieren. So sei auch der Religionsunterricht erfaßt und dem Anliegen der CDU genügt, ohne Organisatorisches zu präjudizieren[37]. In der bisherigen Form passe die vorgeschlagene elternrechtliche Regelung nicht in das System der Grundrechte. Auch die Regelungen über Familienschutz und Trennung der Kinder von der Familie könnten knapper gefaßt sein, obwohl die letztere Bestimmung als Abwehr gegen die Nazizeit verständlich sei[38].

Dr. Bergsträsser (SPD) ergänzte, es gehe bei der Herausnahme von Kindern um ein Gruppenindividualrecht, das Recht der Familiengruppe auf Zusammenbleiben[39], durch das Zwangserziehung, Staatsjugend und Ähnliches ausgeschlossen werde[40]. *Dr. Heuss* (FDP) merkte allerdings dazu an, daß dies mit dem spezifisch gefärbten Begriff „Elternrecht" nicht gemeint sei[41]. Der Vorsitzende *Dr. v. Mangoldt* (CDU) konstatierte schließlich, daß ein einheitlicher Vorschlag zur Frage des Elternrechts z. Z. nicht möglich sei, weshalb die Besprechung in den Fraktionen zur weiteren Klärung fortgesetzt werden müsse[42].

Zur ersten Lesung in der 21. Sitzung des Hauptausschusses vom 7. 12. 1948 lag daher von seiten des Grundsatzausschusses als Art. 7 a Abs. 1 lediglich folgender Vorschlag vor:

---

[34] Grundsatz-A, Sten. Prot., wie vor, S. 16 f.
[35] Grundsatz-A, Kurzprotokoll, wie vor, S. 3.
[36] Grundsatz-A, Kurzprotokoll, wie vor, S. 3.
[37] Grundsatz-A, Kurzprotokoll, wie vor, S. 4.
[38] Grundsatz-A, Sten. Prot., wie vor, S. 58; Kurzprotokoll, wie vor, S. 5.
[39] Grundsatz-A, Sten. Prot., wie vor, S. 58, 59; ähnlich auch *Abg. Heuss* (FDP), Grundsatz-A, Sten. Prot., wie vor, S. 55: „Das kleine Gruppenrecht".
[40] Grundsatz-A, Sten. Prot., wie vor, S. 34.
[41] Grundsatz-A, Sten. Prot., wie vor, S. 58.
[42] Grundsatz-A, Kurzprotokoll, wie vor, S. 5.

> „Die Ehe als die rechtmäßige Form der fortdauernden Lebensgemeinschaft von Mann und Frau und die mit ihr gegebene Familie sowie die aus der Ehe und der Zugehörigkeit zur Familie erwachsenden Rechte und Pflichten stehen unter dem besonderen Schutz der Verfassung"[43].

Die SPD schlug insoweit ohne nähere Begründung als kürzere Fassung vor:

> „Ehe, Familie und Kind genießen den besonderen Schutz der Verfassung"[44].

In der Abstimmung blieb es aber bei der vom Grundsatzausschuß vorgelegten Formulierung[45].

Aufschlußreich für die Frage nach Wesen und Grund des Elternrechts sind zunächst einige Bemerkungen aus der Diskussion um eine verfassungsrechtliche Gleichstellung unehelicher Kinder, gegen die sich das Zentrum mit dem Argument wandte, diese Kinder fielen gerade aus der natürlichen Ordnung der Familie heraus[46]. Hierzu führte *Dr. Schmid* (SPD) aus, es sei Sache des Gesetzgebers, zu bestimmen, welche Auswirkungen diese natürliche Ordnung in der jeweiligen Rechtsordnung haben solle. Die an die Tatsache der Blutsverwandtschaft geknüpften Rechtsfolgen seien nicht vorgegeben, sondern von Menschen geschaffene Produkte der Rechtsordnung, die in den einzelnen Epochen unterschiedliche Gestalt haben könnten[47]. *Dr. Süsterhenn* (CDU) hingegen äußerte die Überzeugung, die natürliche Ordnung sei auch dem Gesetzgeber bindend vorgegeben und könne lediglich im einzelnen rechtlich näher ausgestaltet werden[48]. Im Anschluß an diese Diskussion wurde die Frage „Elternrecht und Erziehung" von neuem auf breiter Basis debattiert, da die CDU/CSU ihren diesbezüglichen Antrag im Hauptausschuß wiederum einbrachte[49]. *Dr. Pfeiffer* (CDU) verwies insoweit auf das starke Echo aus der Bevölkerung, die eine befriedigende Regelung dieses Punktes nicht nur erwarte, sondern kategorisch fordere[50]. Zur weiteren Begründung charakterisierte Frau *Dr. Weber* (CDU) das Elternrecht als ein natürliches Menschenrecht, das nicht nur die Erziehung im Haus, sondern auch die Ausgestaltung der Schule umfasse. Ein Staat, der dieses Bestimmungsrecht an sich ziehe, überschreite seine demokrati-

---

[43] Parl. Rat, Verhandlungen des Hauptausschusses, Bonn 1948/49 (im folgenden: HA, Sten. Berichte), S. 239.
[44] HA, Sten. Berichte, S. 241.
[45] HA, Sten. Berichte, S. 245.
[46] HA, Sten. Berichte, S. 240.
[47] HA, Sten. Berichte, S. 242.
[48] HA, Sten. Berichte, S. 243.
[49] HA, Sten. Berichte, S. 245.
[50] HA, Sten. Berichte, S. 239.

schen Befugnisse, zumal die Wahl der Schulform für die Eltern auch eine Gewissenspflicht sei[51]. Für das Zentrum wies Frau *Wessel* darauf hin, daß „sehr viel an weltanschaulichem Explosiv- und Zündstoff in das politische Leben hineingetragen" werde, wenn man die grundgesetzliche Verankerung des elementaren Grundrechts auf Erziehung verweigere, da dies sowohl bei den gläubigen Christen als auch bei echten Demokraten auf Unverständnis stoßen werde. Jeder Minderheit müsse garantiert werden, Schulen ihres Bekenntnisses verlangen zu können, damit ihnen dieses Recht nicht durch zufällige Mehrheiten genommen werden könne. Als natürliches Recht habe das Elternrecht Priorität gegenüber Staat und Kirche[52]. *Dr. Seebohm* (DP) wertete das streitige Elternrecht als demokratisches Grundrecht, in dem sich der Grundsatz der Freiheit im kulturellen Leben ausprägt[53]. Als Vertreter der „Gegenseite" hob *Dr. Heuss* (FDP) hervor, daß man in den Fragen des Familienschutzes trotz gravierender systematischer Bedenken Kompromißbereitschaft gezeigt habe, daß dies aber im Hinblick auf das Problem Elternrecht nicht möglich sei. Er verwies insoweit zunächst auf die Mißverständlichkeit dieses Begriffes. Nicht etwa gehe es um die „Banalität", daß Eltern Erziehungsrechte und -pflichten besäßen. Vielmehr habe der Terminus „Elternrecht" eine bestimmte juristische und verwaltungstechnische Bedeutung bekommen und meine das zwingende subjektive Recht einer Gruppe auf die Gestaltung der Schule. *Dieses* Elternrecht, dessen naturrechtliche Begründung erst im 19. Jahrhundert aufgekommen sei, bilde den Gegenstand des Streits. Die Forderung nach entsprechenden verfassungsrechtlichen Garantien sei erst im Jahre 1918/19 erhoben worden, und zwar als Angstreaktion darauf, daß man in Preußen durch ministerielle Anordnung den Religionsunterricht abgeschafft habe. Die Sicherung des Religionsunterrichts aber werde von SPD und FDP nicht abgelehnt. Man wolle lediglich eine Entstehung von Zwergschulen und einen Schulkampf von Gemeinde zu Gemeinde verhindern, sowie den Grundsatz wahren, daß Kultur Ländersache sei. Vor allem aber müsse man aus den Weimarer Erfahrungen eine Lehre ziehen: Man habe damals einen Kompromiß geschaffen, mit dem alle Beteiligten unterschiedliche Vorstellungen verknüpft hätten. Im Grundgesetz solle man Derartiges vermeiden. „Wir wollen nicht mit halben und ungeschickten Wendungen etwas machen, was so aussieht, als ob, und was dann doch nicht das trifft, was jeder von uns meint ..."[54]. Dem schloß sich *Dr. Bergsträsser* (SPD) an mit dem Hinweis, die Simultanschule sei die beste Gewähr für eine Erziehung zur Toleranz. Deshalb sollte

---

[51] HA, Sten. Berichte, S. 245.
[52] HA, Sten. Berichte, S. 245 f.
[53] HA, Sten. Berichte, S. 246.
[54] HA, Sten. Berichte, S. 247 f.

man sie erhalten, statt verfassungsrechtlich die Möglichkeit ihrer Abschaffung zu eröffnen[55]. Der *Abg. Renner* (KPD) schließlich erinnerte an die finanziellen Schwierigkeiten, in die die Gemeinden gerieten, wenn man sie zur Errichtung verschiedenartiger Volksschulsysteme verpflichte[56].

Diesen Einwänden hielt der *Abg. Dr. Süsterhenn* (CDU) entgegen, es sei ein Mißverständnis, wenn man die geforderte Regelung als Antrag auf Einrichtung von Konfessionsschulen interpretiere. Sie solle nur dem Prinzip, jeden nach seiner Fasson selig werden zu lassen, auch im Schulwesen Geltung verschaffen. Eine solche Einheit im Notwendigen gehöre zu den Grundgedanken des Föderalismus[57].

In der Abstimmung wurde Art. 7 b in folgender Form angenommen:

„(1) Pflege und Erziehung der eigenen Kinder ist das natürliche Recht der Eltern und die zuvörderst ihnen obliegende Pflicht. Die Herausnahme von Kindern aus der Familiengemeinschaft gegen den Willen der Erziehungsberechtigten ist nur auf gesetzlicher Grundlage möglich, wenn durch ein Versagen der Erziehungsberechtigten die Gefahr der Verwahrlosung der Kinder gegeben ist.

(2) Unbeschadet des Rechts der Eltern, ihre Kinder vom Religionsunterricht abzumelden, ist der Religionsunterricht schulplanmäßiges Lehrfach an allen Schulen. Er wird nach den Grundsätzen der Kirchen in ihrem Auftrag und unter ihrer Aufsicht erteilt"[58].

Abgelehnt wurde hingegen sowohl der weitergehende Antrag der CDU/CSU als auch ein modifizierter Vorschlag des *Abg. Süsterhenn* (CDU):

„Die Gewissensfreiheit der Eltern hinsichtlich der religiös-weltanschaulichen Erziehung ihrer Kinder darf auch durch die Gestaltung des Schulwesens nicht beeinträchtigt werden"[59].

Der Allgemeine Redaktionsausschuß schlug für Art. 7 a Abs. 1 eine verkürzte Fassung vor:

„Ehe und Familie stehen unter dem besonderen Schutz der staatlichen Ordnung."

Er merkte dazu an, daß diese Schutznorm auch die aus Ehe und und Familie fließenden Rechte umfasse[60].

---
[55] HA, Sten. Berichte, S. 249 f.; ebenso *Abg. Zimmermann* (SPD), HA, Sten. Berichte, S. 252 f.
[56] HA, Sten. Berichte, S. 251.
[57] HA, Sten. Berichte, S. 253.
[58] HA, Sten. Berichte, S. 254; Parl. Rat, Grundgesetz (Entwürfe), Bonn 1948/49, S. 43 f.
[59] HA, Sten. Berichte, S. 254.
[60] Grundgesetz (Entwürfe), S. 87.

Dem Abs. 1 des Art. 7 b gab der Allgemeine Redaktionsausschuß folgende Fassung:

„Pflege und Erziehung des Kindes ist natürliches Recht und oberste Pflicht der Eltern. Dieses Recht darf nur aufgrund eines Gesetzes beschränkt werden. Ein Kind kann gegen den Willen der Erziehungsberechtigten von der Familie nur getrennt werden, wenn die Gefahr der Verwahrlosung besteht"[61].

Dadurch erfuhr der Regelungsgehalt dieser Bestimmung gegenüber dem Vorschlag des Hauptausschusses erhebliche Modifizierungen. Der Gesetzesvorbehalt sollte nach der neuen Fassung nicht nur für die Trennung der Kinder von der Familie, sondern auch für jede sonstige Beschränkung des Erziehungsrechts gelten. Außerdem wurde die in Satz 2 normierte Möglichkeit, Kinder von der Familie zu trennen, erweitert, da ein für die Verwahrlosung kausales Elternversagen nicht mehr verlangt wurde.

Diese weitreichenden Umgestaltungen des Art. 7 b Abs. 1 wurden aber vom Allgemeinen Redaktionsausschuß nicht näher begründet. In der Anmerkung heißt es lediglich: Abs. 1 Satz 1 „entspricht im wesentlichen Art. 120 WRV, der von einem natürlichen Recht der Eltern spricht und nur besagte, daß das Recht der Eltern nicht vom Staat verliehen sei, nicht aber ..., daß es der Gesetzgebungshoheit des Staates entrückt ist". Dieser Satz enthalte nur eine institutionelle Garantie[62].

Für Art. 7 b Abs. 2 lautete der Vorschlag des Allgemeinen Redaktionsausschusses:

„Der Religionsunterricht ist in allen Schulen ordentliches Lehrfach. Er wird nach den Grundsätzen der Religionsgemeinschaften in ihrem Auftrag und unter ihrer Aufsicht erteilt. Das Recht der Erziehungsberechtigten, über die Teilnahme der Kinder am Religionsunterricht zu entscheiden, bleibt unberührt."

Dazu war vor allem angemerkt, diese Bestimmung gehöre als Regelung des Schulwesens eigentlich nicht in die Grundrechte, durch die nur die Individualsphäre gegenüber dem Staat abgegrenzt werde[63].

Auf diese weittragenden Änderungsvorschläge ging man in der 32. Sitzung des Grundsatzausschusses vom 11. 1. 1949 nicht näher ein. Es ist dort im Hinblick auf Art. 7 a und 7 b nur die Rede von sprachlichen und redaktionellen Änderungen, die der Deutsche Sprachverein angeregt hatte[64]. Diese wurden auf Vorschlag des Vorsitzenden Dr. v. Mangoldt

---

[61] Grundgesetz (Entwürfe), S. 87.
[62] Grundgesetz (Entwürfe), S. 87.
[63] Grundgesetz (Entwürfe), S. 87.
[64] Grundsatz-A, Sten. Prot. der 32. Sitzung vom 11. 1. 1949, S. 49 ff.

in der Fassung berücksichtigt, die der Grundsatzausschuß zur zweiten Lesung in der 43. Sitzung des Hauptausschusses am 18. 1. 1949 vorlegte.

Art. 7 a Abs. 1 lautete nun:

„Die Ehe ist die rechtmäßige Form der Lebensgemeinschaft von Mann und Frau. Sie bildet die Grundlage der Familie. Ehe und Familie und die damit verbundenen Rechte und Pflichten stehen unter dem Schutze der Verfassung"[65].

Der Hauptausschuß entschied sich jedoch unter Ablehnung eines Streichungsantrages für die vom Redaktionsausschuß vorgeschlagene Fassung des Art. 7 a Abs. 1[66], ohne daß hierzu weitere Ausführungen gemacht wurden.

Art. 7 b hatte nach dem Vorschlag des Grundsatzausschusses folgende Fassung:

„(1) Pflege und Erziehung der Kinder ist das natürliche Recht der Eltern und die zuvörderst ihnen obliegende Pflicht. Gegen den Willen der Erziehungsberechtigten dürfen Kinder nur aufgrund eines Gesetzes von der Familie getrennt werden, wenn die Erziehungsberechtigten versagen und deshalb die Kinder zu verwahrlosen drohen.

(2) Unbeschadet des Rechts der Eltern, ihre Kinder vom Religionsunterricht abzumelden, ist der Religionsunterricht schulplanmäßiges Lehrfach an allen Schulen. Er wird nach den Grundsätzen der Kirchen und in ihrem Auftrage und unter ihrer Aufsicht erteilt"[67].

Während die SPD die Streichung des ganzen Absatzes 2 forderte, da er auch in dieser Fassung den Religionsfrieden störe[68], beantragte die CDU/CSU zum wiederholten Male die Aufnahme des Satzes „Bei der religiös-weltanschaulichen Gestaltung der öffentlichen Volksschulen ist der Wille der Erziehungsberechtigten zu berücksichtigen"[69]. In der anschließenden Debatte wurden im wesentlichen die Argumente der ersten Lesung nochmals gegeneinander gestellt. Unter erneuter Berufung auf die Naturgegebenheit des Elternrechts und seine Verankerung in der Gewissensfreiheit forderte die CDU, die Eltern müßten darüber abstimmen können, ob sie die Bekenntnis-, Simultan- oder weltliche Schule wollten. Auf den Einwand *Dr. Menzels* (SPD), man könne doch ein Naturrecht nicht durch Abstimmung beseitigen, wurde entgegnet, bei einer solchen Abstimmung habe die Minderheit ebenso ihr Recht wie die Mehrheit[70].

---

[65] HA, Sten. Berichte, S. 547.
[66] HA, Sten. Berichte, S. 554 f.
[67] HA, Sten. Berichte, S. 555.
[68] *Schönfelder* (SPD), HA, Sten. Berichte, S. 555 f.; ebenso *Bergsträsser* (SPD), HA, Sten. Berichte, S. 558; *Maier* (SPD), HA, Sten. Berichte, S. 562.
[69] HA, Sten. Berichte, S. 556.
[70] *Weber* (CDU), HA, Sten. Berichte, S. 556.

Für das Zentrum schloß sich der *Abg. Brockmann* dieser Argumentation an. Auch dem demokratischen Staat müsse ein autoritäres Vorgehen auf dem Gebiet der Schulerziehung verwehrt werden. Es gehe hier um Grundsätze, über den Abstimmungsmodus könne man sich später unterhalten[71].

Dr. Heuss (FDP) wiederholte, daß man sich von seiten der FDP und SPD nur gegen den Einfluß der Eltern auf die Schulform, nicht aber gegen Erziehungsrecht und -pflicht der Eltern überhaupt wende. Die in erster Lesung beschlossene Fassung des Art. 7 b Abs. 2 berücksichtige auch das Grundrecht der Eltern im Hinblick auf die Teilnahme am Religionsunterricht, bringe aber andererseits Unklarheiten in der Frage der Schulaufsicht[72]. *Dr. Ehlers* (SPD) verwies erneut auf die Zuständigkeit der Länder und ihre zum Teil anderslautenden Verfassungen[73]. Der *Abg. Renner* (KPD) warf der CDU/CSU vor, sie unterstelle, daß das naturrechtliche Elternrecht nur dann Recht sei, wenn es sich in dem Wunsch nach Ausgestaltung der Volksschulen zu religiösen und christlichen Schulen äußere[74]. *Dr. Schmid* (SPD) merkte an, eine Verwirklichung des angeblichen Naturrechts sei schon deshalb ausgeschlossen, weil man eine gewisse Vereinheitlichung der Schulformen nicht vermeiden könne. Wenn man das Bestimmungsrecht hierüber lediglich vom Staat auf die Mehrheit der Eltern verlagere, ändere sich nichts an dem überindividuellen Zwang für alle übrigen. Vor diesem Hintergrund werde eine Schulform, in der möglichst wenig weltanschaulich Spezifisches gelehrt werde, dem Ideal der Toleranz am besten gerecht[75]. Der *Abg. Maier* (SPD) wies darauf hin, bei konsequenter Durchführung müsse das von der CDU geforderte Bestimmungsrecht der Eltern letztlich sogar die Aufhebung des Schulzwanges zur Folge haben[76]. In der Abstimmung wurde Art. 7 b Abs. 1 in der vom Grundsatzausschuß vorgeschlagenen Fassung unter Ablehnung des CDU/CSU-Antrages angenommen. Art. 7 b Abs. 2 wurde unter Streichung des letzten Satzes angenommen[77].

Der Redaktionsausschuß beschränkte sich in seiner Stellungnahme bezüglich Art. 7 a Abs. 1 auf die sprachliche Modifizierung:

„Ehe und Familie stehen im Schutze der staatlichen Ordnung"[78].

---

[71] HA, Sten. Berichte, S. 560 f.; ähnlich *Seebohm* (DP), HA, Sten. Berichte, S. 562 f.; *Pfeiffer* (CSU), HA, Sten. Berichte, S. 563.
[72] HA, Sten. Berichte, S. 557 f.
[73] HA, Sten. Berichte, S. 556 f.
[74] HA, Sten. Berichte, S. 566.
[75] HA, Sten. Berichte, S. 566.
[76] HA, Sten. Berichte, S. 562.
[77] HA, Sten. Berichte, S. 567.
[78] Grundgesetz (Entwürfe), S. 121.

Bezüglich Art. 7 b schlug er lediglich für Abs. 1 Satz 2 und Abs. 2 folgende Änderungen vor:

„Gegen den Willen der Erziehungsberechtigten dürfen Kinder nur aufgrund eines Gesetzes von der Familie getrennt werden, wenn die Gefahr der Verwahrlosung besteht.

Der Religionsunterricht ist in öffentlichen Volks-, Mittel-, Berufsschulen und höheren Lehranstalten ordentliches Lehrfach."

In der Anmerkung dazu heißt es: „Eine Verwahrlosung der Kinder kann auch vorliegen und eine Trennung von der Familie erforderlich machen, ohne daß die Erziehungsberechtigten versagt haben. Äußere, von den Erziehungsberechtigten nicht abhängige oder verschuldete Umstände können zur Verwahrlosung führen, die eine Trennung erforderlich machen. ... Die Mitglieder des Redaktionsausschusses sehen davon ab, an dieser Stelle die rechtlichen und kulturpolitischen Auswirkungen des Art. 7 b in der vorliegenden Fassung zu erörtern"[79].

Der Fünferausschuß machte anschließend den Vorschlag, die Regelungen über das Erziehungsrecht der Eltern und über die Trennung der Kinder von der Familie dem Art. 7 a zuzuordnen, und das Bestimmungsrecht bezüglich des Religionsunterrichts dem Art. 7 b einzugliedern[80]. Dementsprechend beschloß der Hauptausschuß in 3. Lesung (47. Sitzung vom 10. 2. 1949) ohne weitere Aussprache für Art. 7 a folgende Fassung:

„(1) Ehe und Familie stehen unter dem besonderen Schutze der staatlichen Ordnung.

(2) Pflege und Erziehung der Kinder sind das natürliche Recht der Eltern und die zuvörderst ihnen obliegende Pflicht.

(3) Gegen den Willen der Erziehungsberechtigten dürfen Kinder nur aufgrund eines Gesetzes von der Familie getrennt werden, wenn die Erziehungsberechtigten versagen und deshalb die Kinder zu verwahrlosen drohen"[81].

Art. 7 b wurde, nachdem *Dr. Süsterhenn* (CDU) in einer Grundsatzerklärung nochmals den abweichenden Standpunkt von CDU/CSU, DP und Zentrum hervorgehoben hatte, in folgender Fassung angenommen:

„(1) Das gesamte Schulwesen steht unter der Aufsicht des Staates.

(2) Die Erziehungsberechtigten haben das Recht, über die Teilnahme des Kindes am Religionsunterricht zu bestimmen"[82].

---

[79] Grundgesetz (Entwürfe), S. 122.
[80] Grundgesetz (Entwürfe), S. 174.
[81] HA, Sten. Berichte, S. 615.
[82] HA, Sten. Berichte, S. 615.

III. Zur Entstehungsgeschichte des Art. 6 GG

Der Allgemeine Redaktionsausschuß fügte in seiner Stellungnahme ohne nähere Begründung dem Art. 7a Abs. 2 wiederum den Satz 2 an: „Über ihre Betätigung wacht die staatliche Gemeinschaft"[83].

Für Art. 7a Abs. 3 wurde die heutige Formulierung des Art. 6 Abs. 3 GG vorgeschlagen[84].

Ein Antrag der *Abg. Dehler und Zinn* (zweier Mitglieder des dreiköpfigen Redaktionsausschusses) wiederholte anschließend den Ergänzungsvorschlag bezüglich Art. 7a Abs. 2[85]. Die vorstehenden Änderungsvorschläge wurden vom Hauptausschuß in der 4. Lesung ohne nähere Aussprache angenommen[86]. Dem schloß sich das Plenum in der 2. Lesung an[87].

In der 3. Lesung des Plenums (10. Sitzung vom 8. 5. 1949) brach der Konflikt um das Elternrecht nochmals auf. Ein letztes Mal wurden die bereits im Hauptausschuß artikulierten Positionen umrissen: CDU/CSU, DP und Zentrum hielten entschieden an der Ablehnung eines staatlichen Schulmonopols und der Forderung nach elterlicher Bestimmung der Schulformen fest. Hierfür wurde ins Feld geführt:
— der in der sittlich-göttlichen Weltordnung begründete Menschheitszweck des Staates[88];
— die Freiheit im kulturellen Raum[89];
— der demokratische, von Gott gegebene Charakter eines solchen Elternrechts[90];
— sowie seine naturrechtliche Verwurzelung und Verknüpfung mit der Gewissensfreiheit[91].

Die Gegenseite wiederholte das föderale Argument, den Hinweis, man müsse zum friedlichen Zusammenleben der Konfessionen erziehen[92], sowie die historischen Bedenken gegen die naturrechtliche Charakterisierung eines solchen Rechts[93].

Im Ergebnis blieb es bei der schon in der zweiten Lesung des Plenums beschlossenen heutigen Fassung der Art. 6 Abs. 1—3 und 7 Abs. 1 und 2 GG[94].

---

[83] Grundgesetz (Entwürfe), S. 197.
[84] Grundgesetz (Entwürfe), S. 198.
[85] Parl. Rat, Drs. Nr. 820 v. 5. 5. 1949.
[86] HA, 57. Sitzung vom 5. 5. 1949, Sten. Berichte, S. 759 f.
[87] 9. Sitzung des Plenums vom 6. 5. 1949, Sten. Berichte, S. 176 f.
[88] *Wessel* (Zentrum), Plenum, Sten. Berichte, S. 214.
[89] *Seebohm* (DP), Plenum, Sten. Berichte, S. 218.
[90] *Finck* (CDU), Plenum, Sten. Berichte, S. 221 f.
[91] *Brockmann* (Zentrum), Plenum, Sten. Berichte, S. 224.
[92] *Menzel* (SPD), Plenum, Sten. Berichte, S. 205.
[93] *Heuss* (FDP), Plenum, Sten. Berichte, S. 208 f.

IV. Resümee und Ertrag für die Interpretation des Art. 6 Abs. 2 GG

Die Meinungsverschiedenheiten über die Grundlage sowie den Inhalt und Umfang des elterlichen Erziehungsrechts in der Weimarer Zeit und die Diskussionen über die Fassung des Art. 6 Abs. 2 GG bei den Beratungen des Grundgesetzes zeigen thematisch wie argumentativ ein einheitliches Bild. Im Zentrum der Erörterungen standen namentlich zwei Fragen: zum einen die Frage nach der Herkunft und dem Fundament des elterlichen Erziehungsrechts (Naturrecht oder staatliches Recht), zum andern das Problem der Auswirkungen des elterlichen Erziehungsrechts auf das (staatliche) Schulrecht. Die Auswirkungen wurden jedoch unter der (verengten) Alternative „Bekenntnisschule oder Simultanschule" erörtert. Von einem „pädagogischen Elternrecht" war noch keine Rede. Der Streit um das elterliche Erziehungsrecht war im Kern ein konfessionelles Problem. Er ist bei den Grundgesetzberatungen deshalb auch folgerichtig mit Argumenten der Glaubensfreiheit und des Minderheitenschutzes geführt worden. Die Verfassungsgesetz gewordenen Bestimmungen haben den Streit keineswegs klar entschieden.

Eine Darstellung der Entstehung und Motivation verfassungsrechtlicher Gewährleistungen des elterlichen Erziehungsrechts hat zunächst entwicklungsgeschichtlich einen eigenen Wert. Ob aus einer solchen entwicklungs- und entstehungsgeschichtlichen Betrachtung auch ein nennenswerter hermeneutischer Gewinn für das heutige Verständnis des Art. 6 Abs. 2 GG gezogen werden kann, ist demgegenüber eher zu verneinen. An die in der Weimarer Zeit entstandenen Rechtsauffassungen kann trotz enger verbaler Anlehnung des Art. 6 Abs. 2 GG an Art. 120 WRV nicht angeknüpft werden, weil das Grundgesetz sich in grundlegender Weise von der Weimarer Reichsverfassung unterscheidet. Darauf ist sogleich zurückzukommen[95]. — Die Entstehungsgeschichte des Grundgesetzes ist als Auslegungsargument zwar anerkannt, aber von nachrangiger Bedeutung. Ihre hermeneutische Funktion entfällt vor allem dann, wenn sich in den Verfassungsberatungen keine eindeutigen Mehrheitspositionen abgezeichnet haben; außerdem dann, wenn sich der von der Norm erfaßte Problembereich verschoben oder erweitert hat. Beides scheint mir für Art. 6 Abs. 2 GG gegeben. Die bei den Verfassungsberatungen geäußerten gegensätzlichen gleichgewichtigen Positionen sind bis zuletzt unüberbrückt geblieben und haben auch im Grundgesetztext keine Lösung gefunden. Ferner: der konfessionelle Streit um die Auswirkungen des elterlichen Erziehungsrechts auf das

---

[94] Plenum, Sten. Berichte, S. 226 und 238 (Schlußabstimmung in der 10. Sitzung vom 8. 5. 1949).
[95] Vgl. Zweites Kapitel, I. 3.

Schulrecht hat seine frühere Bedeutung verloren. Heute stehen Gefahren einer Ideologisierung der Schule im Vordergrund, die nicht Gegenstand der Beratungen der Verfassungsväter waren. Gleichwohl werden an verschiedenen Stellen der folgenden Auslegungsbemühungen einzelne Auslegungsargumente, die auch bisher schon eine Rolle spielten, wiederkehren.

Zweites Kapitel

Verfassungsrechtliche Grundlagen des elterlichen Erziehungsrechtes

Die vorliegende Untersuchung befaßt sich mit dem elterlichen Erziehungsrecht *im Sinne des Grundgesetzes*. Im Mittelpunkt steht demnach die Interpretation des Art. 6 Abs. 2 Satz 1 GG. Die landesverfassungsrechtlichen Verbürgungen des elterlichen Erziehungsrechtes bleiben außerhalb der Betrachtungen. Gleichwohl erscheint es nützlich, sich diese Verbürgungen in aller Kürze zu vergegenwärtigen und ihr Verhältnis zu Art. 6 GG zu erläutern.

I. Übersicht über die verfassungsrechtlichen Regelungen

1. Die Regelungen in den Länderverfassungen

Die im vorangehenden Kapitel geschilderte Rechtsentwicklung der Verbürgung des elterlichen Erziehungsrechtes ist nach 1945 zunächst in den Landesverfassungen fortgeführt worden. In den derzeit geltenden Landesverfassungen — mit Ausnahme derer von Berlin, Hamburg, Niedersachsen und Schleswig-Holstein — finden sich Gewährleistungen des elterlichen Erziehungsrechtes in unterschiedlicher Ausführlichkeit und Dignität[1]. Grundrechtsthematisch ist das elterliche Erziehungsrecht in den Zusammenhang der Ordnungen von Ehe und Familie gestellt. In einigen Landesverfassungen wird das elterliche Erziehungsrecht aber auch in den Regelungsbereich „Erziehung und Schule" einbezogen und entweder als zu berücksichtigendes Element für die Gestaltung des Schulwesens eingeordnet oder zur „Grundlage des Erziehungs- und Schulwesens" erklärt[2].

Die Regelungsbreite und die Regelungsdichte der Verbürgungen des elterlichen Erziehungsrechts in den einzelnen Länderverfassungen ist

---

[1] Baden-Württemberg, Art. 12 II; Bayern, Art. 126; Bremen, Art. 23; Hessen, Art. 55; Nordrhein-Westfalen, Art. 8 I; Rheinland-Pfalz, Art. 25 I; Saarland, Art. 24 I, 26 II.

[2] Vgl. Baden-Württemberg, Art. 15 III; Nordrhein-Westfalen, Art. 8 I, 10 II; ferner Hessen, Art. 55 VI; Rheinland-Pfalz, Art. 27.

I. Übersicht über die verfassungsrechtlichen Regelungen

höchst unterschiedlich. Sie gehen — jedenfalls dem Wortlaut nach — zum Teil über die grundgesetzliche Garantie des Art. 6 Abs. 2 GG hinaus, enthalten aber andererseits auch gewisse Einschränkungen insofern, als manche Landesverfassungen im Gegensatz zu Art. 6 Abs. 2 GG Erziehungsziele ausdrücklich vorschreiben[3].

2. Art. 6 Abs. 2 GG und landesverfassungsrechtliche Verbürgungen des elterlichen Erziehungsrechtes

Grundgesetzlich gewährte und landesverfassungsrechtlich verbürgte Grundrechte haben grundsätzlich nebeneinander Bestand (Art. 142 GG)[4]. Sie verstärken und ergänzen sich gegenseitig. Dies gilt jedenfalls, soweit die Grundrechtsverbürgungen auf beiden Verfassungsebenen inhaltlich übereinstimmen. Schwierigkeiten ergeben sich nur, wenn landesverfassungsrechtliche Grundrechtsgarantien hinter grundgesetzlichen Garantien zurückbleiben oder über sie hinausgehen.

Bleiben landesverfassungsrechtliche Verbürgungen des elterlichen Erziehungsrechtes hinter dem Garantiegehalt des Art. 6 Abs. 2 GG zurück, so entsteht keine Grundrechtslücke. Vielmehr wird das landesverfassungsrechtliche Grundrechtsdefizit unmittelbar durch Art. 6 Abs. 2 Satz 1 GG ausgeglichen (Art. 1 Abs. 3 GG). Zu einer echten Normenkollision kann es nur dann kommen, wenn landesverfassungsrechtliche Vorschriften das elterliche Erziehungsrecht weiter einschränken als Art. 6 GG. In diesem Falle greift der *Geltungsvorrang des Art. 6 GG* durch. Praktische Bedeutung gewinnt dieser Geltungsvorrang beispielsweise dann, wenn die Landesverfassungen über Art. 6 GG hinausgehend den Eltern Erziehungsziele vorschreiben. Solche Pflichtbindungen aufgrund landesverfassungsrechtlicher Erziehungszielbestimmungen werden durch die von Pflichtbindungen freigestellte Garantie des Art. 6 Abs. 2 GG aufgehoben[5].

Eine andere, hiervon zu unterscheidende Frage ist die, ob und inwieweit der Staat befugt ist, für den Bereich der schulischen Erziehung Erziehungsziele zu statuieren. Darauf wird an späterer Stelle zurückzukommen sein.

---

[3] Vgl. die Übersicht bei *H.-U. Evers*, Die Befugnis des Staates zur Festlegung von Erziehungszielen in der pluralistischen Gesellschaft, 1979, S. 34 ff.
[4] Vgl. *H. v. Olshausen*, Landesverfassungsbeschwerde und Bundesrecht, 1980, S. 116 ff.
[5] Vgl. *E.-W. Böckenförde*, Elternrecht — Recht des Kindes — Recht des Staates. Zur Theorie des verfassungsrechtlichen Elternrechts und seiner Auswirkung auf Erziehung und Schule, in: Essener Gespräche zum Thema Staat und Kirche 14 (1980), S. 54 ff. (58 f.) (zitiert: E.-W. Böckenförde, Elternrecht).

3. Art. 6 GG und die Verfassungstradition

Art. 6 Abs. 2 GG lehnt sich eng an den Wortlaut seines Vorgängers, des Art. 120 WRV, an[6]. Es liegt deshalb nahe, den Garantiegehalt des Art. 6 Abs. 2 GG unter Rückgriff auf die Verfassungstradition der Weimarer Zeit zu ermitteln. Ein solches Vorgehen wäre jedoch verfehlt. Vielmehr gilt für das Verhältnis der beiden genannten Verfassungsvorschriften der altbekannte Satz: wenn zwei Verfassungsgarantien (dem Wortlaut nach) dasselbe sagen, so ist es (inhaltlich) noch lange nicht dasselbe. Denn jede Verfassungsvorschrift erhält ihre Bedeutung, ihr Gewicht und ihre Substanz durch den verfassungsrechtlichen Kontext, in den sie gestellt ist. Insoweit sind zwischen der Weimarer Verfassung und dem Bonner Grundgesetz allerdings erhebliche Unterschiede zu verzeichnen, die auch auf die Auslegung des Art. 6 Abs. 2 GG und damit auf die Inhaltsbestimmung des elterlichen Erziehungsrechts durchschlagen. Diese Unterschiede bestehen, worauf *Böckenförde* in diesem Zusammenhang mit Recht aufmerksam gemacht hat[7], insbesondere darin, daß das Bonner Grundgesetz im Gegensatz zur Weimarer Reichsverfassung

— in besonderer Weise die Freiheit des Bürgers und die Sicherung dieser Freiheit betont,

— die Grundrechte nicht nur als Programmsätze formuliert, sondern als unmittelbar geltendes Recht ausprägt, welches auch den Gesetzgeber bindet (Art. 1 Abs. 3 GG),

— die Einschränkungen und Reglementierungen im Grundrechtsbereich restriktiver faßt.

Demzufolge läßt sich der für Weimar geprägte Satz „Staatsrecht überhöht Elternrecht" nicht auf das Bonner Grundgesetz übertragen[8]. Das Verhältnis Eltern-Staat und damit das Verhältnis zwischen elterlichem Erziehungsrecht und staatlicher Eingriffsbefugnis muß vielmehr aus dem Gesamtzusammenhang des Grundgesetzes neu bestimmt werden. Der Rückgriff auf die Verfassungstradition bietet keine Auslegungshilfe; er ist im Gegenteil fehl am Platz[9].

---

[6] Art. 6 Abs. 2 GG: „Pflege und Erziehung der Kinder sind das natürliche Recht der Eltern und die zuvörderst ihnen obliegende Pflicht. Über ihre Betätigung wacht die staatliche Gemeinschaft."
Art. 120 WRV: „Die Erziehung des Nachwuchses zur leiblichen, seelischen und gesellschaftlichen Tüchtigkeit ist oberste Pflicht und natürliches Recht der Eltern, über deren Betätigung die staatliche Gemeinschaft wacht."

[7] Vgl. *E.-W. Böckenförde*, Elternrecht, S. 58; *Th. Maunz* in: Maunz/Dürig/Herzog/Scholz, Grundgesetz, Kommentar, Art. 6 Rdnr. 25 b ff. (Stand: Sept. 1980).

[8] Vgl. *E.-W. Böckenförde*, Elternrecht, S. 58; *F. Ossenbühl*, Elternrecht in Familie und Schule, 1978, S. 12; *H. U. Erichsen*, Verstaatlichung der Kindeswohlentscheidung?, 1978, S. 15 f.

I. Übersicht über die verfassungsrechtlichen Regelungen 41

Bei der Formulierung des Art. 6 GG haben dem Verfassungsgeber frische Erfahrungen aus dem nationalsozialistischen Regime vor Augen gestanden, das den Verfassungsvätern und ihren ersten Interpreten den staatlich ungehemmten Zugriff auf die Jugend und ihre Verführung durch eine zerstörerische Staatsideologie nachdrücklich demonstriert hatte. Es ist vielleicht eine Folge der Entfernung aus diesem Erfahrungsbereich, daß die gegenwärtige Generation nicht mehr in gleichem Maße jenes Problembewußtsein aufbringt, welches in der Frühzeit des Grundgesetzes allgemein verbreitet war. So schreibt etwa *Hans Peters:* „Die staatlichen Eingriffe in die Familie und in das Erziehungsrecht der Eltern, von den Eltern nicht gebilligte Verschickungen und Verschleppungen von Kindern, aus politischen Gründen erfolgte Trennung der Kinder vom Elternhaus im nationalsozialistischen System, aber auch die von den Eltern weithin abgelehnte, erzwungene Erziehung der Kinder zum Kommunismus und Atheismus in den unter der Herrschaft des Kommunismus stehenden Staaten hat seitdem auch dem deutschen Verfassungsgesetzgeber die Augen für die Erkenntnis geöffnet, daß das Sorge- und Erziehungsrecht der Eltern ihren Kindern gegenüber ein — nicht vom Staate begründetes, sondern nur anerkanntes — Menschenrecht und deshalb im Sinne des GG ein weit über eine institutionelle Garantie hinausgehendes Grundrecht sein muß"[10].

In diesem Zeugnis kommt nochmals in aller Deutlichkeit die Betonung der subjektiv-individuellen Komponente des elterlichen Erziehungsrechts zum Ausdruck, ferner die Intensität seiner Verbürgung, die in Art. 6 GG angestrebt ist und die mit der Weimarer Tradition bloßer Programmsätze und Institutsgarantien bricht.

Wie das Bundesverfassungsgericht betont hat, handelt es sich bei Art. 6 GG „um eine Bestimmung der klassischen Grundrechte, die angesichts der Erfahrungen in der Zeit der nationalsozialistischen Herrschaft dem Schutz der spezifischen Privatsphäre von Ehe und Familie vor äußerem Zwang durch den Staat dienen soll. In Abkehr von der Allstaatlichkeit des Nationalsozialismus bekennt sich das Grundgesetz auch für diesen Lebensbereich zur Eigenständigkeit und Selbstverantwortlichkeit des Menschen"[11].

---

[9] Vgl. *H. Peters,* Elternrecht, Erziehung, Bildung und Schule, in: Die Grundrechte IV/1, S. 369 ff. (374).
[10] *H. Peters,* wie vorige Fußnote.
[11] *BVerfGE* 6, 55 (71).

II. Das elterliche Erziehungsrecht — ein Element der grundrechtlich geschützten Familie als Lebensgemeinschaft

Eine verfassungsrechtliche Inhalts- und Standortbestimmung des elterlichen Erziehungsrechtes läßt sich nur gewinnen, wenn man das elterliche Erziehungsrecht in den Zusammenhang der Familie als eines verfassungsgeschützten eigenständigen Lebensbereichs einordnet, der für staatliche Zugriffe und Reglementierungen prinzipiell tabu ist. Dies zu betonen, erscheint deshalb besonders wichtig, weil neuere Gefahren für Bestand und Inhalt des elterlichen Erziehungsrechtes gerade dadurch heraufbeschworen werden, daß die Familie als natürliche Lebensgemeinschaft durch Fehlentwicklungen bei der Interpretation des Grundrechtes des Art. 6 GG in ein Konglomerat einzelner subjektiver Rechtsbeziehungen aufgelöst und dadurch als „Lebens*gemeinschaft*" denaturiert wird[12]. Solche Tendenzen widersprechen der Rechtserkenntnis, nach der die Familie als „ein geschlossener, eigenständiger Lebensbereich zu verstehen ist; die Verfassung verpflichtet den Staat, diese Einheit und Selbstverantwortlichkeit der Familie zu respektieren und zu fördern"[13].

Die Familie als Lebensgemeinschaft zwischen Eltern und Kindern ist Gegenstand der Regelung des Art. 6 GG, wobei die verschiedenen Absätze dieser Verfassungsvorschrift in einem inneren Zusammenhang miteinander stehen. Als „Generalnorm" statuiert Art. 6 Abs. 1 GG „ein umfassendes, an die Adresse des Staates gerichtetes Schutzgebot, das weder durch einen Gesetzesvorbehalt noch auf andere Weise beschränkt ist. Die dreifache verfassungsrechtliche Bedeutung dieser Vorschrift ist bereits in der Rechtsprechung des Bundesverfassungsgerichts geklärt; sie enthält sowohl eine *Institutsgarantie* als auch ein *Grundrecht* auf Schutz vor störenden Eingriffen des Staates und darüber hinaus eine *wertentscheidende Grundsatznorm* für das gesamte Ehe und Familie betreffende Recht"[14]. In allen drei Ausprägungen schützt die „Generalnorm" des Art. 6 Abs. 1 GG die Familie als eigenständige, geschlossene, spezifische Privatsphäre gegen staatliche Zu- und Eingriffe[15]. Bestand-

---

[12] Vgl. zu diesem Aspekt etwa: *H. Lecheler*, Der Schutz der Familie, Fehlentwicklungen bei der Konkretisierung eines Grundrechts, FamRZ 1979, S. 1 ff.

[13] *BVerfGE* 24, 119 (135).

[14] *BVerfGE* 24, 119 (135); 6, 55 (71).

[15] *P. Kirchhof*, Die Grundrechte des Kindes und das natürliche Elternrecht, in: Praxis des neuen Familienrechts, 1978, S. 171, spricht von einem „Gruppengrundrecht des Art. 6 GG". Der Terminus „Gruppengrundrecht" wird im Zusammenhang des Art. 9 verwendet (vgl. *H. v. Mangoldt/F. Klein*, Das Bonner Grundgesetz, Bd. I, 2. Aufl. 1954, Art. 9 Anm. V 3) und neuerdings auch im Kontext des Art. 5 Abs. 1 GG (vgl. *J. Lücke*, Die Rundfunkfreiheit als Gruppengrundrecht, DVBl. 1977, S. 977). — Ob diesem Terminus im Rahmen

teil und Wesenselement dieses geschützten Lebensbereichs ist das in Art. 6 Abs. 2 Satz 1 GG normierte elterliche Erziehungsrecht, welches das Eltern-Kind-Verhältnis in spezieller Weise bestimmt und verfassungsrechtlich absichert.

Auch im Elternrecht des Art. 6 Abs. 2 Satz 1 GG sind die drei Dimensionen des Garantiegehaltes grundrechtlicher Vorschriften eingeschlossen. Das elterliche Erziehungsrecht enthält eine Garantie des Elternrechts als Verfassungsinstitution, indem es eine präkonstitutionelle „natürliche" Lebensordnung als vorgegeben anerkennt und unter Verfassungsschutz stellt[16]. Das elterliche Erziehungsrecht impliziert subjektive Rechte und Pflichten, indem es die Eltern mit Abwehrrechten ausstattet, aber auch in (Grund-)Pflicht nimmt. Das elterliche Erziehungsrecht enthält schließlich eine wertentscheidende Grundsatznorm, die der (einfache) Gesetzgeber beim Erlaß von Gesetzen zu beachten hat[17].

III. Elterliches Erziehungsrecht als Grundrecht

1. Elterliches Erziehungsrecht als Abwehrrecht

Die klassische liberale Funktion der Grundrechte besteht in der Abwehr staatlicher Eingriffe in einen abgegrenzten privaten Bereich eigener Lebensgestaltung der Bürger. Diese Abwehrfunktion obliegt auch dem in Art. 6 Abs. 2 GG verbürgten elterlichen Erziehungsrecht. „Die Eltern haben das Recht und die Pflicht, die Pflege und Erziehung ihrer Kinder nach ihren eigenen Vorstellungen frei und, vorbehaltlich des Art. 7 GG, mit Vorrang vor anderen Erziehungsträgern zu gestalten. Die freie Entscheidung der Eltern darüber, wie sie dieser Elternverantwortung gerecht werden wollen, ist durch ein Grundrecht gegen staatliche Eingriffe geschützt, soweit solche Eingriffe nicht durch das Wächteramt der staatlichen Gemeinschaft im Sinne des Art. 6 Abs. 2 Satz 2 GG gedeckt sind"[18].

---

des Art. 6 mehr als ein heuristischer Wert zukommt, erscheint zweifelhaft. Jedenfalls ist die „Familie" als „Gruppe" nicht Grundrechtsträgerin, sondern (nur) Schutzsubjekt.

[16] Vgl. auch *Th. Maunz*, in: Maunz/Dürig/Herzog/Scholz, Grundgesetz, Kommentar, Art. 6 Rdnr. 9 (Stand: Mai 1969); *G. Baumgarte*, Das Elternrecht im Bonner Grundgesetz, Diss. Köln, 1966, S. 130 ff.; Näheres dazu unten sub III.

[17] Vgl. auch *Erwin Stein*, Elterliches Erziehungsrecht und Religionsfreiheit, in: Handbuch des Staatskirchenrechts II, 1975, S. 459; *P. Kirchhof*, Die Grundrechte des Kindes und das natürliche Elternrecht, in: Praxis des neuen Familienrechts, 1978, S. 180 f.

[18] BVerfGE 47, 46 (70); 31, 194 (204 f.); im Anschluß an BVerfGE 4, 52 (57); 7, 320 (323); 24, 119 (138, 143 f.).

Art. 6 Abs. 2 GG gewährleistet also das Elternrecht als echtes staatsgerichtetes Grundrecht[19].

2. Elternrecht als wertentscheidende Grundsatznorm

Die negatorische Komponente des Elternrechts, die sich in der Abwehrfunktion äußert, wird durch eine weitere Dimension ergänzt und verstärkt: durch den Charakter des Art. 6 Abs. 2 GG als „wertentscheidender Grundsatznorm". Die damit angesprochene objektiv-rechtliche Komponente hat das Bundesverfassungsgericht schon recht frühzeitig der Abwehrfunktion der Grundrechte hinzugefügt, und zwar in der Absicht, den Grundrechtsschutz zu effektuieren[20].

Als wertentscheidende Grundsatznormen werden die Grundrechtsverbürgungen des Grundgesetzes in eine objektiv-rechtliche, d. h. von der Individualposition unabhängige Dimension erhoben. Die normativ-inhaltliche Aussage der Grundrechtsvorschrift enthält nicht nur ein klagbares Abwehrrecht, sondern auch eine substantielle Aussage, die für die Staatsgewalt in allen ihren Äußerungen dirigierende Kraft entfaltet. Der Wertgehalt der Grundrechte manifestiert sich namentlich in der „Ausstrahlungswirkung", die Grundrechtsvorschriften als „wertentscheidende Grundsatznormen" auf die Inhaltsgebung und Auslegung des einfachen Gesetzesrechts ausüben[21]. Diese — insbesondere an den einfachen Gesetzgeber adressierte — wertsetzende Bedeutung der Grundrechte ist in den letzten Jahren namentlich für das Grundrecht auf Meinungsfreiheit im Zusammenhang mit der politischen Werbung im öffentlichen Straßenraum von der Rechtsprechung extensiv, bis zur Umformung der Normen des einfachen Gesetzesrechts, praktiziert worden[22]. Um so erstaunlicher ist es, festzustellen, daß die Bedeutung des Elternrechts als „wertentscheidender Grundsatznorm" und der damit verbundenen Direktionskraft für den einfachen Gesetzgeber in der richterlichen Praxis kaum zum Tragen gekommen ist. Namentlich in jenen Entscheidungen, die die Vereinbarkeit von Schulgesetzen mit dem elterlichen Erziehungsrecht betreffen, ist eine Beschränkung der verfassungsrechtlichen Prüfung auf die Abwehrfunktion des Art. 6 Abs. 2 Satz 1 GG auffällig. Dabei herrscht offensichtlich die Auffassung vor, daß der

---

[19] *E.-W. Böckenförde*, Elternrecht, S. 59.

[20] Vgl. *F. Ossenbühl*, Die Interpretation der Grundrechte in der Rechtsprechung des Bundesverfassungsgerichts, NJW 1976, S. 2100.

[21] Vgl. dazu *F. Ossenbühl*, wie vorige Fußnote, S. 2101 f.; *G. Roellecke*, Prinzipien der Verfassungsinterpretation in der Rechtsprechung des Bundesverfassungsgerichts, in: Festgabe Bundesverfassungsgericht, 1976, S. 22 ff. (34).

[22] Vgl. zusammenfassend: *M. Stock*, Straßenkommunikation und Gemeingebrauch, Zur Rechtsprechung über politische Werbung im Straßenverkehr, 1979.

Staat im Schulrecht ein eigenes Erziehungsmandat vorweisen kann, dessen Ausgestaltung seine Sache ist. Ungeachtet dieses noch näher zu behandelnden staatlichen Erziehungsmandates ist darauf hinzuweisen, daß das elterliche Erziehungsrecht in seiner wertsetzenden Bedeutung keineswegs auf den Bereich der häuslichen Erziehung beschränkt ist, sondern in seinen dirigierenden Partien auch in andere Erziehungsbereiche, namentlich den der Schule, hineinwirkt[23]. Dies hat zur Folge, daß der staatliche Gesetzgeber seine durch Art. 6 Abs. 2 Satz 1 GG gebotene Schutz- und Achtungspflicht keineswegs schon dann erfüllt hat, wenn er den Bereich der häuslichen Erziehung unberührt läßt, sondern daß er vielmehr gehalten ist, auch (faktische) Rückwirkungen auf das elterliche Erziehungsrecht, die durch Regelungen in anderen Bereichen verursacht werden, hintanzuhalten und solche Regelungen so auszugestalten, daß das elterliche Erziehungsrecht nicht nur keinen Schaden nimmt, sondern möglichst effektuiert wird.

Dieser Dimension des elterlichen Erziehungsrechts als wertentscheidender Grundsatznorm Geltung zu verschaffen, hat die Rechtsprechung bislang versäumt[24]. Ihr zum Durchbruch zu verhelfen, ist eine verfassungsrechtlich gebotene Aufgabe, die in ihrer Wertigkeit und Dringlichkeit gewiß keineswegs hinter der von der Rechtsprechung mit Rigorosität betriebenen Durchsetzung der Meinungsfreiheit zurückstehen dürfte.

3. Elternrecht als „natürliches Recht"

Nach dem Wortlaut des Art. 6 Abs. 2 GG sind die Pflege und Erziehung der Kinder das „natürliche Recht" der Eltern. Diese Charakterisierung, die sich auch in Art. 120 WRV findet, hat schon früh eine allgemeine Diskussion um die Frage ausgelöst, ob damit das elterliche Erziehungsrecht im Naturrecht, und das heißt — was man sich auch immer unter Naturrecht vorstellen mag — „überstaatlich" und „vorstaatlich" begründet, verwurzelt und verankert sei, und ob deshalb der Staat über das elterliche Erziehungsrecht nicht disponieren könne und auch in seinen gesetzlichen Regelungen von vornherein beschränkt sei[25].

---

[23] Vgl. *Erwin Stein*, Die rechtsphilosophischen und positiv-rechtlichen Grundlagen des Elternrechts, in: Stein/Joest/Dombois, Elternrecht, 1958, S. 50; *H.-U. Erichsen*, Verstaatlichung der Kindeswohlentscheidung?, 1978, S. 12.

[24] Sie wird neuerdings zu Recht betont von *P. Kirchhof*, Die Grundrechte des Kindes und das natürliche Elternrecht, in: Praxis des neuen Familienrechts, 1978, S. 180 f.

[25] Vgl. für die WRV: *G. Anschütz*, Die Verfassung des Deutschen Reiches (Kommentar), 14. Aufl. 1933, Erl. zu Art. 120; *G. Holstein*, Elternrecht, Reichsverfassung und Schulverwaltungssystem, AöR 12 (1927), S. 190 ff.; *J. Mausbach*, Kulturfragen in der Deutschen Verfassung, 1920, S. 44. — Für Art. 6 Abs. 2 GG: *H. Peters*, Elternrecht, Erziehung, Bildung und Schule, in: Die Grundrechte IV/1, S. 373; *Th. Maunz*, in: Maunz/Dürig/Herzog/Scholz, Grund-

Das Bundesverfassungsgericht hat sich insoweit zurückhaltend gezeigt und einen Rückgriff auf Naturrechtsvorstellungen im Bereich des Art. 6 GG mit dem Hinweis auf die „Vielfalt der Naturrechtslehren" und die „bei der Erörterung der innerhalb der naturrechtlichen Diskussion selbst bestrittenen Fragen des Verhältnisses ‚Naturrecht und Geschichtlichkeit', ‚Naturrecht und positives Recht'" abgelehnt[25a].

Ob ein dem geltenden Verfassungsrecht vorausliegendes Naturrecht existiert, mit welchem Inhalt es besteht und ob es zu seiner Geltung der Inkorporation oder der Rezeption durch das positive Verfassungsrecht bedarf oder nicht[26], sind Fragen, die vom juristischen Standpunkt allein kaum lösbar oder einem Konsens zugänglich sein dürften. Bei dem gegenwärtigen Diskussionsstand erscheint es auch müßig, an Hand des Art. 6 Abs. 2 Satz 1 GG die Naturrechtsdiskussion neu entfachen zu wollen. Dazu besteht, jedenfalls für eine sachgerechte Erfassung des elterlichen Erziehungsrechts, letztlich kein dringender Anlaß. Denn das elterliche Erziehungsrecht läßt sich als „natürliches Recht" auf andere Weise gegen eine staatliche Verfügbarkeit absichern als durch den Regreß auf ungesicherte Naturrechtslehren.

Der Tatbestand, der mit dem „natürlichen Recht" eingefangen werden soll, ist viel einfacher, naheliegender und evidenter. „Der Verfassungsgeber geht davon aus, daß diejenigen, die einem Kind das Leben geben, von Natur aus bereit und berufen sind, die Verantwortung für seine Pflege und Erziehung zu übernehmen"[27]. Auch dieser Satz des Bundesverfassungsgerichts drückt, wenn man will, ein Stück Naturrechtslehre aus, was nur deswegen nicht bewußt wird, weil der Satz in seinem Aussagegehalt uns unmittelbar evident erscheint. In der Apostrophierung des elterlichen Erziehungsrechts als „natürliches" Recht knüpft der Verfassungsgeber an einen von der Natur vorgegebenen Tatbestand an, den er soviel und sowenig mißachten kann wie andere Naturgesetze auch. Der Staat trägt dem biologisch-psychologisch-sozialen Tatbestand Rechnung, welcher darin zum Ausdruck kommt, „daß das Kind kraft Abstammung seine ursprüngliche und intimste Beziehung zu seinen Eltern hat, daß deshalb die daraus herzuleitende Verantwortung der Eltern für das Kind stärker sein muß als die sich aus dem mittelbaren Verhältnis des Kindes zur umfassenden Gemeinschaft des Volkes ergebenden Pflichten und Rechte des Staates"[28].

---

gesetz, Kommentar, Art. 6 Rdnr. 22; zusammenfassend: *G. Baumgarte*, Das Elternrecht im Bonner Grundgesetz, Diss. Köln, 1966, S. 3 ff.; zuletzt *E.-W. Böckenförde*, Elternrecht, S. 69.

[25a] *BVerfGE* 10, 59 (81).

[26] Dazu etwa *E.-W. Böckenförde*, Elternrecht, S. 69 f.

[27] *BVerfGE* 24, 119 (150).

[28] *W. Geiger*, Die verfassungsrechtlichen Grundlagen des Verhältnisses

„So folgt das Elternrecht aus dem Grundtatbestand des Elternstandes. Es ist ein vorgegebenes Seinsverhältnis, in dem die Elternverantwortung dem Elternrecht vorgeht"[29].

In dieser Rezeption eines natürlichen Tatbestandes durch die Verfassung liegt die Abweisung der Auffassung, daß das elterliche Erziehungsrecht erst vom Staat geschaffen oder von der Gemeinschaft an die Eltern delegiert sei[30]. Das elterliche Erziehungsrecht ist vielmehr als „natürliches" Recht ein ursprüngliches Recht, welches der Staat des Bonner Grundgesetzes vorgefunden und anerkannt, aber nicht erst verliehen hat. In diesem Sinne erhält Art. 6 Abs. 2 GG in der Tat auch eine naturrechtliche Komponente[31].

Die Ausweisung des Elternrechts als „natürliches Recht" verschafft ihm ein besonderes Gewicht und eine besondere Festigkeit. Es ist nicht nur der staatlichen Verfügbarkeit entzogen. Der Staat muß auch, wenn er in dieses „natürliche Recht" reglementierend eingreifen will, seine Regelung überzeugend legitimieren können.

4. Elternrecht als Menschenrecht

Die Auffassung vom Elternrecht als einem „natürlichen Recht" im soeben umrissenen Sinne ist weltweit verbreitet. Dies drückt sich in verschiedenen Dokumenten aus, die das Elternrecht über den Rahmen staatlich verliehener Grundrechte hinausgehend als Menschenrecht qualifizieren und charakterisieren.

So anerkennen die Vereinten Nationen in der Allgemeinen Erklärung der Menschenrechte vom 10. Dezember 1948 die Familie als die „natürliche und grundlegende Einheit der Gesellschaft", die „Anspruch auf Schutz durch Gesellschaft und Staat" hat (Art. 16 Abs. 3). Daraus wird sodann das Recht der Eltern gefolgert, „in erster Linie die Art der ihren Kindern zuteil werdenden Bildung zu bestimmen" (Art. 26 Abs. 3). — Die Konvention zum Schutze der Menschenrechte und Grundfreihei-

---

Schule und Staat, in: Geiger/Arndt/Pöggeler, Schule und Staat, 1959, S. 13 ff. (40); *ders.*, Das Elternrecht, sein Inhalt und seine Anwendung heute im Bereich der Schule, in: Schulreform und Recht, 1967, S. 33 ff. (34 f.); *F. Ossenbühl*, Elternrecht in Familie und Schule, 1978, S. 14 f.; *P. Kirchhof*, Die Grundrechte des Kindes und das natürliche Elternrecht, in: Praxis des neuen Familienrechts, 1978, S. 171 ff. (172); *Erwin Stein*, Elterliches Erziehungsrecht und Religionsfreiheit, in: Handbuch des Staatskirchenrechts II, 1975, S. 455 ff.

[29] Vgl. *Erwin Stein*, Die rechtsphilosophischen und positiv-rechtlichen Grundlagen des Elternrechts, in: Stein/Joest/Dombois, Elternrecht, 1958, S. 10.
[30] Vgl. *E.-W. Böckenförde*, Elternrecht, S. 70.
[31] Vgl. auch *BayVerfGH*, VerwRspr. 6, 641 („vorstaatlicher Charakter"); *OVG Lüneburg*, VerwRspr. 8, 399 („vorstaatliches Recht"); *E.-W. Böckenförde*, Elternrecht, S. 70 mit Fußnote 76.

ten vom 4. November 1950 verpflichtet den Staat, „das Recht der Eltern zu achten, die Erziehung und den Unterricht entsprechend ihren eigenen religiösen und weltanschaulichen Überzeugungen sicherzustellen" (Art. 2 des Ersten Zusatzprotokolls vom 20. März 1952)[32].

Ganz auf dieser Linie liegen auch die in der deutschen Kommentarliteratur zu Art. 6 GG vorzufindenden, unbestrittenen Charakterisierungen des Elternrechts als Menschenrecht[33]. Diese Charakterisierung bedeutet nicht nur eine Erweiterung des Kreises der Grundrechtsträger auf jedermann, der den vorgegebenen natürlichen Tatbestand der Elternschaft erfüllt, sondern verleiht dem Elternrecht auch einen obersten Rang in der staatlich positivierten Rechtsordnung, der nicht nur den einfachen, sondern auch den grundgesetzändernden Gesetzgeber bindet. Das elterliche Erziehungsrecht hat einen „überstaatlichen Kern"[34], der als solcher an der Bestandsgarantie des Art. 79 Abs. 3 GG teilnimmt.

IV. Inhalt und Schranken des elterlichen Erziehungsrechts

1. Schutzbereich und Schutzgegenstand

Der Schutzbereich der Grundrechtsgarantie des Art. 6 Abs. 2 GG und damit Gegenstand des Elternrechts ist die „Pflege und Erziehung der Kinder". Unter „Pflege" versteht man die allgemeine Sorge für die Person des Kindes, für sein körperliches Wohl und seine geistige und charakterliche Entwicklung. Demgegenüber wird unter „Erziehung" die formende geistig-seelische Einwirkung der Eltern auf die Kinder verstanden, die die Anlagen und Fähigkeiten des Kindes zur Entfaltung bringt und das Kind zur Reife der Selbstbestimmung führt[35].

---

[32] Vgl. *E. Bannwart-Maurer*, Das Recht auf Bildung und das Elternrecht. Art. 2 des ersten Zusatzprotokolls zur Europäischen Menschenrechtskonvention, 1975.

[33] Vgl. z. B. *Th. Maunz*, in: Maunz/Dürig/Herzog/Scholz, Grundgesetz, Art. 6 Rdnr. 22; *H. v. Mangoldt/F. Klein*, Das Bonner Grundgesetz, Bd. I, 2. Aufl. 1954, Art. 6 Anm. IV 3; *H. Peters*, Elternrecht, Erziehung, Bildung und Schule, in: Die Grundrechte IV/1, S. 374 f.; *E. M. v. Münch*, in: v. Münch (Hrsg.), Grundgesetz-Kommentar, Art. 6 Rdnr. 15.

[34] So *Th. Maunz*, in: Maunz/Dürig/Herzog/Scholz, Grundgesetz, Kommentar, Art. 6 Rdnr. 2.

[35] Vgl. *Th. Maunz*, in: Maunz/Dürig/Herzog/Scholz, Grundgesetz, Kommentar, Art. 6 Rdnr. 24; *H. Peters*, Elternrecht, Erziehung, Bildung und Schule, in: Die Grundrechte IV/1, S. 381; *E.-W. Böckenförde*, Elternrecht, S. 59, jeweils mit Verweisungen auf die pädagogische Literatur und untereinander mit hier nicht weiter zu diskutierenden Nuancierungen in der Formulierung.

IV. Inhalt und Schranken des elterlichen Erziehungsrechts

Gültig ist nach wie vor die Definition von *Johann Michael Sailer* (1751 bis 1832), als Sohn eines armen Schuhmachers in Aresing in der Diözese Augsburg geboren und als Bischof von Regensburg gestorben:

„Erziehung ... ist mir jene Entwicklung und Fortbildung der menschlichen Kräfte, die sich die Natur nicht geben kann, die deshalb eine zweite Hand mit Absicht unternimmt, die sowohl den Anlagen als der Bestimmung der Menschennatur angepaßt ist, die ein Menschenindividuum in den Stand setzt, *sein Selbstführer* durch das Leben zu werden, und die solange anhält, bis es sein Selbstführer werden kann"[36]. — Eine moderne Formulierung, die aber inhaltlich dasselbe besagt, erblickt die Rechtfertigung der Elternverantwortung darin, „daß das Kind des Schutzes und der Hilfe bedarf, um sich zu einer eigenverantwortlichen Persönlichkeit innerhalb der sozialen Gemeinschaft zu entwickeln, wie sie dem Menschenbild des Grundgesetzes entspricht"[37].

Sailers Definition bringt die juristische Problematik der Erziehung plastisch zum Ausdruck durch die „zweite Hand", die „mit Absicht" die Entwicklung und Fortbildung der menschlichen Kräfte unternimmt. Aber es bleibt unerwähnt und in der wiedergegebenen Begriffsbestimmung noch ungesagt, *wozu* erzogen werden soll, welche Maßstäbe, Leitbilder und Ziele die Erziehung prägen. Erziehung als Hinführen zur Fähigkeit der „Selbstbestimmung" läßt diese Maßstäbe und Ziele noch weitgehend offen. Auch diese Maßstäbe und Ziele zu bestimmen, ist in die „zweite Hand", nämlich in die Bestimmungsmacht der Eltern gelegt.

Die Bestimmungsmacht der Eltern, ihre Einwirkung auf das Kind, ist nicht an die Zustimmung des Kindes gebunden. Aber es geht zu weit, in der Erziehung einen „einseitigen" Vorgang oder eine „einseitige" Einwirkung der Eltern auf die Kinder zu sehen und darüber hinaus die Bestimmungsmacht der Eltern als „Herrschaft" zu charakterisieren[38]. Der Begriff der „Herrschaft" ist kein eingeführter juristischer Terminus und überdies aufgrund des seit Jahren bestehenden Sprachwandels mit einem polemischen Beiklang ausgestattet, der ihn schon deswegen als ungeeignet erscheinen läßt, der Förderung der gestellten juristischen Probleme zu dienen.

„Einseitig" ist die Bestimmungsmacht der Eltern, wenn man das Eltern-Kind-Verhältnis allein durch die juristische Brille betrachtet. Doch jedermann weiß, daß „Erziehung" schon in den frühen Kindesjahren und um vieles mehr mit zunehmendem Alter des Kindes durchaus kein „einseitiger" Prozeß ist, sondern vielmehr eine gegenseitige menschlich-

---

[36] Zitiert bei *B. Lakebrink*, Erziehung zur Freiheit, in: Lakebrink/Pieper/Ossenbühl/Geissler, Erziehung und Freiheit, 1978, S. 13 f.
[37] BVerfGE 24, 119 (144).
[38] So *E.-W. Böckenförde*, Elternrecht, S. 59 f.

personale Begegnung, bei der zwar im Regelfall die elterliche Seite überlegen ist, bei der diese aber ebenso — wenn auch nicht in so intensiver Weise — geformt und geprägt wird wie das Kind. Die Eltern haben wohl eine Führungsrolle, aber keine Herrschaftsposition.

2. Elternrecht und Elternverantwortung — zum Gedanken der treuhänderischen Freiheit

Das elterliche Erziehungsrecht ist ein Grundrecht. Aber es ist als Grundrecht von eigener Art und deshalb *einzigartig,* weil es nicht Rechte des Individuums in seiner Vereinzelung regelt, sondern Beziehungen innerhalb einer Gruppe ordnet. Die überkommenen liberalen Grundrechte sind ungeachtet weitergehender Ausdeutungen[39] mehr oder weniger eindimensionale Abwehrrechte gegen den Staat, die das Selbstbestimmungsrecht des Grundrechtsträgers gegen staatliche Fremdeinflüsse und Fremdbestimmungen bewahren sollen. Das elterliche Erziehungsrecht hingegen gewinnt dadurch seine besondere Struktur und Problematik, daß es mehrere Grundrechtsträger miteinander verbindet: Eltern und Kind. Dies ändert nichts daran, daß auch das elterliche Erziehungsrecht eine Komponente der Abwehr besitzt, die es mit anderen Grundrechten teilt. Aber der mehrere Grundrechtsträger verbindende Effekt des elterlichen Erziehungsrechts verlangt eine besonders geartete grundrechtliche Erfassung und Auslegung. Auf dieses Weise hat die juristische Deutung des elterlichen Erziehungsrechts eine Außenseite und eine Innenseite.

Die *Außenseite* betrifft den *Abwehrgehalt* der Verbürgung des elterlichen Erziehungsrechts. Sie sichert die Erziehungskompetenz des Elternhauses gegen Usurpationen und Konkurrenzen von dritter Seite, insbesondere des Staates. Dem Staat ist in Art. 6 GG kein eigenes Erziehungsmandat verliehen, sondern lediglich die Funktion des Wächteramtes übertragen. Das Wächteramt des Staates aber legitimiert nicht zu dirigierenden Eingriffen in das elterliche Erziehungsrecht, sondern dient lediglich der Verhütung von Mißbrauch der elterlichen Personensorge[40].

Die *Innenseite* des elterlichen Erziehungsrechtes betrifft das *Verhältnis der Eltern zum Kind.* Der elterlichen Erziehungskompetenz ist die Befugnis immanent, eigenverantwortlich und ohne (mit-)bestimmende Fremdeinflüsse das Wohl des Kindes als maßgebliche Richtschnur individuell-konkret zu bestimmen. Als Bestimmungsrecht über einen ande-

---
[39] Dazu F. *Ossenbühl,* Die Interpretation der Grundrechte in der Rechtsprechung des Bundesverfassungsgerichts, NJW 1976, S. 2100 ff.
[40] Dazu Näheres im Dritten Kapitel.

IV. Inhalt und Schranken des elterlichen Erziehungsrechts

ren gewinnt nun das elterliche Erziehungsrecht auch verfassungsrechtlich eine besondere Dimension. Denn es ist zwar, wie schon gesagt, nach außen gewiß ein Abwehrrecht, aber nach innen wird dieses Recht durch eine Handlungs*pflicht* ergänzt, was auch im Text des Art. 6 Abs. 2 Satz 1 GG unmißverständlich zum Ausdruck kommt. Die „zuvörderst" den Eltern obliegende „Pflicht zur Erziehung" kann nur in Orientierung am Kindeswohl ausgeübt werden. Denn die Freiheit, die den Eltern bei der Erziehung ihrer Kinder verbürgt ist, ist keine Freiheit im Sinne einer Selbstbestimmung — wie bei den übrigen Grundrechten —, keine Freiheit zur Beliebigkeit, sondern Freiheit im Dienste, zum Nutzen und zum Schutze des Kindes, also im echten Sinne anvertraute, treuhänderische Freiheit. Die Bezeichnung „Freiheit" verdient dieser Elternstatus streng genommen nur mit Richtung auf und mit Wirkung gegenüber dem Staat. Im Innenverhältnis ist das Kindeswohl die beherrschende Maxime der Erziehung und des elterlichen Handelns[41].

Insoweit ist das elterliche Erziehungsrecht ein *dienendes* Grundrecht, nicht primär ein Grundrecht zur Selbstverwirklichung der Eltern, sondern zur Entfaltungshilfe der Kinder, ebenso sehr Grund*pflicht* wie Grund*recht*. „Die Pflicht ist nicht eine das Recht begrenzende Schranke, sondern ein wesensbestimmender Bestandteil dieses ‚Elternrechts', das insoweit treffender als ‚Elternverantwortung' bezeichnet werden kann"[42].

Die Deutung des Elternrechts als treuhänderische Freiheit, als „fremdnützige Rechtsstellung um des Kindes willen"[43], als Erwachsenenhilfe zur Entfaltung der kindlichen Persönlichkeit[44], hat im einschlägigen Schrifttum weitgehende Zustimmung gefunden[45]. Der Treuhand-Gedan-

---

[41] *Erwin Stein*, Die rechtsphilosophischen und positiv-rechtlichen Grundlagen des Elternrechts, in: Stein/Joest/Dombois, Elternrecht, 1958, S. 5 ff. (10).

[42] BVerfGE 24, 119 (143) unter Hinweis auf BVerfGE 10, 59 (67, 76 ff.); *Erwin Stein*, Die rechtsphilosophischen und positiv-rechtlichen Grundlagen des Elternrechts, in: Stein/Joest/Dombois, Elternrecht, 1958, S. 5 ff. (10); vgl. weiter BVerfGE 31, 194 (204 f.); 47, 46 (70); 51, 384 (398).

[43] *D. Brüggemann*, Das Elternrecht in der Grenzsituation, in: Jugendliche vor neuen Strukturen, 1974, S. 21/23.

[44] *Ekkehart Stein*, Das Recht des Kindes auf Selbstentfaltung in der Schule, 1967, S. 37 ff. und passim.

[45] Vgl. z. B. *Erwin Stein*, Elterliches Erziehungsrecht und Religionsfreiheit, in: Handbuch des Staatskirchenrechts II, 1975, S. 455 ff. (463); *P. Saladin*, Rechtsbeziehungen zwischen Eltern und Kindern als Gegenstand des Verfassungsrechts, in: Festschrift für Hans Hinderling, 1976, S. 199; *P. Kirchhof*, Die Grundrechte des Kindes und das natürliche Elternrecht, in: Praxis des neuen Familienrechts, 1978, S. 175; *E.-W. Böckenförde*, Elternrecht, S. 64; *Th. Oppermann*, Nach welchen Grundsätzen sind das öffentliche Schulwesen und die Stellung der an ihm Beteiligten neu zu ordnen?, Gutachten C zum 51. Deutschen Juristentag, 1976, S. 100; *H.-W. Strätz*, Elterliche Personensorge und Kindeswohl, vornehmlich in der zerbrochenen Familie, FamRZ 1975,

ke ist aber andererseits auch der Mißdeutung ausgesetzt. Er kann dahin mißverstanden werden, daß die elterliche Position im Extremfalle in ein „Amt" umgedeutet wird, welches den Eltern keine gleichsam „eigene" Grundrechtssubstanz mehr beläßt. Solche Mißverständnisse gilt es im folgenden auszuräumen.

3. Elterliches Erziehungsrecht als „Amt"?

Im Privatrecht[46] ebenso wie im öffentlichen Recht[47] ist der Erzieherstatus der Eltern gelegentlich als „Amt" charakterisiert worden. Die Eltern erscheinen in dieser Vorstellung als „Organe", die fremdnützige Aufgaben und Pflichten erfüllen. Solche Charakterisierungen und Apostrophierungen haben ersichtlich den Zweck, die im elterlichen Erziehungsrecht angelegte einzigartige Verknüpfung von Recht und Pflicht wenigstens annäherungsweise begrifflich und kategorial darzustellen. Sie sollen also nicht identifizieren, sondern nur veranschaulichen. Gleichwohl ist vor einem solchen Sprachgebrauch mit Nachdruck zu warnen. Zum einen ist es gefährlich, den elterlichen Erzieherstatus auch nur terminologisch in die Nähe einer „Organstellung" zu bringen. Das Selbstgewicht und die sinnverändernde Bewegungskraft von Begriffen sind bekannt[48]. Das Verständnis der elterlichen Erzieherposition als „Amt" ist geeignet, jenen Tendenzen Vorschub zu leisten, die die Familie als geschlossene Lebensgemeinschaft in individuelle Rechtsbeziehungen auflösen wollen. Da solche Tendenzen offenkundig verfassungswidrig sind, sollte man die genannten Termini ebenso vermeiden wie andere in der Diskussion zuweilen benutzte polemische Wendungen wie „Herrschaft" oder „elterliche Fremdbestimmung".

4. Die genuin-elterliche Komponente des Elternrechts

Der oben dargelegte treuhänderische Gedanke, der die im Elternrecht angelegte unlösbare Verknüpfung von Recht und Pflicht einzufangen sucht, ist im Schrifttum gelegentlich dahin mißverstanden worden, daß

S. 541 ff. (547); *Th. Maunz*, in: Maunz/Dürig/Herzog/Scholz, Grundgesetz, Kommentar, Art. 6 Rdnr. 25 f. (Stand: Sept. 1980).

[46] Vgl. z. B. *W. Müller-Freienfels*, Die Vertretung beim Rechtsgeschäft, 1955, S. 179 f.; *W. Habscheid*, FamRZ 1957, S. 111; *L. Raiser*, JZ 1961, S. 461; kritisch dagegen: *J. Gernhuber*, Elterliche Gewalt heute, FamRZ 1961, S. 89 ff. (90).

[47] Vgl. *P. Saladin*, Rechtsbeziehungen zwischen Eltern und Kindern als Gegenstand des Verfassungsrechts, Festschrift für Hans Hinderling, 1976, S. 175 ff. (198) in Anlehnung an *W. Leisner*, Der Eigentümer als Organ der Wirtschaftsverfassung, DÖV 1975, S. 73 ff.

[48] Vgl. etwa die Studie von *P. Kirchhof*, Rechtsänderung durch geplanten Sprachgebrauch?, in: Gedächtnisschrift für Friedrich Klein, 1977, S. 227 ff.

die *Rechts*position der Eltern von ihrer *Pflicht*position völlig aufgezehrt werde und daß das auf diese Weise „zur Funktion erniedrigte Elternrecht" zu einem „privatrechtlichen Unikum" denaturiere[49].

Lüderitz stellt die Pflichtbindung des Elterngrundrechts nicht in Abrede. Er will lediglich bestreiten, daß das Elternrecht „durch Pflichten vollständig aufgezehrt oder nur um der letzteren willen gewährt" werde[50].

Eine „völlige Aufzehrung" des Elterngrundrechts ist jedoch in der Treuhand-Konzeption nicht gegeben. Dies wird unmittelbar evident, wenn man dem Treuhandgedanken den noch zu erörternden Interpretationsprimat der Eltern hinzufügt[51]. Es ist zutreffend, wenn *Lüderitz* bemerkt, daß das Kindeswohl als Orientierungs- und Bezugspunkt des Treuhandgedankens die zentrale Rolle spielt, aber letztlich undefiniert bleibt. Insoweit ist die Verbindung mit dem Interpretationsprimat, d. h. dem Vorrecht der Eltern, das Kindeswohl (bis zur Mißbrauchsgrenze) zu bestimmen, herzustellen. Im Interpretationsprimat kristallisiert sich die „genuin-elterliche" Komponente des Erziehungsrechts[52].

Es geht jedenfalls zu weit, wenn *Lüderitz* im Elternrecht „zunächst" (!?) ein „eigennütziges Recht" erblicken will[53]. Richtig ist zwar, wie *Lüderitz* bemerkt, daß es zu den elementaren Bedürfnissen gehört, ein „Objekt der Zuwendung zu besitzen, eine Persönlichkeit wachsen zu sehen, sie zu pflegen und zu schützen". Doch geben solche Bedürfnisse noch keinerlei Maßstab für die elterliche Erziehung.

Falls gemeint sein sollte, daß den Eltern grundrechtlich auch das Recht gewährt ist, mit ihren Kindern schlicht zusammen zu sein, so wird man diesen Rechtsgehalt zumindest mit gleichem Gewicht in der Institutsgarantie der Familie gemäß Art. 6 GG verbürgt sehen müssen.

5. Elternrecht und Kindesgrundrechte

Inhalt und Schutzobjekt des Art. 6 Abs. 2 GG ist die Aufgabe und Befugnis der Eltern, ihr Kind aus der Hilflosigkeit und Unmündigkeit zur Selbstverantwortung und Selbstbestimmung zu führen. Dies geschieht

---

[49] Vgl. in diesem Sinne *A. Lüderitz*, Elterliche Sorge und privates Recht, AcP 178 (1978), S. 263 ff. (266 ff., 268, 269); zu dem Mißverständnis von Lüderitz schon *E.-W. Böckenförde*, Elternrecht, S. 68 f.

[50] *A. Lüderitz*, AcP 178 (1978), S. 271.

[51] Vgl. unten sub 7.

[52] So *Th. Oppermann*, Gutachten C zum 51. Deutschen Juristentag, 1976, S. 100 f.

[53] AcP 178 (1978), S. 267; zustimmend *W. Schmitt Glaeser*, Das elterliche Erziehungsrecht in staatlicher Reglementierung, 1980, S. 54.

in einem allmählichen Entwicklungsprozeß, der die elterliche Existenz- und Entfaltungshilfe zunehmend entbehrlich macht, bis schließlich das Kind vollständig „auf eigenen Beinen" stehen kann. Diesen Vorgang der Ablösung der Elternverantwortung durch die Selbstbestimmung und Eigenverantwortung des Kindes hat man im juristischen Schrifttum plakativ mit der Formel vom „wachsenden Kindesrecht und einem weichenden Elternrecht" zu kennzeichnen versucht[54].

Die Formulierung ist plastisch und eingängig, aber in ihrem juristischen Aussagegehalt problematisch und zumindest erläuterungsbedürftig.

Hinter dem Wort vom „wachsenden Kindesrecht" steckt ein Rechtsproblem, das nicht nur hinsichtlich seiner Lösung, sondern schon hinsichtlich seiner zutreffenden rechtssystematischen Formulierung Kopfzerbrechen bereitet hat. Wenigstens die verfassungsrechtlich richtige Placierung dieses Problems darf inzwischen als geklärt gelten, wenngleich über Grenzziehungen im einzelnen nach wie vor gestritten werden kann.

Das Problem des „wachsenden Kindesrechts" und des „weichenden Elternrechts" ist zum Teil als eine Konfrontation zwischen elterlichem Erziehungsrecht und Kindesgrundrechten verstanden und formuliert worden[55]. Diese Sicht der Dinge ist nicht zuletzt durch den Begriff der „Grundrechtsmündigkeit" begünstigt und befördert worden[56]. Der „Mythos von der Grundrechtsmündigkeit"[57] war und ist geeignet, die vorausliegende entscheidende Frage, ob und inwieweit die Grundrechte innerhalb der Familie, namentlich im Verhältnis zwischen Eltern und Kindern, wirksam werden können, zu verdecken.

---

[54] Vgl. *W. Becker*, Weichendes Elternrecht — wachsendes Kindesrecht, RdJ 1970, S. 364 ff.; *ders.*, Die Eigen-Entscheidung des jungen Menschen, in: Festschrift für Friedrich Wilhelm Bosch, 1976, S. 37 ff. (43); *P. Kirchhof*, Die Grundrechte des Kindes und das natürliche Elternrecht, in: Praxis des neuen Familienrechts, 1978, S. 178.

[55] Vgl. die Darstellung des Streitstandes bei *D. Reuter*, Kindesgrundrechte und elterliche Gewalt, 1968; aus neuerer Zeit: *E. Schwerdtner*, Kindeswohl oder Elternrecht?, AcP 173 (1973), S. 227 ff.; *W. Becker*, Die Eigen-Entscheidung des jungen Menschen, in: Festschrift für Friedrich Wilhelm Bosch, 1976, S. 37 ff.; *E. Quambusch*, Die Persönlichkeit des Kindes als Grenze der elterlichen Gewalt, Diss. Freiburg, 1973; *H. A. Stöcker*, Beschränkte Mündigkeit Heranwachsender — ein Verfassungspostulat, ZRP 1974, S. 211 ff.; *M. Kittner*, Zur Grundrechtsmündigkeit des Minderjährigen am Beispiel der Koalitionsfreiheit (Art. 9 Abs. 3 GG), ArbuR 1971, S. 280 ff.; *M. Hinz*, Kindesschutz als Rechtsschutz und elterliches Sorgerecht, 1976; *G. Dürig*, in: Maunz/Dürig/Herzog/Scholz, Grundgesetz, Kommentar, Art. 19 III Rdnr. 17 ff. (Stand: Mai 1977); *E.-W. Böckenförde*, Elternrecht, 1980, S. 64 ff.

[56] Vgl. *G. Dürig*, in: Maunz/Dürig/Herzog/Scholz, Grundgesetz, Kommentar, Art. 19 III Rdnr. 18.

[57] *U. Diederichsen*, Zur Reform des Eltern-Kind-Verhältnisses, FamRZ 1978, S. 461 ff. (462).

IV. Inhalt und Schranken des elterlichen Erziehungsrechts

Die Konstellation „Elterliche Gewalt contra Kindesgrundrechte" ist nicht nur verfassungsrechtlich verfehlt; ihr kommt strategisch auch die Kraft zu, verfassungswidrige Erziehungskonzepte, die unter dem Motto der „Emanzipation des Kindes" auf die Zerstörung der Familie abzielen, mit dem Schein der Legitimation zu umgeben[58]. Demgegenüber ist mit Nachdruck festzuhalten: das Problem des „wachsenden Kindesrechts und des weichenden Elternrechts" ist keine Frage von Grundrechtskollisionen, sondern ausschließlich eine Frage der inhaltlichen Bindung und Begrenzung des elterlichen Erziehungsrechtes[59]. — Grundrechte stehen Eltern und Kindern gemeinsam zu. Ihr gemeinsamer Anspruchsgegner ist der Staat, gegen dessen Eingriffe und Bevormundungen die Grundrechte Schutz verleihen sollen. Eine unmittelbare Geltung von Grundrechten im Sinne von *Abwehrrechten* gegen Eingriffe gibt es grundsätzlich nur gegenüber der staatlichen Gewalt, jedoch nicht im Innenraum der Familie.

Ob staatliche Behörden das Briefgeheimnis eines Minderjährigen zu achten haben, bestimmt sich nach Art. 10 GG; ob die Eltern einen an ihr Kind adressierten Brief öffnen dürfen oder nicht, ist hingegen eine Frage nach dem Umfang und Inhalt, namentlich nach den Bindungen und Grenzen des elterlichen Erziehungsrechts. Ein auf Art. 10 GG gestütztes Abwehrrecht gegen seine Eltern steht dem Kind nicht zu.

Dies bedeutet freilich keineswegs, daß die Grundrechtsvorschriften für die inhaltlichen Bindungen und Grenzen des elterlichen Erziehungsrechtes völlig ohne Belang wären. Grundrechte sind nämlich nicht nur Abwehrrechte. Vielmehr konstituieren sie als „wertentscheidende Grundsatznormen" (auch) eine Wertordnung, die auf die gesamte Rechtsordnung ausstrahlt und in deren Licht die interpretatorische Erfassung einzelner Rechte gesehen werden muß[60]. Aus dieser Sicht läßt sich eine thematische Verbindung zwischen dem elterlichen Erziehungsrecht und den übrigen Grundrechten der Verfassung herstellen. Gegenstand des elterlichen Erziehungsrechtes als eines — jedenfalls im Schwerpunkt — fremdnützigen Rechts ist die Erziehung der Kinder.

---

[58] Vgl. dazu die Nachweise bei *W. Becker*, Die Eigen-Entscheidung des jungen Menschen, in: Festschrift für Friedrich Wilhelm Bosch, 1976, S. 37 ff. (38 f.); *W. Brezinka*, Erziehung und Kulturrevolution, 1974.

[59] Vgl. *G. Dürig*, in: Maunz/Dürig/Herzog/Scholz, Grundgesetz, Kommentar, Art. 19 III Rdnr. 18; *E.-W. Böckenförde*, Elternrecht, S. 64 ff.; *U. Diederichsen*, Zur Reform des Eltern-Kind-Verhältnisses, FamRZ 1978, S. 461 ff. (462 f.); bezeichnend ist denn auch, daß in der umfassendsten Untersuchung über Grundrechtskollisionen das elterliche Erziehungsrecht ebensowenig vorkommt wie die Grundrechtsmündigkeit (vgl. *H. Bethge*, Zur Problematik von Grundrechtskollisionen, 1977).

[60] Vgl. zu den verschiedenen Dimensionen der Grundrechte: *F. Ossenbühl*, Die Interpretation der Grundrechte in der Rechtsprechung des Bundesverfassungsgerichts, NJW 1976, S. 2100 ff.

„Erziehung" bedeutet Hilfe für das Kind, „um sich zu einer eigenverantwortlichen Persönlichkeit innerhalb der sozialen Gemeinschaft zu entwickeln, wie sie dem Menschenbilde des Grundgesetzes entspricht"[61]. Das „Menschenbild des Grundgesetzes" wird in seiner Privatheit und Autonomie wesentlich durch die Grundrechte geprägt. Deshalb vermögen die Grundrechte über das Erziehungsleitbild des „Menschenbildes des Grundgesetzes" inhaltliche Direktiven und Begrenzungen für die Bestimmung des elterlichen Erziehungsrechtes zu geben. Grundrechtsdogmatisch handelt es sich dabei jedoch nicht um eine Grundrechtskollision, die im Sinne der „praktischen Konkordanz" durch eine Grundrechtsabwägung zu lösen wäre, sondern vielmehr um Ausstrahlungseffekte, die auf der horizontalen Ebene der Grundrechte wirksam werden und die Interpretation befördern können[62].

Wo etwa grundrechtliche Wertsetzungen angesichts der besonderen Situation und des fortgeschrittenen Reifegrades des Kindes es geraten und angebracht erscheinen lassen, dem Kind (partiell) eine Entscheidung selbst zu überlassen, bedeutet dies kein „Weichen des Elternrechts" gegenüber einem „wachsenden Kindesrecht", sondern nichts anderes als die *situations- und personengerechte Ausübung* des elterlichen Erziehungsrechts; denn „Erziehung" hört nicht dort auf, wo die faktische Einwirkung auf das Kind endet. Sie kann gerade darin bestehen, das Kind partiell und zeitweise ohne Einwirkung zu lassen, um sich in der Selbstbestimmung zu üben und zu bewähren. Die plakative Formel vom „wachsenden Kindesrecht und weichenden Elternrecht" und auch die Wendung von der „Abnahme eines gegenständlichen Schutzbereichs mit zunehmender Mündigkeit des Kindes"[63] werden diesem Tatbestand nicht gerecht. Festzuhalten ist vielmehr, daß die Gesamtverantwortung der Eltern für das Kind besteht, solange die Erziehungspflicht andauert[64]. Eine „partielle Außerkraftsetzung des Elternrechts" findet nicht statt[65]. Situations- und kindgerechte Erziehung als verfassungskonforme Ausübung des elterlichen Erziehungsrechts darf nicht zu einer Zerlegung des *einheitlichen* Erziehungsrechtsverhältnisses in einzelne Berechtigungen entarten und damit zur Auflösung der geschlossenen familiären Lebensgemeinschaft führen[66].

---

[61] *BVerfGE* 24, 119 (144).
[62] Vgl. G. *Dürig*, in: Maunz/Dürig/Herzog/Scholz, Grundgesetz, Kommentar, Art. 19 III Rdnr. 22.
[63] So E.-W. *Böckenförde*, Elternrecht, S. 67.
[64] So P. *Kirchhof*, Die Grundrechte des Kindes und das natürliche Elternrecht, in: Praxis des neuen Familienrechts, 1978, S. 179.
[65] So plastisch E.-W. *Böckenförde*, Elternrecht, S. 67.
[66] Vgl. P. *Kirchhof*, Die Grundrechte des Kindes und das natürliche Elternrecht, in: Praxis des neuen Familienrechts, 1978, S. 179.

IV. Inhalt und Schranken des elterlichen Erziehungsrechts

Eine solche Atomisierung des Eltern-Kind-Verhältnisses in ein Konglomerat spezieller Berechtigungen müßte in der richterlichen Entscheidungspraxis zu der Prüfung führen, ob das elterliche Erziehungsrecht als Grundlage einer Erziehungsmaßnahme (noch) besteht oder ob die Entscheidung in die „Kompetenz" des Kindes fällt. Um eine solche Abgrenzung von Rechtszuständigkeiten geht es jedoch nicht. Der Richter hat nicht zu prüfen, ob das elterliche Erziehungsrecht (partiell) weggefallen ist; seiner Prüfung unterliegt vielmehr (nur), ob ein Rechtsmißbrauch gegeben ist, um sodann ggf. die Entscheidung nicht etwa in den Schoß des Kindes zu legen, sondern sie notfalls selbst zu treffen.

Die „Grundrechtsmündigkeit" ist also keine Kategorie, die in den thematischen Umkreis des elterlichen Erziehungsrechts gehört. Grundrechtsvorschriften können Orientierungen für die Bestimmung des „Kindeswohls" und damit für die Erziehung liefern, der das elterliche Erziehungsrecht „verpflichtet" ist. Daraus folgt grundsätzlich, daß die „heranwachsende Beurteilungs- und Einsichtsfähigkeit des Kindes innerhalb des Erziehungsrechtsverhältnisses bei elterlichen Entscheidungen zu berücksichtigen" ist[67].

Damit ist jedoch nicht *mehr* als die verfassungsdogmatisch richtige Ausgangsbasis gewonnen. Die Entscheidung des harten täglichen Konfliktfalles erscheint generalisierenden Kriterien kaum zugänglich[68].

Sie kristallisiert sich doch wieder in der Frage danach, ob das elterliche Erziehungsrecht mißbraucht worden ist. Eine solche Frage läßt im allgemeinen nur kasuistische Antworten zu. Situations- und personengerechte, also einmalige und unvergleichbare Entscheidungen entziehen sich naturgemäß der Generalisierung. Rechtsfriede und Rechtssicherheit sind hier nicht von Normen, sondern nur von einer Homogenität der Auffassungen und einem Grundkonsens in Erziehungsfragen zu erwarten. Davon sind wir aber weiter entfernt denn je.

Die Verfassung gibt keine konkreten Maßstäbe. „Für die Feineinstellung der Abgrenzung sollte man nicht das Grundgesetz bemühen, da es dafür weder gedacht noch ergiebig ist. Wer das Grundgesetz als Grundwerteordnung erhalten möchte, muß sich geradezu dagegen wehren, daß in der Auseinandersetzung rasch sich wandelnder Tagesmeinungen etwas in die Verfassung hineingelesen wird, was nicht aus ihr herausgelesen werden kann"[69].

---

[67] P. *Kirchhof*, wie vorige Fußnote, S. 180.
[68] Vgl. die eindrucksvolle Darstellung bei A. *Lüderitz*, Elterliche Sorge als privates Recht, AcP 178 (1978), S. 263 ff. (274 ff.).
[69] U. *Diederichsen*, Zur Reform des Eltern-Kind-Verhältnisses, FamRZ 1978, S. 461 ff. (462).

6. Bestimmung der Erziehungsziele und Erziehungsmethoden

Mit der Frage danach, wer die Erziehungsziele und Erziehungsmethoden bestimmt, ist das Kernproblem des Art. 6 Abs. 2 GG berührt. Die Beantwortung dieser Frage präjudiziert weitgehend auch schon die Position zu dem sogleich zu behandelnden Interpretationsprimat der Eltern hinsichtlich des Kindeswohls und zum Inhalt und Umfang des staatlichen Wächteramtes gem. Art. 6 Abs. 2 Satz 2 GG.

Betrachtet man die vorliegenden Stellungnahmen, so verstärkt sich erneut der Eindruck, daß in den Grundsatzfragen weitestgehende Einigkeit festzustellen ist, daß sich aber sogleich Anwendungsschwierigkeiten ergeben, wenn man mit Konfliktfällen des täglichen Lebens konfrontiert wird[70].

Die Einigkeit hat letztlich ihren Grund in der Abstraktionshöhe, in der das Problem diskutiert wird. So wird man sich schnell dahin einigen können, daß „Erziehung" beispielsweise darauf gerichtet sein muß, das Kind zu einem „lebenstüchtigen Menschen" zu entwickeln[71]. Aber was alles zu einem lebenstüchtigen Menschen gehört und — vor allem auch — auf welche Weise man dieses Ziel überhaupt oder am besten erreichen kann, darüber wird es — cum grano salis — soviele Meinungen wie Eltern geben. Quot capita tot sensus! Quot familiae tot rationes! — Andererseits ist das elterliche Erziehungsrecht ein — zumindest dominierend — fremdnütziges Grundrecht, das keine „Freiheit zur Beliebigkeit" verleiht[72]. Deshalb stellt sich die Frage, welche Schranken der elterlichen Erziehung gesetzt sind, an denen die verfassungsmäßige Ausübung des elterlichen Erziehungsrechts endet. Daß solche Schranken und inhaltlichen Bindungen existieren müssen, ergibt sich aus der Existenz des staatlichen Wächteramtes gem. Art. 6 Abs. 2 Satz 2 GG, aber auch aus der für alle Grundrechte geltenden Erkenntnis, daß es eine schrankenlose Freiheit nicht gibt.

Die Jurisprudenz nähert sich dem Problem vom Grundsatz her. Dieser Grundsatz ist nicht umstritten: Art. 6 Abs. 2 Satz 1 GG gewährleistet den Eltern das Recht, „die Pflege und Erziehung ihrer Kinder nach ihren eigenen Vorstellungen frei zu gestalten"[73]. Dies bedeutet, daß es dem Staat von Verfassung wegen verwehrt ist, die elterliche Erziehung

---

[70] Vgl. die Darstellung bei *A. Lüderitz*, Elterliche Sorge als privates Recht, AcP 178 (1978), S. 263 ff. (274 ff.).

[71] Vgl. etwa Art. 120 WRV: „Die Erziehung des Nachwuchses zur leiblichen, seelischen und gesellschaftlichen Tüchtigkeit ist oberste Pflicht und natürliches Recht der Eltern...".

[72] Zu diesem Aspekt der Grundrechte: *H. Klein*, Die Grundrechte im demokratischen Staat, 1972, S. 11.

[73] *BVerfGE* 24, 119 (143); 31, 194 (204); 47, 46, (69).

IV. Inhalt und Schranken des elterlichen Erziehungsrechts

an Erziehungsziele oder Erziehungsmethoden zu binden. Vielmehr ist der Staat insoweit zu völliger Abstinenz verpflichtet[74]. Die Verfassungsväter haben diese Entscheidung bewußt getroffen, wobei nicht zuletzt die damals noch frischen Erinnerungen an die Zeit des nationalsozialistischen Regimes motivierend waren[75]. Die Abstinenz des Staates bei der Verordnung von Erziehungszielen entspricht aber auch dem grundgesetzlichen Staatsverständnis, das durch die Prinzipien der Neutralität, der Nicht-Identifikation und der Toleranz geprägt ist[76].

Staatliche Erziehungsziele würden das elterliche Erziehungsrecht konterkarieren. Denn sie schließen notwendig bestimmte Erziehungsinhalte ein und eröffnen auf diese Weise Eingriffsmöglichkeiten des Staates in die häusliche Erziehung[77].

Folgerichtig ist das elterliche Erziehungsrecht in Art. 6 Abs. 2 Satz 1 GG *vorbehaltlos* gewährt. Das Grundgesetz statuiert in bewußtem Gegensatz zur Weimarer Reichsverfassung keine Erziehungsziele. Demgegenüber weisen die Landesverfassungen ein breites Spektrum von Erziehungszielnormen auf. Sie verordnen als Erziehungsziele beispielsweise „Ehrfurcht vor Gott", „Rechtlichkeit", „Selbstbeherrschung", „Aufgeschlossenheit für alles Gute, Wahre und Schöne", „Toleranz", „Hilfsbereitschaft", „Arbeitswille", „Bereitschaft zum sozialen Handeln", „Liebe zu Volk und Heimat" und viele andere mehr[78]. Solche landesverfassungsrechtlich statuierten Erziehungsziele mögen für die *schulische* Erziehung ihre normative Bedeutung entfalten; für den Bereich der elterlichen Erziehung gelten sie jedenfalls nicht. Ihnen gegenüber hat die vorbehaltlose Freiheitsgarantie des Art. 6 Abs. 2 Satz 1 GG den Vorrang[79].

---

[74] Erläuternd sei zweierlei hinzugefügt: die im Text getroffene Aussage gilt nur für die häusliche Erziehung. Im Bereich der schulischen Erziehung liegen die Dinge anders (dazu unten Fünftes und Sechstes Kapitel). Insoweit steht Art. 6 Abs. 2 Satz 1 GG unter dem Vorbehalt des Art. 7 GG, vgl. BVerfGE 24, 119 (143). — Ferner: Art. 6 Abs. 2 Satz 1 GG schützt (lediglich) die *primäre* Erziehungsverantwortung der Eltern („zuvörderst"), geht jedoch — wie es gar nicht anders sein kann — davon aus, daß neben dem Elternhaus *andere* Erziehungsmächte auf das Kind einwirken wie Berufserzieher, Kirchen, Jugendgruppen, ferner geheime Miterzieher wie Kino, Rundfunk, Fernsehen, Illustrierte usw., deren Einfluß aus faktischen Gründen nur bedingt der elterlichen Verfügbarkeit unterliegt.

[75] Vgl. *H. v. Mangoldt*, Grundgesetz, Kommentar, 1. Aufl. 1953, Art. 6 Anm. 3; JöR NF Bd. 1, S. 100, 104.

[76] Vgl. *Kl. Schlaich*, Neutralität als Verfassungsprinzip, 1972; *H.-U. Evers*, Die Befugnis des Staates zur Festlegung von Erziehungszielen in der pluralistischen Gesellschaft, 1979, S. 82 ff.

[77] Vgl. *J. Gernhuber*, Kindeswohl und Elternwille, FamRZ 1973, S. 229 ff. (233); *E.-W. Böckenförde*, Elternrecht, S. 66.

[78] Vgl. die Übersicht bei *H.-U. Evers*, Die Befugnis des Staates zur Festlegung von Erziehungszielen in der pluralistischen Gesellschaft, 1979, S. 37.

[79] Vgl. *E.-W. Böckenförde*, Elternrecht, S. 67.

Vorbehaltlos gewährte Grundrechte gewährleisten Freiheiten, die Begrenzungen und inhaltliche Bindungen nur durch die Umschreibung von Schutzbereich und Schutzgegenstand und/oder — was zum Teil dasselbe ist — in immanenten Grundrechtsschranken finden können[80]. Folgerichtig wird denn auch versucht, aus der Definition des verfassungsrechtlichen Begriffs der „Erziehung" und aus dem Gedanken der Schrankenimmanenz äußerste inhaltliche Beschränkungen zu gewinnen. Beide „Ableitungen" lassen sich nicht scharf voneinander trennen[81].

Mit der Figur der immanenten Schranken hat sich das Bundesverfassungsgericht namentlich im Zusammenhang mit der Kriegsdienstverweigerung (Art. 4 Abs. 3 Satz 1 GG), der Kunstfreiheit (Art. 5 Abs. 3 Satz 1 GG) und der Glaubensfreiheit (Art. 4 Abs. 1 GG) befaßt[82]. Als Resümee dieser Rechtsprechung kann festgehalten werden, daß sich „in der vorbehaltlosen Formulierung das Gewicht und die Bedeutung eines unabdingbaren, nicht einschränkbaren Grundrechts" offenbart. Dies trifft auch für das elterliche Erziehungsrecht zu. Aus der Vorbehaltlosigkeit des Grundrechts ergibt sich, daß es seine Grenzen nur von der Verfassung selbst empfangen kann. „Nur kollidierende Grundrechte Dritter und andere mit Verfassungsrang ausgestattete Rechtswerte sind mit Rücksicht auf die Einheit der Verfassung und die von ihr geschützte gesamte Wertordnung ausnahmsweise imstande, auch uneinschränkbare Grundrechte in einzelnen Beziehungen zu begrenzen"[83].

Wendet man diese Formel auf Art. 6 Abs. 2 Satz 1 GG an, so ergeben sich folgende Erwägungen. Ein „mit Verfassungsrang ausgestatteter Rechtswert", der — wie etwa die Landesverteidigung im Zusammenhang der Kriegsdienstverweigerung — im Grundgesetz explizit Ausdruck gefunden hat und mit dem elterlichen Erziehungsrecht „auszubalancieren" wäre, ist nicht ersichtlich. Ob der Rückgriff auf eine (letzte) „gesellschaftlich immanente Nichtstörungsschranke"[84] der richtige Begrenzungsansatz ist, erscheint zweifelhaft. *Böckenförde* kommt auf diesem Wege zu den „Mindestanforderungen elementarer Sozialverträglichkeit", die er weiter zu konkretisieren versucht, um sie als innere Schranken des Elternrechts zu qualifizieren[85]. — Die „Mindestanforderungen elementarer Sozialverträglichkeit" als Ausdruck der „gesellschaftlich immanenten Nichtstörungsschranke" sind jedoch sachlich-the-

---

[80] Vgl. *H.-I. v. Pollern*, Immanente Grundrechtsschranken — eine Bestandsaufnahme, JuS 1977, S. 644 ff.

[81] Vgl. auch *E.-W. Böckenförde*, Elternrecht, S. 66.

[82] BVerfGE 28, 243 (260 f.); 30, 173 (191 ff.); 32, 98 (108).

[83] So zuerst BVerfGE 28, 243 (260 f.).

[84] Dazu *G. Dürig*, in: Maunz/Dürig/Herzog/Scholz, Grundgesetz, Kommentar, Art. 2 I Rdnr. 75.

[85] *E.-W. Böckenförde*, Elternrecht, S. 66.

matisch nur auf solche Freiheitsrechte anwendbar, die „in der Gesellschaft" ausgeübt werden, sich auf die Gesellschaft auswirken und sie deshalb „stören" können. Dies trifft für die Kunstfreiheit ebenso zu wie für die Glaubensfreiheit. Das elterliche Erziehungsrecht ist indessen ein Grundrecht, das sich auf den „Innenraum der Familie" beschränkt, seine Wirkungen in der Lebensgemeinschaft der Familie entfaltet und auch nur dort ausgeübt wird. Diese Introvertiertheit des elterlichen Erziehungsrechts macht Zusammenstöße mit der „Sozialverträglichkeit" schwer vorstellbar. Erfolgversprechender erscheint deshalb die Anknüpfung an die vom Bundesverfassungsgericht genannten „kollidierenden Grundrechte Dritter", die als immanente Schranken auch die vorbehaltlos gewährten Grundrechte zu begrenzen vermögen. Jedoch kann man insoweit nicht ohne weiteres auf die Kindesgrundrechte zurückgreifen, weil diese — wie schon gezeigt[86] — mit dem elterlichen Erziehungsrecht nicht „kollidieren". Bleibt als vorerst einziger Ertrag der, daß das elterliche Erziehungsrecht inhaltliche Bindungen und Grenzen allenfalls durch die in den Grundrechten als „wertentscheidenden Grundsatznormen" angelegte Verfassungssubstanz empfangen kann. Darauf ist bereits hingewiesen worden.

Von hier aus ergibt sich dann auch eine Verbindung zur Begrenzung der „Erziehung" von der begrifflichen Seite her. Wiederholt sei die Wendung des Bundesverfassungsgerichts, „Erziehung" bedeute Schutz des Kindes und persönliche Hilfe, „um sich zu einer eigenverantwortlichen Persönlichkeit innerhalb der sozialen Gemeinschaft zu entwickeln, wie sie dem Menschenbild des Grundgesetzes entspricht"[87].

Doch zeigt sich in dieser wohlklingenden Formel bei Lichte besehen nichts anderes als die Sinn- und Hilflosigkeit, „Erziehung" normativ fixieren zu wollen. Denn was ist denn das „Menschenbild des Grundgesetzes"? — Über einige hochabstrakte Notierungen wird man bei der Antwort auf diese Frage nicht hinauskommen. Ferner: Sollte es den Eltern durch die Vorgabe des „grundgesetzlichen Menschenbildes" verboten sein, ihre Kinder „kommunistisch" zu erziehen?[88] Oder entspricht etwa eine „kommunistische" Erziehung auch dem „Menschenbild des Grundgesetzes"? Und wie sollen es die vielen Ausländer-Eltern, denen das Menschenrecht des Art. 6 Abs. 2 Satz 1 GG in gleicher Weise zukommt wie den Deutschen, halten? Müssen sie sich aus ihren häufig für uns unverständlichen Erziehungstraditionen und Kulturvorstellungen lösen, um vor dem Grundgesetz bestehen zu können und staatliche Ingerenzen zu vermeiden? Ist die Fixierung auf das „Menschenbild des

---

[86] Oben unter 5.

[87] *BVerfGE* 24, 119 (144).

[88] Vgl. *W. Schmitt Glaeser*, Das elterliche Erziehungsrecht in staatlicher Reglementierung, 1980, S. 52 f.

Grundgesetzes" nicht eben doch eine Kulturbefangenheit, die nur einen relativen, auf den eigenen Kulturkreis radizierten Pluralismus konzediert, aber nicht bereit ist, darüber hinauszugehen? — Diese Fragen können nicht alle beantwortet werden. Manche beantworten sich von selbst. Sie dürften aber doch mit aller Deutlichkeit zeigen, daß auch nur der geringste Versuch einer positiven Fixierung von Erziehungszielen — auf welcher Abstraktionsebene auch immer — sofort in kaum lösbare Widersprüche führt.

Ich sehe deshalb keinen verläßlichen Ansatz, aus dem Begriff der „Erziehung" oder aus den bislang genannten immanenten Grundrechtsschranken („Grundrechte Dritter", „mit Verfassungsrang ausgestattete Rechtswerte") *positive* Erziehungsziele herauszudestillieren.

Auch die Differenzierung in formelle und inhaltliche Erziehungsziele führt nicht weiter[89]. Ganz abgesehen davon ist diese Zweiteilung nicht ohne Kritik geblieben[90].

Bei dieser Lage erscheint dogmatisch nur *ein* Weg der richtige: das elterliche Erziehungsrecht ist und bleibt uneinschränkbar, aber es darf nicht *mißbraucht* werden.

Das Bundesverfassungsgericht hat das Mißbrauchsverbot als Schranke der Grundrechtsausübung für den dem Art. 6 Abs. 2 Satz 1 GG vergleichbaren Fall der Glaubensfreiheit des Art. 4 Abs. 1 und 2 GG praktiziert. Der entscheidende Satz einer einschlägigen Entscheidung lautet: „Kann und darf der weltanschaulich neutrale Staat den Inhalt dieser Freiheit nicht näher bestimmen, weil er den Glauben oder Unglauben seiner Bürger nicht bewerten darf, so soll jedenfalls der Mißbrauch dieser Freiheit verhindert werden"[91]. Dieser Satz ist auf Art. 6 Abs. 2 Satz 1 GG übertragbar. Er hat dann folgenden Gehalt: Kann und darf der weltanschaulich neutrale Staat den Eltern keine Erziehungsziele und Erziehungsmethoden vorschreiben, so soll jedenfalls Mißbrauch des elterlichen Erziehungsrechts verhindert werden[92]. Das bedarf der näheren Erläuterung.

Jedes Recht steht unter dem Verbot des Mißbrauchs. Rechtsmißbrauch ist keine Schranke des Rechts, sondern seiner Ausübung. Die Unterscheidung zwischen einer unbeschränkten Substanz des Rechts und seiner — durch den Gedanken des Rechtsmißbrauchs — beschränkten Ausübung

---

[89] Vgl. dazu J. *Gernhuber*, Kindeswohl und Elternwille, FamRZ 1973, S. 229 ff. (233); E.-W. *Böckenförde*, Elternrecht, S. 65.

[90] Vgl. W. *Schmitt Glaeser*, Das elterliche Erziehungsrecht in staatlicher Reglementierung, 1980, S. 50.

[91] *BVerfGE* 12, 1 (4) (Werbung zum Kirchenaustritt durch Tabakversprechen an einen Gefangenen).

[92] Insoweit steht das Regelungskonzept des § 1666 BGB, der auf „mißbräuchliche Ausübung der elterlichen Sorge" abhebt, mit der Verfassung durchaus in Einklang. Zu weiteren Einzelheiten vgl. unten Viertes Kapitel.

IV. Inhalt und Schranken des elterlichen Erziehungsrechts

erscheint freilich auf den ersten Blick spitzfindig. Ob sich die Trennung zwischen Rechtssubstanz und Rechtsausübung rechtstheoretisch klar begründen läßt, mag hier dahinstehen. Davon abgesehen scheint der Rückgriff auf die Figur des Rechtsmißbrauchs aber auch aus praktischer Sicht das Problem nur zu verschieben. Denn ob die Eltern sich mit ihren Erziehungszielen und Erziehungsmaßnahmen noch auf dem legitimierenden Boden des Art. 6 Abs. 2 Satz 1 GG bewegen, muß nach irgendwelchen Sachkriterien beurteilt werden. Solche Sachkriterien liefert der Gedanke des Rechtsmißbrauchs aber nicht mit. In der Tat bedeutet der Rückgriff auf den Gedanken des Rechtsmißbrauchs weitgehend die Verweisung auf metarechtliche, ethische Standards, auf einen allgemeinen Konsens über das, „was man nicht tut", „was sich nicht gehört". Ein solcher Konsens ist, da er nirgends schriftlich fixiert wird, nur dann tragfähig, wenn er mit einer gewissen Evidenz gepaart ist. Dies bedeutet: das Verbot des Rechtsmißbrauchs ist nur dann überhaupt anwendbar, wenn zunächst ein bestimmter „Minimalkonsens über die Erziehung" existiert[93]. Aber hierbei braucht es sich nicht um einen *positiven* Minimalkonsens zu handeln, vielmehr genügt ein *negativer* Minimalkonsens. Das heißt: Einigkeit braucht nicht darüber zu bestehen, wie man (richtig) erzieht, sondern nur darüber, wie man *nicht* erzieht. Dies ist keine Wortspielerei. Die praktische rechtliche Konsequenz liegt vielmehr darin, daß derjenige, der den Vorwurf des Rechtsmißbrauchs der elterlichen Gewalt erhebt, argumentations- und beweispflichtig ist.

Die Substantiierung des (negativen) Minimalkonsenses kann nun in der Tat nur so geleistet werden, daß man sich „an den Vorstellungskreis" dessen hält, „was in der gegenwärtigen Gesellschaftsordnung als noch tragbar anerkannt wird"[94]. Manche fordern, daß zu dem (negativen) Minimalkonsens Evidenz hinzutreten muß, wenn der Staat eingreifen soll. Die Grenze des elterlichen Erziehungsrechts ist danach erst beim „offenbaren Mißbrauch" überschritten[95].

Diese Grenze läßt sich nur durch Fallgruppen konkretisieren und „rationalisieren"[96]. Eine solche sich allmählich ausprägende Judikatur vermag ihrerseits wiederum konsensbildend zu wirken.

---

[93] Vgl. *G. Beitzke*, Nochmals zur Reform elterlichen Sorgerechts, FamRZ 1979, S. 8 ff. (10); *W. Schmitt Glaeser*, Das elterliche Erziehungsrecht in staatlicher Reglementierung, 1980, S. 43, 50.

[94] So *H. Peters*, Elternrecht, Erziehung, Bildung und Schule, in: Die Grundrechte IV/1, S. 369 ff. (382) (dort findet sich auch noch der für Ausländer wichtige Zusatz: „Eltern, die aus einem anderen Kultur- und Zivilisationskreis stammen, dürfen ihre Maßstäbe aus diesem entnehmen, sofern sie damit nicht gegen die Grundlagen der Gesellschaftsordnung in der Bundesrepublik verstoßen."); zustimmend: *E.-W. Böckenförde*, Elternrecht, S. 66; ferner *G. Beitzke*, FamRZ 1979, S. 8 ff. (10 mit Fußnote 28).

[95] Vgl. *W. Geiger*, Recht des Staates und Elternrecht, FamRZ 1979, S. 457 ff. (460).

7. Zum Interpretationsprimat der Eltern betreffend das Kindeswohl

Das Problem des Erziehungsrechts kulminiert in der Frage, wer letztverbindlich darüber entscheiden soll, was in der jeweiligen konkreten Situation dem Wohl eines bestimmten Kindes entspricht, mit anderen Worten: wer letztverbindlich das Kindeswohl interpretiert. Insoweit statuiert Art. 6 Abs. 2 Satz 1 GG den *Interpretationsprimat der Eltern*. Danach schließt das elterliche Erziehungsrecht die Befugnis ein, eigenverantwortlich und ohne (mit-)bestimmende Fremdeinflüsse das Wohl des Kindes als maßgebliche Richtschnur der Erziehung individuell-konkret zu bestimmen[97]. Die Formel vom Interpretationsprimat der Eltern hat in der Rechtsprechung Vorbilder[98] und auch im Schrifttum weitgehende Anerkennung und Zustimmung gefunden[99].

Interpretations*primat* bedeutet nicht Interpretations*monopol*. Die Eltern bestimmen nicht allein und ausschließlich das Kindeswohl. Die Entscheidung des Vormundschaftsrichters darüber, ob die Eltern ihr Erziehungsrecht mißbraucht haben, macht das „Kindeswohl" zum Gegenstand richterlicher Interpretation, wenn auch nur in äußersten Grenzen[100].

Gerade diesen Tatbestand eines judical restraint bei der Überprüfung, ob Mißbrauch der elterlichen Gewalt vorliegt oder nicht, soll die Formel vom Interpretationsprimat der Eltern begrifflich einfangen. Ob man den Mißbrauchstatbestand und damit den Kontrollzugriff noch durch weitere Zusätze einzuengen sucht, indem man auf „offensichtlichen" Mißbrauch abstellt[101], erscheint dabei weniger bedeutsam. Denn mit dem Zusatz der „Offensichtlichkeit" kann man wohl die richterliche Zurückhaltung noch mehr akzentuieren, aber keineswegs in praktikable objektive Schranken zwingen. Was „offensichtlich" ist, bleibt letztlich genau so

---

[96] Vgl. *M. Zuleeg*, Familienpolitik und Verfassungsrecht, FamRZ 1980, S. 210 ff. (212).

[97] Vgl. *F. Ossenbühl*, Schule im Rechtsstaat, DÖV 1977, S. 801 ff. (806); *W. Schmitt Glaeser*, Das elterliche Erziehungsrecht in staatlicher Reglementierung, 1980, S. 57.

[98] Vgl. *OVG Hamburg*, DVBl. 1960, 742 (743); *BayVerfGH* 7, 9 (13).

[99] Vgl. *Chr. Starck*, Staatliche Schulhoheit, pädagogische Freiheit und Elternrecht, DÖV 1979, S. 269 ff. (274 mit Fußnote 60); *H.-U. Erichsen*, Verstaatlichung der Kindeswohlentscheidung?, 1978, S. 16; *Th. Oppermann*, Gutachten C zum 51. Deutschen Juristentag, 1976, S. 101; *M. Zuleeg*, Familienpolitik und Verfassungsrecht, 1980, S. 212; *U. Fehnemann*, Bemerkungen zum Erziehungsrecht in der Schule, DÖV 1978, S. 489 ff. (494 links unten); kritisch *E.-W. Böckenförde*, Elternrecht, S. 72.

[100] Vgl. *A. Lüderitz*, Elterliche Sorge als privates Recht, AcP 178 (1978), S. 263 ff. (266); *N. Höhne*, Gerichtliche Kontrolle elterlicher Fehlentscheidungen, Diss. Frankfurt a. M., 1974.

[101] So dezidert *W. Geiger*, Recht des Staates und Elternrecht, FamRZ 1979, S. 457 ff. (460).

schwer faßbar wie das, was „mißbräuchlich" geschieht. Deshalb wird die Diskussion unnötig dramatisiert, wenn man mit der Formel vom „offensichtlichen Mißbrauch" die „effektive Schutzlosigkeit des Kindes" und die Rückkehr der „patria potestas des römischen Rechts" als Vision heraufbeschwört[102]. Betrachtet man die Dinge nüchtern, liegen zwischen dem „Mißbrauch" und dem „offensichtlichen Mißbrauch" keineswegs Weltanschauungen über den Stellenwert des elterlichen Erziehungsrechts, sondern, wenn man einbezieht, daß die Grenzen nur in einer stark differenzierten Kasuistik zu finden sind, nur Nuancierungen in der Beantwortung der Frage, unter welchen Voraussetzungen und Umständen der Staat eingreifen darf[103]. Daß sich in diesen Nuancierungen dann auch Vor-Verständnisse, Erfahrungen und Befürchtungen der einzelnen Autoren kristallisieren oder kristallisieren können, sollte nicht verschwiegen werden.

Läßt man Befürchtungen und Gefahren einer Ideologisierung der Familie durch die Eröffnung von staatlichen Ingerenzen in den Raum der häuslichen Erziehung beiseite, so bleibt doch erneut notwendig die Rückbesinnung auf die tragende Rechtsidee des Interpretationsprimates der Eltern. Diese Rechtsidee hat das Bundesverfassungsgericht in dem schlichten Satz ausgedrückt: „Die primäre Entscheidungszuständigkeit der Eltern beruht auf der Erwägung, daß die Interessen des Kindes am besten von den Eltern wahrgenommen werden"[104]. In einer früheren Entscheidung heißt es: „Der Verfassungsgeber geht davon aus, daß diejenigen, die einem Kind das Leben geben, von Natur aus bereit und berufen sind, die Verantwortung für seine Pflege und Erziehung zu übernehmen"[105]. Es ist also wiederum jener Tatbestand, der das elterliche Erziehungsrecht zu einem „natürlichen" Recht macht.

Gegen diese Position läßt sich nicht mit Statistiken über Kindesmißhandlungen argumentieren. So schrecklich solche Statistiken sind, eines ist sicher: sie stellen glücklicherweise Ausnahmen dar. Das Gesetz muß aber vom Normalfall ausgehen. Im übrigen sind auch potentielle Fehlentscheidungen der Eltern, sofern sie nicht schon als Mißbrauch gewertet werden können, beim elterlichen Interpretationsprimat gleichsam „einkalkuliert"[106].

Welcher Pädagoge entscheidet schon immer „richtig"? Und vor allem entsteht wieder die alte Gretchenfrage der Erziehung: Was ist „richtig"

---

[102] So *E.-W. Böckenförde*, Elternrecht, S. 72; differenzierend und abschwächend im Schlußwort S. 127.
[103] Vgl. insoweit die abgewogenen Bemerkungen in *BVerfGE* 24, 119 (144).
[104] *BVerfGE* 34, 165 (184).
[105] *BVerfGE* 24, 119 (150).
[106] Vgl. auch *BVerfGE* 35, 165 (184).

und was ist „falsch"? Daß die Entscheidung des Vormundschaftsrichters oder Jugendpflegers die elterliche Entscheidung keineswegs „verbessern" muß, ist offenkundig. Hierfür gibt es überzeugende und eindrucksvolle Belege aus der Praxis[107]. Die tiefere Ursache des Problems liegt offenkundig in einem unaufhebbaren Tatbestand: dem Mangel an praktikablen objektiven Entscheidungsmaßstäben und Kriterien in Erziehungsfragen. Dieser Mangel wird um so fühlbarer, je mehr der Verlust überpositiver verbindlicher Werte und Anschauungen, über die Konsens besteht, zu beklagen ist[108].

Fehlende Maßstäbe führen zu diskretionären Entscheidungen. Diskretionäre Entscheidungen können — dies ist nicht nur eine logische, sondern auch dem Recht vertraute Erscheinung — nur solchen Entscheidungsträgern überlassen werden, denen eine entsprechende Legitimation zukommt und ein begründetes Vertrauen entgegengebracht werden kann. In diesem Dilemma hält sich das Grundgesetz folgerichtig an die „natürliche" Normalität, daß den natürlichen Eltern das Wohl der Kinder mehr am Herzen liegt als jedem staatlichen Berufserzieher, mag er auch von noch so hohen Idealen beseelt sein und seinen Beruf nicht nur als Job auffassen. Hinzu kommt, daß es normalerweise die Eltern sind, die durch das ständige Zusammenleben mit ihren Kindern auch das, was dem Kindeswohl entspricht, am besten beurteilen können[109]. Wenn es gleichwohl an der Kraft zu einer kindgerechten Erziehung im Einzelfall fehlt, was gewiß der Fall sein kann, so besteht aller Anlaß für den Staat, *das* zu tun, was einige Länderverfassungen auch explizit vorschreiben, nämlich die Eltern in ihrer schwierigen Aufgabe der Kindererziehung zu unterstützen. Es besteht aber keine Legitimation, die Erziehungsaufgabe insgesamt umzuorientieren und womöglich in staatliche Regie zu nehmen. Wer sich nachdrücklich für die Mündigkeit der Kinder einsetzt, wird wohl auch die Mündigkeit der *Eltern* respektieren müssen. Mündigen Eltern aber sollte der Staat *freiwillige* Erziehungshilfen anbieten, wenn er Erziehungsschwächen feststellt, und er sollte vor allem in *seinem* Bereich, in *seiner* Kompetenz die Umwelt kinderfreundlicher gestalten, anstatt vermeintliche oder wirkliche Erziehungsdefizite mit einer Modifizierung des elterlichen Erziehungsrechts kurieren zu wollen.

---

[107] Vgl. R. H. *Mnookin*, Was stimmt nicht mit der Formel „Kindeswohl"?, FamRZ 1975, S. 1 ff. (4).
[108] Dazu O. R. *Kissel*, Warum unser Recht immer weniger sicher wird, FAZ vom 28. Januar 1981, Nr. 23, S. 11.
[109] Vgl. zu dem regelmäßig bestehenden Informationsdefizit des Vormundschaftsrichters eindrucksvoll: R. H. *Mnookin*, Was stimmt nicht mit der Formel „Kindeswohl"?, FamRZ 1975, S. 1 ff. (2).

Drittes Kapitel

Elterliches Erziehungsrecht und Wächteramt des Staates

Das folgende Kapitel eröffnet kein neues Problemfeld. Vielmehr wird die Kernfrage des elterlichen Erziehungsrechts, nämlich die Frage, wer die Erziehung der Kinder bestimmt, von einem anderen Blickwinkel aus betrachtet.

I. Rechtfertigung des staatlichen Wächteramtes

1. Textbefund

„Pflege und Erziehung der Kinder sind das natürliche Recht der Eltern und die zuvörderst ihnen obliegende Pflicht. *Über ihre Betätigung wacht die staatliche Gemeinschaft.*"

Diese von Art. 120 WRV übernommene und sprachlich verunglückte[1] Fassung des Art. 6 Abs. 2 Satz 2 GG rückt die dem elterlichen Erziehungsrecht zugeordnete Komponente der „Pflicht" deutlich in den Vordergrund. Für den juristischen Sprachgebrauch ungewöhnlich ist die Verwendung des Wortes „wachen". Im Gegensatz etwa zum Terminus der „Aufsicht", der zwar schillernd und variationsreich verwendet wird, aber als juristische Kategorie eingeführt ist, ist der Begriff der „Wacht" juristisch nicht vorgeprägt.

Dessen ungeachtet läßt sich hier wie in der Verfassungsinterpretation schlechthin aus einer Wortinterpretation nicht viel gewinnen. Allerdings bleibt doch schon eine Erkenntnis festzuhalten, die sich aus einem zwanglosen Wortverständnis ergibt: des „Wächters" Amt ist die aufmerksame Beobachtung fremden Verhaltens und Geschehens; er selbst greift nur ausnahmsweise ein. Die „staatliche Gemeinschaft" soll die Erziehung der Kinder über*wachen*, nicht aber über*nehmen*[2].

---

[1] Worauf bezieht sich „ihre"? Was heißt „Betätigung"? Warum steht dort „staatliche Gemeinschaft" und nicht schlicht „Staat"?; vgl. auch Th. *Maunz*, in: Maunz/Dürig/Herzog/Scholz, Grundgesetz, Kommentar, Art. 6 Rdnr. 26 b (Stand: Sept. 1980).

[2] So schon treffend G. *Anschütz*, Die Verfassung des Deutschen Reiches, Kommentar, 14. Aufl. 1933, Nachdruck 1965, Art. 120 Erl. 1.

2. Sinn und Gegenstand des staatlichen Wächteramtes

Das staatliche Wächteramt liegt gleichsam in der Logik der Deutung des elterlichen Erziehungsrechtes als einer treuhänderischen Freiheit. Das elterliche Erziehungsrecht ist — jedenfalls im Schwerpunkt — ein fremdnütziges Recht. Als dienendes Grundrecht ist es den Eltern um ihrer Kinder willen anvertraut. Leitlinie und Orientierungspunkt für die Ausübung des elterlichen Erziehungsrechts ist das Wohl des Kindes. Nach Art. 6 Abs. 2 Satz 1 GG ist es nicht nur das Recht, sondern auch die Pflicht der Eltern, sich überhaupt um ihre Kinder zu kümmern, sich also nicht der Erziehungsaufgabe zu entziehen, und ferner ist es ihre Pflicht, diese Erziehung am Wohl des Kindes zu orientieren[3].

In beiden Fällen, bei Vernachlässigung des Kindes und bei Erziehungsversagen, muß bei Überschreiten einer gewissen Grenze die Erziehungsreserve des Staates eintreten. Darüber hinaus ist es Aufgabe des Staates, bei unlösbaren Konflikten, die zwischen den Eltern in Erziehungsfragen eintreten, im Interesse der Wahrung des Kindeswohls, der Rechtsordnung und des Rechtsfriedens schlichtend einzugreifen. Das Wächteramt des Staates im Sinne des Art. 6 Abs. 2 Satz 2 GG umfaßt also eine dreifache Aufgabe:

— Wenn sich die Eltern überhaupt nicht um ihre Kinder kümmern oder an der Ausübung ihres Erziehungsrechts gehindert sind, also ihre Erziehungspflicht gar nicht „betätigen", greift der Staat als *Erziehungsreserve* ein.

— Wenn die Eltern, denen die Erziehungsaufgabe zur gesamten Hand obliegt, in einer grundlegenden Erziehungsfrage in einem unlösbaren Konflikt befangen sind, z. B. weil sich die Eltern getrennt haben, obliegt dem Staat eine *Schlichterrolle*[4].

— Wenn die Eltern ihr Erziehungsrecht mißbrauchen, auf diese Weise in ihrer Erziehungsaufgabe versagen und das Wohl des Kindes ge-

---

[3] Ein Mehr an Pflichtgehalt enthält Art. 6 Abs. 2 Satz 1 GG allerdings nicht. Insbesondere ist die gelegentlich vertretene These, das Kind habe einen verfassungsgesicherten Rechtsanspruch auf „bestmögliche Erziehung" — was man sich auch immer darunter vorstellen mag — und die Eltern hätten eine entsprechende Pflicht (so z. B. *E. Arendt*, Verfassungsrechtliche Problematik der öffentlichen Vorschulerziehung, Diss. Bonn, 1976, S. 189 ff.), unhaltbar. Sie ist nicht nur nicht praktikabel, sondern auch dem Sinn und Zweck der Familienerziehung feindlich, weil sie der staatlichen Ingerenz Tür und Tor öffnet. Art. 6 Abs. 2 Satz 1 GG ist gerade eine Verfassungsvorschrift, die die *individuelle* Erziehung gewährleistet. In einem Chaos von Erziehungskonzeptionen und Erziehungsvorstellungen ist anderes gar nicht denkbar. Die Ambition einer „bestmöglichen Erziehung" enthält die Anmaßung, in Erziehungsfragen den Stein der Weisen gefunden zu haben. Sie führt letztlich zur Fremdbestimmung des Erziehungsstandards, an dem gemessen ganze Bevölkerungskreise für „erziehungsunfähig" erklärt werden müßten.

[4] *BVerfGE* 31, 194 (204).

fährden, obliegt dem Staat im Interesse des Kindes eine *Schutzfunktion*.

Gegenstand des staatlichen Wächteramtes ist die Erfüllung der Erziehungspflichten durch die Eltern. Seine Rechtfertigung empfängt das staatliche Wächteramt aber in erster Linie durch die „staatliche Schutzverpflichtung gegenüber dem Kind als Rechtsträger und Grundrechtsträger"[5]. Das Wohl des Kindes ist auch für ihn die beherrschende Maxime.

Andere Rechtfertigungen staatlichen Eingreifens treten demgegenüber zurück: das Allgemeininteresse an der Erziehung des Nachwuchses[6] sowie die Aufgabe des Staates, die Rechtsordnung und den Rechtsfrieden zu wahren und deshalb über den Ausgleich widerstreitender Interessen der Eltern zu entscheiden[7].

Der „verfassungsrechtliche Sinn" des staatlichen Wächteramtes besteht darin, „objektive Verletzungen des Wohls des Kindes zu verhüten, unabhängig vom Verschulden der Eltern"[8]. Freilich ist ein erklärender Zusatz vonnöten. Erst in einer jüngeren Entscheidung des Bundesverfassungsgerichts wird die in Art. 2 Abs. 1 GG verankerte Grundrechtsposition des Kindes mit der Schutzverpflichtung des Staates gem. Art. 6 Abs. 2 Satz 2 GG verknüpft[9]. Diese Verknüpfung ist, wie so vieles im thematischen Umkreis des Art. 6 GG, der Mißdeutung ausgesetzt. Wenn der Staat als Garant und als Anwalt der „Subjektstellung des Kindes" auftritt[10], so hat er selbstredend auch dessen Grundrechtspositionen wahrzunehmen. Dies bedeutet jedoch nicht und kann nicht bedeuten, daß der Staat in einer grotesken Umkehrung der Grundrechtsidee die — gegen ihn selbst gerichteten — Kindesgrundrechte plötzlich gegen das elterliche Erziehungsrecht einsetzen könnte. Eine Neuauflage des Streits um die Formel „Kindesgrundrechte contra Erziehungsrecht der Eltern" findet im Bereich des staatlichen Wächteramtes nicht statt[11]. Art. 2 Abs. 1 GG weist wohl die Grundrechtsposition auf, die zu schützen der Staat verpflichtet ist. Aber Art. 2 Abs. 1 GG gibt dem Staat keinen Eingriffs-

---

[5] Vgl. *E.-W. Böckenförde*, Elternrecht, S. 73; *BVerfGE* 24, 199 (144): „Diese Verpflichtung des Staates folgt nicht allein aus dem legitimen Interesse der staatlichen Gemeinschaft an der Erziehung des Nachwuchses (§ 1 JWG), aus sozialstaatlichen Erwägungen oder etwa aus allgemeinen Gesichtspunkten der öffentlichen Ordnung; sie ergibt sich in erster Linie daraus, daß das Kind als Grundrechtsträger selbst Anspruch auf den Schutz des Staates hat."

[6] *BVerfGE* 24, 199 (144).

[7] *BVerfGE* 31, 194 (205); zuletzt Beschluß vom 5.11.1980, NJW 1981, S. 217 ff. (218).

[8] *BVerfGE* 10, 59 (84).

[9] Vgl. *BVerfGE* Beschluß vom 5.11.1980, NJW 1981, S. 217 ff. (218).

[10] So *E.-W. Böckenförde*, Elternrecht, S. 73.

[11] Dazu oben Zweites Kapitel, IV. 5.

maßstab. Darauf kommt es entscheidend an. Der Grenzfall, in dem das staatliche Wächteramt gegen die Eltern mobilisiert werden kann und unter Umständen muß, ergibt sich aus den immanenten Begrenzungen des Elternrechts, nicht aus einem gegen die Eltern gerichteten Kindesgrundrecht. Insoweit erhält das Problem durch die vom Bundesverfassungsrecht jetzt geübte Zitierung des Art. 2 Abs. 1 GG einen falschen Akzent.

Man sieht auch hier wieder, daß Nuancen der Formulierung die schwierige und komplizierte Balance der Rechtsbeziehungen des Art. 6 Abs. 2 GG ins Wanken bringen können. Man mag den Staat in seiner Wächterrolle als „Anwalt der Subjektstellung des Kindes" apostrophieren. Aber dies kann nicht mehr sein als eine façon de parler. Juristisch gesehen soll damit nur zum Ausdruck gebracht werden, daß sich der Staat in seiner Wächterrolle am Wohl des Kindes zu orientieren hat. Das Kindeswohl ist der Maßstab für den Grenzfall staatlichen Eingreifens in die elterliche Erziehung. Damit nimmt der Staat die Interessen des Kindes wahr, aber er tritt nicht plötzlich auch juristisch vollständig in die Treuhänder-Position der Eltern ein. Deshalb sollte aus juristischer Sicht das Kindeswohl als Eingriffsmaßstab betont, aber nicht als Vehikel benutzt werden, um den Staat in elterngleiche Erziehungspositionen einzuweisen. Die aufkommende Mode, den Art. 2 Abs. 1 GG mit dem Art. 6 Abs. 2 GG zu verknüpfen, begünstigt diesen Trend. Ein weiteres schönes Beispiel für eine Sinnveränderung durch Sprachwandel.

Das staatliche Wächteramt findet, um es nochmals in aller Kürze zu wiederholen, seine Rechtfertigung darin, „das Kind, das sich noch nicht selbst zu schützen vermag, davor zu bewahren, daß seine Entwicklung durch einen Mißbrauch der elterlichen Rechte oder eine Vernachlässigung Schaden erleidet"[12].

II. Inhalt und Schranken des staatlichen Wächteramtes

Die Problematik der näheren inhaltlichen Bestimmung des staatlichen Wächteramtes besteht darin, daß der Bereich der Familie und der häuslichen Erziehung sich als private Intimsphäre einer rechtlichen Durchformung entzieht. Diese gleichsam von Natur gegebene Abweisung der rechtlichen Reglementierung „von außen" ist auch verfassungs*rechtlich* gewollt und gewährleistet. Jede Familie soll nach ihrer eigenen façon leben können. Der Raum häuslicher Erziehung unterliegt in erster Linie

---

[12] So *BVerfGE* 24, 119 (144); an dieser unprätentiösen Formulierung sollte das Bundesverfassungsgericht festhalten, anstatt mit neuen Formulierungen neue Verwirrung zu stiften.

dem Einfluß ethischer Verhaltensnormen, moralischer Prinzipien und traditioneller Verhaltensmuster. Dabei soll es bleiben. Nur dort, wo es nach den allgemeinen Anschauungen für das Kind unerträglich wird, kann die ordnende Kraft des Rechts einsetzen, kann auf der Grundlage dieses Rechts als eines ethischen Mindeststandards das staatliche Wächteramt mobilisiert werden. Aus dieser Grundanschauung ergeben sich eine Reihe von Weiterungen.

1. Staatliches Wächteramt — kein staatliches Erziehungsrecht

Die „staatliche Gemeinschaft" soll, wie es in Art. 6 Abs. 2 Satz 2 GG heißt, die Erfüllung der Erziehungspflicht der Eltern über*wachen*, nicht aber selbst über*nehmen*[13]. Das Wächteramt des Staates ist damit deutlich unterschieden von einem eigenen staatlichen Erziehungsrecht, wie es in Art. 7 GG für den Bereich der Schule statuiert wird. Ein solches eigenes Erziehungsrecht verleiht das staatliche Wächteramt nicht. Der Staat darf den Eltern weder Erziehungsziele noch Erziehungsmethoden vorschreiben[14]. Er ist auch nicht befugt, sich in die Erziehungskonzeption der Eltern dirigierend einzumischen. Seine Rolle und Aufgabe als „Wächter" beschränkt sich auf die Gefahrenabwehr im Ausnahmefall. Der Staat ist nicht Obervormund, sondern „Nothelfer"[15]. Er ist prinzipiell darauf beschränkt, elterliche Erziehung im Falle des Versagens zu korrigieren und auszugleichen. Freilich kann der Staat im Extremfalle auch verpflichtet sein, den Eltern das Sorgerecht für ihre Kinder ganz zu entziehen. An die Stelle der Eltern treten dann Fremde, nicht notwendig staatliche Berufserzieher. Dies ändert jedoch an der prinzipiellen rechtlichen Einordnung des staatlichen Wächteramtes nichts.

2. Vorrang des elterlichen Erziehungsrechtes

Das elterliche Erziehungsrecht liegt dem staatlichen Wächteramt voraus. Die Ausübung dieses Rechts, die sich wegen der für Art. 6 Abs. 2 Satz 1 GG eigenartigen Verknüpfung von Recht und Pflicht zugleich auch als Pflichterfüllung erweist, ist ihrerseits Gegenstand der staatlichen Wacht. Das elterliche Erziehungsrecht hat deshalb den unbestrittenen Vorrang vor dem staatlichen Wächteramt[16]. „Das staatliche Wächteramt hat daher eindeutig akzessorischen und subsidiären Charakter"[17].

---

[13] Vgl. schon *G. Anschütz*, Die Verfassung des Deutschen Reiches, Kommentar, 14. Aufl. 1933, Nachdruck 1965, Art. 120 Erl. 1.
[14] Dazu oben Zweites Kapitel, IV. 6.
[15] Vgl. *E.-W. Böckenförde*, Elternrecht, S. 76.
[16] Vgl. *BVerfGE* 24, 119 (145).

Der Staat ist nicht bei jedem elterlichen Versagen oder jeder Nachlässigkeit der Eltern berechtigt, die Eltern von der Pflege und Erziehung auszuschalten oder gar selbst diese Aufgabe zu übernehmen[18]. Er muß vielmehr bis zur Grenze der Gefährdung des Kindeswohls das elterliche Erziehungsrecht respektieren. Das staatliche Wächteramt gibt „keinen Ansatz für eine eigene, mit dem elterlichen Erziehungsrecht konkurrierende und ihrerseits autonome Erziehungssteuerung"[19].

3. Beschränkung des Staates auf Mißbrauchs- und Gefahrenabwehr

Außerhalb der Reserve- und Schlichtungsfunktion[20], also im Bereich der Schutzfunktion obliegt dem Staat lediglich die Aufgabe der Mißbrauchs- und Gefahrenabwehr. Der „verfassungsrechtliche Sinn" des staatlichen Wächteramtes ist es, „objektive Verletzungen des Wohls des Kindes zu verhüten"[21]. Damit ist der staatliche Eingriffsfall vom Kindeswohl her erfaßt. Der staatliche Eingriff ist also nicht erst dann gerechtfertigt, wenn die Verletzung schon eingetreten ist, vielmehr ist es gerade auch Aufgabe des Staates, solche Verletzungen zu „verhüten". Der staatliche Eingriffsfall ist also nicht (erst) durch die Verletzung, sondern schon bei der *Gefährdung* des Kindeswohls indiziert.

Dem Begriff der Gefährdung des Kindeswohls korrespondiert aus der Sicht des elterlichen Erziehungsrechts die Kategorie des Rechtsmißbrauchs als innere Grenze der Erziehungsbefugnis, wobei der Fall des Rechtsmißbrauchs ebenfalls nach dem Kindeswohl bemessen wird. Der entscheidende materielle Eingriffsmaßstab ist danach die *objektive Gefährdung des Kindeswohls*.

Daraus ergibt sich zunächst die Feststellung, daß es auf ein Verschulden der Eltern nicht ankommt[22]. Diese Konsequenz liegt in der Logik des Treuhand-Gedankens. Das Kind bedarf des Schutzes nicht nur vor unwilligen, sondern auch vor unfähigen Eltern[23]. Entscheidend ist der Grad der Gefährdung für das Kindeswohl. Insoweit erscheint auch eine Differenzierung danach, ob nur durch Einzelmaßnahmen punktuell in die Erziehung eingegriffen wird (dann Verschulden unbeachtlich) oder das elterliche Erziehungsrecht insgesamt entzogen wird (dann Verschulden erforderlich)[24], problematisch. Dies bedeutet nicht, daß gleichgültiges

---

[17] *E.-W. Böckenförde*, Elternrecht, S. 75.
[18] *BVerfGE* 24, 119 (144 f.).
[19] *E.-W. Böckenförde*, Elternrecht, S. 75.
[20] Dazu oben I. 2.
[21] *BVerfGE* 10, 59 (84).
[22] Vgl. *BVerfGE* 10, 59 (84).
[23] Vgl. *W. Schmitt Glaeser*, Die Eltern als Fremde, DÖV 1978, S. 629 ff. (631).
[24] So *E.-W. Böckenförde*, Elternrecht, S. 78.

II. Inhalt und Schranken des staatlichen Wächteramtes

und unwilliges Verhalten der Eltern auf der einen und schuldloses, nicht vorwerfbares Verhalten der Eltern auf der anderen Seite für die Beurteilung, ob ein Eingriffsfall vorliegt, völlig ohne Belang wären. Man muß vielmehr in Betracht ziehen, daß das Kindeswohl als Orientierungsmaßstab keine generalisierbare Größe darstellt, sondern von den Umständen des Einzelfalles und nicht zuletzt auch von den Bezugspersonen, in erster Linie von den Eltern her zu bestimmen ist. Die soziale und familiäre ambiance hat auf die Bestimmung des Kindeswohls entscheidenden Einfluß. Die Individualität der Familiengemeinschaft ist gerade jenes Rechtsgut, das Art. 6 verfassungsrechtlich gewährleistet. Diese Gewährleistung würde ausgehöhlt, wollte man von einem generalisierbaren Erziehungsstandard und daran zu bemessendem Kindeswohl ausgehen. Entsprechende Erziehungskonzepte sind gerade auf das verfassungswidrige Ziel gerichtet, die Familie als Erziehungsgemeinschaft zu sprengen. Ist aber die Individualität der Eltern und der Familie ein in die Beurteilung des Einzelfalles einzustellender Beurteilungsfaktor, so ergibt sich ohne weiteres, daß das elterliche Verhalten bei der Würdigung des staatlichen Eingriffsfalles eine Rolle spielen muß, daß nicht *einheitliche* Verhaltensstandards gelten können. Vor allem ist aber auch in Erwägung zu ziehen, worauf *Lüderitz* mit Recht aufmerksam gemacht hat[25], daß Konflikt- und Gefährdungsursachen im Eltern-Kind-Verhältnis nicht nur bei den Eltern gesucht werden dürfen. Wenn man sich entsprechend der neueren Tendenz für eine Stärkung der Mündigkeit des Kindes einsetzt, dann kann dies nicht nur einseitig unter dem Blickpunkt der Kindes*rechte* geschehen. Zu einem mündigen Menschen gehören allemal auch Pflichten. Eine dieser Kindespflichten ist die Pflicht zur Rücksichtnahme in der Solidargemeinschaft der Familie[26]. Es dürfte einleuchten, daß in diesem Rahmen elterliches Bemühen gegenüber einem Kind, das jede Rücksichtnahme vermissen läßt, bei der Beurteilung des Eingriffsfalles anders zu werten ist, als wenn das Kind ein solcher Vorwurf nicht trifft.

Die Problematik des Eingriffsfalles konzentriert sich jedoch im Kern auf die Formel der „Gefährdung des Kindeswohls". Der Begriff des Kindeswohls ist, wie schon mehrfach betont, ein relativer Begriff, der sich nur unter Beachtung der Umstände des Einzelfalles bestimmen läßt. Er ist überdies der Beurteilungskompetenz des Staates weitestgehend entzogen, weil er unter dem Interpretationsprimat der Eltern steht[27]. Die elterliche Interpretationskompetenz für das Kindeswohl endet an

---
[25] *A. Lüderitz*, Elterliche Sorge als privates Recht, AcP 178 (1978), S. 263 ff. (294).
[26] Vgl. *A. Lüderitz*, wie vorige Fußnote, S. 294 f.; treffend auch *H.-W. Strätz*, Elterliche Personensorge und Kindeswohl, vornehmlich in der zerbrochenen Familie, FamRZ 1975, S. 541 ff. (550).
[27] Dazu oben Zweites Kapitel, IV. 7.

3. Kap.: Elterl. Erziehungsrecht und Wächteramt des Staates

der Erträglichkeitsgrenze. Dort, wo elterliche Erziehungsmaßnahmen nach allgemeiner Auffassung als für das Kind unerträglich bezeichnet werden müssen, kann der Staat eingreifen, weil eine „Gefährdung des Kindeswohls" vorliegt. Nähere Präzisierungen dieser Eingriffsschwelle sind ebensowenig möglich wie Generalisierungen des Mißbrauchstatbestandes[28]. Negative Standards, die den Mißbrauch und damit die Gefährdung des Kindeswohls markieren, müssen sich in einem allgemeinen Konsens herausbilden.

III. Modalitäten des staatlichen Wächteramtes

Einige abschließende Bemerkungen seien der Frage gewidmet, in welcher Weise das staatliche Wächteramt ausgeübt werden darf und kann.

1. Unterstützung vor Eingriff

Eine juristische Betrachtung des staatlichen Wächteramtes ist im Schwerpunkt am Konflikt mit dem elterlichen Erziehungsrecht orientiert. Sie ist darauf gerichtet, Rangordnungen festzulegen und Grenzüberschreitungen zu markieren. Der damit im Blickfeld stehende Ausschnitt der Pathologie der elterlichen Erziehung verdeckt leicht einen anderen wichtigen Aspekt des staatlichen Wächteramtes. Der Staat kann aus Gründen des Verfassungsrechts zwar nicht Konkurrent der Eltern in Fragen der häuslichen Erziehung sein, aber, ohne sich den Eltern aufzudrängen, doch ihr Partner. Die beste Gefahrenabwehr ist immer noch jene, die Vorkehrungen dafür trifft, daß es gar nicht erst zu Gefährdungen kommt, die ein staatliches Eingreifen notwendig machen. Dies bedeutet: dem staatlichen Eingriff in das elterliche Erziehungsrecht geht die den Eltern angebotene freiwillige Hilfe und Unterstützung in der Erziehung vor[29].

„Der Staat muß daher nach Möglichkeit zunächst versuchen, durch helfende, unterstützende, auf Herstellung oder Wiederherstellung eines verantwortungsgerechten Verhaltens der natürlichen Eltern gerichtete Maßnahmen sein Ziel zu erreichen"[30].

Es besteht nicht der Eindruck, daß der Staat insoweit bislang übermäßige Phantasie und Aktivität entwickelt hätte. Mit bürokratischen Mitteln und gesetzlichen Maßnahmen allein lassen sich die Probleme des Erziehungsalltags nicht meistern. Ob die staatliche Bürokratie über-

---

[28] Dazu oben Zweites Kapitel, IV. 7.
[29] Vgl. *E.-W. Böckenförde*, Elternrecht, S. 79.
[30] *BVerfGE* 24, 119 (145).

haupt in der Lage ist, die Aufgaben einer pflegenden Erziehungshilfe zu bewältigen, wird man mit Skepsis betrachten müssen. Um so mehr ist es geboten, daß sich der Staat der freien Erziehungsträger und der gesellschaftlichen Organisationen bedient und sie im Interesse der unterstützenden Erziehungshilfe mobilisiert und fördert[31]. Erziehungshilfe mit unverkennbar staatlichem Etikett dürfte ohnehin erfahrungsgemäß psychologisch eher auf Reserviertheit der Eltern stoßen als das Erziehungsangebot staatsunabhängiger freier Träger.

2. Prävention und Information

Es ist schon mehrfach betont worden, daß es zur Aufgabe des staatlichen Wächteramtes gehört, objektive Verletzungen des Kindeswohls zu „verhüten". Dies bedeutet, daß der Staat nicht nur reaktiv tätig werden, also erst eingreifen darf, wenn bereits ein Erziehungsschaden eingetreten ist. Vielmehr liegt der Schwerpunkt des staatlichen Wächteramtes in der Gefahrenvorsorge und Gefahrenverhinderung. Dieser Aufgabe kann der Staat logischerweise nur dann gerecht werden, wenn er die Erziehungssituationen generell und konkret-individuell aufmerksam beobachtet und sich informiert[32]. Die Frage, wie sich der Staat Informationen über das individuelle familiäre Erziehungsgeschehen beschaffen soll, führt allerdings in ein heikles Gebiet[33]. Denn auch die Einsichtnahme in familiäre Verhältnisse als grundrechtlich geschützte Intimsphäre bedeutet bereits einen staatlichen Eingriff, der der Legitimation bedarf. Diese Legitimation ist aus einem doppelten Grunde notwendig: zum einen im Hinblick auf das elterliche Erziehungsrecht gem. Art. 6 Abs. 2 Satz 1 GG, zum anderen im Hinblick auf den Schutz der Familie gem. Art. 6 Abs. 1 GG, in die Einblick zu nehmen dem Staat grundsätzlich verwehrt ist[34]. Auch eine Ausforschung der Kinder in der Schule, die durch geschickte Aufgabenstellung etwa im Deutschunterricht möglich ist und auch zuweilen geübt wird, ist verfassungswidrig.

Der staatliche Gesetzgeber wird sich insoweit bei der Statuierung von Informationsrechten eine erhebliche Zurückhaltung auferlegen müssen, um nicht in die Zone der Verfassungswidrigkeit zu geraten.

---

[31] Vgl. auch *E.-W. Böckenförde*, Elternrecht, S. 79.
[32] Vgl. *W. Schmitt Glaeser*, Das elterliche Erziehungsrecht in staatlicher Reglementierung, 1980, S. 57.
[33] Vgl. dazu *E.-W. Böckenförde*, Elternrecht, S. 78 f.
[34] Vgl. *Th. Maunz* in: Maunz/Dürig/Herzog/Scholz, Grundgesetz, Kommentar, Art. 6 Rdnr. 17.

3. Der Grundsatz der Verhältnismäßigkeit als leitende Maxime

Unter die Obhut des staatlichen Wächteramtes sind Grundrechtspositionen gestellt. Eingriffe in solche Grundrechtspositionen unterliegen durchgehend dem mit Verfassungsrang ausgestatteten Grundsatz der Verhältnismäßigkeit[35]. Dies hat das Bundesverfassungsgericht speziell auch für Maßnahmen des staatlichen Wächteramtes ausdrücklich betont[36]. Danach bestimmen sich Art und Ausmaß des Eingriffs nach dem Ausmaß des Versagens der Eltern und danach, was im Interesse des Kindes geboten ist. Der Staat ist also gehalten, seine Eingriffsmaßnahmen dem Einzelfall entsprechend angemessen zu dosieren. Die radikale Maßnahme einer Trennung des Kindes von der Familie als ultima ratio hat der Verfassungsgeber in Art. 6 Abs. 3 GG selbst geregelt und für den Fall drohender Verwahrlosung zugelassen. Auch diese Vorschrift ist damit Ausdruck des Grundsatzes der Verhältnismäßigkeit im Kontext des Art. 6 GG.

---

[35] Vgl. dazu E. *Grabitz*, Der Grundsatz der Verhältnismäßigkeit in der Rechtsprechung des Bundesverfassungsgerichts, AöR 98 (1973), S. 568 ff.
[36] BVerfGE 24, 119 (145); vgl. auch Th. *Maunz*, in: Maunz/Dürig/Herzog/Scholz, Grundgesetz, Kommentar, Art. 6 Rdnr. 26 c (Stand: Sept. 1980).

Viertes Kapitel

Elterliches Erziehungsrecht im Spiegel staatlicher Familien- und Jugendpolitik

In den vorangehenden Kapiteln sind die verfassungsrechtlichen Grundlagen des elterlichen Erziehungsrechts aufgezeigt, aber auch schon teilweise praktische Einzelfragen in die Überlegungen einbezogen worden. Das folgende Kapitel soll die verfassungsrechtlichen Grundlagen des elterlichen Erziehungsrechts in ihrer Auswirkung und Bedeutung für das einfachgesetzliche Recht weiterverfolgen, an einzelnen gesetzlichen Vorschriften verdeutlichen und konkretisierend ergänzen. Dies geschieht zunächst an ausgewählten Beispielen aus dem Bereich der staatlichen Familien- und Jugendpolitik.

I. Reform der elterlichen Sorge

Als ein zentrales Problem der Familienpolitik gilt die inzwischen in Kraft getretene Reform der elterlichen Sorge[1]. Schon während der Beratungen dieser Reform in den parlamentarischen Gremien haben verfassungsrechtliche Gesichtspunkte eine entscheidende Rolle gespielt. Denn von Anfang an ist im Zusammenhang mit der Reform der elterlichen Sorge die Frage virulent gewesen, inwieweit der staatliche Gesetzgeber regelnd in den Innenbereich der Familie eingreifen darf und inwieweit er namentlich die Befugnis hat, das verfassungsrechtlich vorgegebene, vorbehaltlos gewährte elterliche Erziehungsrecht inhaltlich auszuprägen und zu substantiieren. Diese Frage ist während des Gesetzgebungsverfahrens sowohl im wissenschaftlichen Schrifttum wie auch in den parlamentarischen Gremien gegensätzlich beantwortet worden. Auch nach Inkrafttreten der Reform ist die Diskussion keineswegs zur Ruhe gekommen[2]. Es bietet sich deshalb an, die gewonnenen verfas-

---

[1] Vgl. *U. Diederichsen*, Die Neuregelung des Rechts der elterlichen Sorge, NJW 1980, S. 1 ff.; zu den Reformthemen der Familienpolitik insgesamt: *F. W. Bosch*, Rückblick und Ausblick oder De legibus ad familiam pertinentibus — reformatis et reformandis? (Familienrechtsreform in Vergangenheit, Gegenwart und Zukunft), FamRZ 1980, S. 739 ff., S. 849 ff.

[2] Vgl. etwa *W. Schmitt Glaeser*, Das elterliche Erziehungsrecht in staatlicher Reglementierung, 1980; zurückhaltender *U. Diederichsen*, Die Neuregelung des

sungsrechtlichen Grundlagen und Erkenntnisse am Beispiel dieses Meinungsstreits einer praktischen Bewährung auszusetzen. Dabei kann es freilich nicht darum gehen, das gesamte Reformwerk einer eingehenden verfassungsrechtlichen Überprüfung zu unterziehen. Vielmehr ist eine Beschränkung auf einige zentrale Regelungen geboten.

1. Motive und Inhalt der Reform der elterlichen Sorge

Das am 1.1.1980 in Kraft getretene Gesetz zur Neuregelung des Rechts der elterlichen Sorge vom 24.7.1979[3] hat eine bewegte Entstehungsgeschichte hinter sich[4].

Die Motive und Intentionen der Sorgerechtsreform werden in besonderer Weise deutlich, wenn man auf den — allerdings vom Parlament nicht mehr verabschiedeten — Gesetzentwurf der Bundesregierung aus der 7. Legislaturperiode zurückgreift[5]; also auf eine Zeit, in der die sozialliberale Koalition unter dem von ihrem damaligen Bundeskanzler *Brandt* verkündeten Motto: „Mehr Demokratie wagen" zu weitgehenden „inneren Reformen" angetreten war, in denen die „Mündigkeit des Staatsbürgers" besonders betont werden sollte. Es ist unverkennbar, daß solche „demokratischen" Ambitionen und Intentionen, wie man sie auch immer verstehen und deuten mag[6], entsprechend dem Zeitgeist auch in den Innenraum der Familie projiziert wurden und die Reform der elterlichen Sorge geprägt haben. Darauf wird im einzelnen noch zurückzukommen sein.

Im Gesetzentwurf der Bundesregierung vom 2.5.1974 heißt es, daß das Kind „nach heutigem Rechtsbewußtsein nicht als *Objekt elterlicher Fremdbestimmung* anzusehen (sei), sondern als Grundrechtsträger, der mit zunehmendem Alter grundrechtsmündig wird". Dem Kind müsse „daher — entsprechend seiner Einsichtsfähigkeit — vom Gesetz die Möglichkeit gegeben werden, *an der Durchführung der elterlichen Sorgemaßnahmen mitzuwirken*". Die Eltern sollen deshalb verpflichtet werden, „auf den Willen des einsichtsfähigen Kindes Rücksicht zu nehmen und *Maßnahmen der elterlichen Sorge mit ihm zu erörtern* mit dem Ziel, *eine Einigung mit dem Kind herbeizuführen*"[7].

Rechts der elterlichen Sorge, NJW 1980, S. 1 ff. (3); *ders.*, in: Palandt, Bürgerliches Gesetzbuch, Kommentar, 40. Aufl. 1981, § 1626 Erl. 5 a.

[3] BGBl. 1979, 1061.

[4] Vgl. die Darstellung bei *D. V. Simon*, Das neue elterliche Sorgerecht, JuS 1979, S. 752; *U. Diederichsen*, Die Neuregelung des Rechts der elterlichen Sorge, NJW 1980, S. 1 ff.

[5] Entwurf vom 2.5.1974, BTDrucks. 7/2060.

[6] Was nach einer Besetzung dieses Begriffs durch linke Ideologen in der Zeit der siebziger Jahre nicht immer ganz klar war.

[7] BTDrucks. 7/2060 (Deckblatt) (Hervorhebung im Text von mir).

I. Reform der elterlichen Sorge

Mit diesen Ausführungen wird also zum einen eine künstliche Frontstellung aufgebaut. Denn auch im Jahre 1974 hat niemand in Abrede gestellt, daß Kinder Grundrechtsträger sind[8]. — Zum andern werden die Verhaltenskategorien staatlicher Demokratie („Mitwirken", „Erörtern", „Einigen") in eine Lebensgemeinschaft projiziert, die mit der staatlichen Gemeinschaft unvergleichbar, und die auch dem staatlichen Reglement kraft grundgesetzlicher Vorschrift prinzipiell entzogen ist. Die Einpflanzung der genannten Kategorien in die Lebensgemeinschaft der Familie entsprach dem allgemeinen Bestreben einer „Demokratisierung" der Gesellschaft, was man auch immer darunter verstehen mochte.

Wesentlich zurückhaltender und vorsichtiger sind demgegenüber die Zielsetzungen der Reform der elterlichen Sorge im Gesetzentwurf der Fraktionen der SPD und FDP vom 10. 2. 1977 umschrieben[9]. Es ist davon die Rede, daß „die geltende Regelung veraltet" sei. Es bestehe „die Notwendigkeit, sie den Wertvorstellungen des Grundgesetzes und den heutigen tatsächlichen Verhältnissen anzupassen". Deshalb seien die elterlichen Rechte und Pflichten neu zu definieren, die Pflichtgebundenheit der elterlichen Rechte zu betonen. Auch wird hervorgehoben, daß „die Familie und ihre Selbstverantwortlichkeit zu respektieren, zu schützen und zu fördern sei".

Auf derselben Linie liegt die Stellungnahme des Rechtsausschusses des Deutschen Bundestages vom 27. 4. 1979[10]. In ihr wird betont, daß der Gedanke der zunehmenden Selbstverantwortlichkeit des heranwachsenden Kindes hervorzuheben sei. Stärker als im geltenden Recht sei die Elternverantwortung zu betonen. — Die stärkere Inpflichtnahme der Eltern war dominierendes Ziel der Sorgerechtsreform. Und dies bedeutet natürlich auch stärkere Kontrolle „von außen".

Bemerkenswert ist schon, daß die gesetzgebenden Instanzen es ausdrücklich abgelehnt haben, eine Vorschrift mit dem Inhalt aufzunehmen, daß die Eltern die Grundrichtung und die Ziele der Erziehung bestimmen[11]. Gewiß würde eine solche Vorschrift nur einen Normgehalt verdeutlichen, der ohnehin in Art. 6 Abs. 2 Satz 1 GG enthalten ist. Doch sind auch solche Verdeutlichungen in einer Zeit der Orientierungslosigkeit und gezielten Angriffe auf Verfassungsinstitutionen, namentlich auch auf die Familie und das elterliche Erziehungsrecht, von hohem schützenden Wert.

---

[8] Nur ist inzwischen erkannt, daß die Grundrechtsträgerschaft des Kindes nicht *gegen* die elterliche Erziehungsbefugnis eingesetzt werden kann; vgl. dazu oben Zweites Kapitel, IV. 5.
[9] BTDrucks. 8/111.
[10] BTDrucks. 8/2788.
[11] Vgl. BTDrucks. 8/2788 S. 31.

2. Festlegung von Erziehungszielen und Erziehungsmethoden

Die vorgenannten Zielsetzungen der Reform des elterlichen Sorgerechts kulminieren namentlich in der Vorschrift des § 1626 Abs. 2 BGB, die im folgenden einer näheren Betrachtung unterzogen werden soll.

a) Inhalt des § 1626 Abs. 2 BGB

Die bis heute umstrittene Vorschrift des § 1626 Abs. 2 BGB lautet wie folgt:

„Bei der Pflege und Erziehung berücksichtigen die Eltern die wachsende Fähigkeit und das wachsende Bedürfnis des Kindes zu selbständigem verantwortungsbewußtem Handeln. Sie besprechen mit dem Kind, soweit es nach dessen Entwicklungsstand angezeigt ist, Fragen der elterlichen Sorge und streben Einvernehmen an."

In der Begründung des Regierungsentwurfs heißt es zu der inhaltlich gleichlautenden, aber noch als Soll-Vorschrift formulierten Bestimmung:

„Die von den Eltern beabsichtigten Maßnahmen dürfen dem Kind nicht aufgezwungen, sondern müssen mit ihm erörtert werden mit dem Ziel, Verständnis und Einsicht zu wecken; darüber hinaus sollen Gegenargumente berücksichtigt und eine Einigung zwischen Eltern und Kind angestrebt werden"[12].

Es kann im vorliegenden Zusammenhang nicht darum gehen, den Inhalt des § 1626 Abs. 2 BGB im einzelnen zu analysieren, die in ihm enthaltenen Pflichten zu systematisieren und untereinander in Beziehung zu setzen[13]. Unverkennbar ist jedenfalls, daß § 1626 Abs. 2 Satz 2 BGB einen bestimmten *Erziehungsstil*, eine bestimmte *Erziehungsmethode* gesetzlich vorschreibt[14].

Zwar räumt § 1626 Abs. 2 Satz 2 BGB den Kindern in Erziehungsfragen kein Mitentscheidungsrecht ein, aber er verpflichtet die Eltern auf eine bestimmte Prozedur, auf ein bestimmtes Verfahren im Vorgang der Erziehung. § 1626 Abs. 2 Satz 2 BGB bedeutet eine Absage an die auf Gehorsam ausgerichtete autoritäre Erziehung, wie sie in der Vergangenheit üblich war, und eine Verpflichtung auf eine partnerschaftliche, argumentative Erziehung[15].

---

[12] BTDrucks. 7/2060 S. 17 Nr. 13.
[13] Siehe dazu: *U. Diederichsen*, in: Palandt, Bürgerliches Gesetzbuch, Kommentar, 40. Aufl. 1981, § 1626 Erl. 5 a; ferner *W. Schmitt Glaeser*, Das elterliche Erziehungsrecht in staatlicher Reglementierung, 1980, S. 11 ff.
[14] Ob § 1626 Abs. 2 Satz 1 BGB auch implicite ein Erziehungs*ziel* (Erziehung zur Selbständigkeit und Selbstverantwortlichkeit des Menschen) statuiert und ob dieses Erziehungsziel als ein lediglich *formales* Erziehungsziel angesprochen werden kann und als solches verfassungsrechtlich unbedenklich ist, mag hier dahinstehen; dazu: *W. Schmitt Glaeser*, Das elterliche Erziehungsrecht in staatlicher Reglementierung, 1980, S. 13 i. V. m. S. 8.

b) Rechtsnatur des § 1626 Abs. 2 BGB

§ 1626 Abs. 2 BGB ist gelegentlich als eine „sanktionsfreie, nicht justitiable Norm" qualifiziert worden[16]. Für eine solche Qualifikation sprach zunächst die Charakterisierung dieser Vorschrift als „Leitbild" in den Gesetzesmaterialien sowie die im Gesetzgebungsverfahren geäußerte Vorstellung einiger Abgeordneter[17]. Ein solches aufgrund historischer Auslegungmethodik gewonnenes Ergebnis steht jedoch mit dem Gesetzestext in deutlichem Widerspruch. Die indikativisch formulierte Fassung einer Gesetzesvorschrift bedeutet keineswegs Deskription eines „millionenfach" praktizierten Zustandes, sondern normative Verpflichtung. Es ist nicht Aufgabe und regelmäßig auch nicht Intention des Gesetzgebers, Wirklichkeitsbefunde zu beschreiben. Seine Aufgabe kann allerdings darin bestehen, Wirklichkeitsbefunde in Norminhalte umzuprägen, sofern er hierzu legitimiert ist und die Wirklichkeit für wertvoll und verallgemeinerungsfähig hält.

Speziell zu § 1626 Abs. 2 BGB hat sich deshalb inzwischen eindeutig die Meinung durchgesetzt, daß diese Gesetzesvorschrift zwar keine unmittelbare Sanktion enthält, aber als Interpretationsrichtlinie und als Entscheidungsmaßstab, womöglich auch als Eingriffsmaßstab im Rahmen des generalklauselartigen Tatbestandes des § 1666 BGB eine durchaus normativ geprägte Bedeutung besitzt, also nicht nur Appellfunktion hat, sondern handfeste praktische Wirkungen zeitigen kann[18]. Man würde also den verpflichtenden Normcharakter des § 1626 Abs. 2 BGB verkennen, seinen Verbindlichkeitsgehalt verharmlosen, wollte man in dieser Vorschrift nur Beschreibungen eines üblicherweise befolgten Erziehungsprozesses erblicken, also Deskriptionen, die sich „überwiegend als Plattheiten, als völlig überflüssige Kommentierungen im Text des Gesetzes" erweisen[19]. § 1626 Abs. 2 BGB verpflichtet vielmehr die Eltern, ihre Erziehung in bestimmter Weise zu gestalten, und es ist nicht ausgeschlossen, daß das staatliche Wächteramt mobilisiert werden kann,

---

[15] Vgl. U. Diederichsen, in: Palandt, Bürgerliches Gesetzbuch, Kommentar, 40. Aufl. 1981, § 1626 Erl. 5 a; W. Schmitt Glaeser, wie vorige Fußnote, S. 14.

[16] Vgl. D. V. Simon, Die Reform der elterlichen Sorge, in: Essener Gespräche zum Thema Staat und Kirche, 14 (1980), S. 128 ff. (139); inzwischen hat D. V. Simon diese Auffassung revidiert in JuS 1979, S. 753 mit Fußnote 24.

[17] Vgl. die Nachweise bei D. V. Simon, wie vorige Fußnote, S. 139.

[18] Vgl. die Diskutanten bei den Essener Gesprächen zum Thema Staat und Kirche 14 (1980): V. M. Lissek (S. 148); A. Hollerbach (S. 151); Chr. Starck (S. 151 f.); H.-U. Evers (S. 152); H.-G. Frey (S. 154); E.-W. Böckenförde (S. 156); U. Scheuner (S. 157); ferner: W. Schmitt Glaeser, Das elterliche Erziehungsrecht in staatlicher Reglementierung, 1980, S. 14; U. Diederichsen, in: Palandt, Bürgerliches Gesetzbuch, Kommentar, 40. Aufl. 1981, § 1626 Erl. 5 a.

[19] So F. W. Bosch, Volljährigkeit — Ehemündigkeit — Elterliche Sorge, FamRZ 1973, S. 489 ff. (506), betreffend den ähnlich lautenden Referentenentwurf.

wenn die Eltern gegen diese (prozedurale) Erziehungsnorm nachhaltig verstoßen. Deshalb taucht die Frage auf, ob sich § 1626 Abs. 2 BGB als verfassungsrechtlich unbedenklich erweist.

c) Verfassungsrechtliche Würdigung

Bei einer verfassungsrechtlichen Würdigung wird man zwischen § 1626 Abs. 2 Satz 1 und Satz 2 BGB unterscheiden müssen, was im einschlägigen Schrifttum meist unterbleibt. Während Satz 1 eine zielgerichtete Erziehungsmaxime statuiert, wird in Satz 2 eine Verpflichtung zur Argumentation und zum Versuch einer einvernehmlichen Regelung normiert. Während die verfassungsrechtliche Bedenklichkeit der Berücksichtigungspflicht des Satzes 1 eher zu verneinen sein dürfte, scheint sie mir bei Satz 2 nahezuliegen.

Im vorangehenden Kapitel ist die Problematik der staatlichen Festlegung von Erziehungszielen und Erziehungsmethoden aus grundsätzlicher und grundgesetzlicher Sicht bereits im einzelnen dargestellt worden[20]. Sie hat gezeigt, daß es dem Staat prinzipiell verwehrt ist, in den durch Art. 6 Abs. 2 Satz 1 GG umhegten Bereich der elterlichen Erziehung durch die verbindliche Vorschrift von Erziehungszielen und Erziehungsmethoden einzudringen. Insbesondere ist im einzelnen dargetan worden, daß selbst eine so allgemein und unverfänglich erscheinende Zielvorgabe wie die der Erziehung zu einer Persönlichkeit, „wie sie dem Menschenbild des Grundgesetzes entspricht", problematisch erscheint, ja letztlich mit anderen grundgesetzlichen Verfassungselementen (Toleranz, Pluralität) unvereinbar ist. Jede, auch die noch so vorsichtig formulierte und vernünftig erscheinende Erziehungsregel seitens des Staates hat deshalb aus Verfassungsgründen zu unterbleiben. Denn die „Vernunft der Erziehung" ist immer relativ und damit wandelbar und vergänglich. In diesem Sinne ist auch zumindest § 1626 Abs. 2 Satz 2 BGB nichts anderes als der Niederschlag einer Kulturbefangenheit. Ihm liegt die Ideologie eines bestimmten Demokratieverständnisses zugrunde, welches wir als die allein seligmachende Wert- und Organisationsgrundlage zwar für den Staat normativ stabilisieren können, nicht aber für die einzelne Familie, die im Staate eigene Wege gehen kann und darf.

Um möglichen Einwänden und Mißverständnissen zu entgegnen: dies ist kein Plädoyer für eine auf Gehorsam und Unterwerfung gerichtete autoritäre Erziehung, wie sie in früheren Zeiten üblich war. Aber nach der Demokratisierungs-Euphorie der siebziger Jahre sollten wir inzwischen doch soviel Nüchternheit wiedergewonnen haben, daß kein Grund besteht, auf Gehorsam bedachte Erziehung schlechthin zu verteufeln.

---

[20] Vgl. Zweites Kapitel, IV. 6.

Schon *Diederichsen* hat mit der nötigen Klarheit darauf hingewiesen, daß die sog. autoritäre Erziehung unserer Elterngeneration eine „unbezweifelbare Effektivität für Not- und Aufbauzeiten" besitzt[21]. Ob umgekehrt der argumentative Erziehungsstil als der Erziehungsstil der Wohlstandsgesellschaft apostrophiert werden kann, sei hier nicht weiterverfolgt. Die Fragestellung allein deutet schon die Relativität von Erziehungsstilen an.

Es ist gewiß richtig, wenn *Bosch* schreibt, daß § 1626 Abs. 2 BGB aus der heutigen Sicht „überwiegend Plattheiten" verordnet. Es ist auch nicht zu bestreiten, daß der partnerschaftliche Erziehungsstil sich heute weithin durchgesetzt hat und „millionenfach praktiziert" wird[22]. Aber ist dies ein Grund, diesen Erziehungsstil für *allgemeinverbindlich* zu erklären, nur weil die (vermutete) Mehrheit der Elternschaft ihn befolgt? Man muß immer wieder ins Gedächtnis bringen: Art. 6 Abs. 2 Satz 1 GG ist eine Grundrechtsgewährleistung, die dem Mehrheitsentscheid entzogen ist; deren Sinn gerade darin besteht, der Individualität und den Besonderheiten in der Familie, in *jeder* einzelnen Familie Raum zu belassen und zu bewahren.

Diese Individualität wird durch § 1626 Abs. 2 Satz 2 BGB nicht beachtet. Mit Recht ist darauf hingewiesen worden, daß § 1626 Abs. 2 Satz 2 BGB schon schichtenspezifisch einseitig orientiert ist. Als „Intellektuellenparagraph"[23] ist er in deutlichem Maße an den Mittel- und Oberschichten orientiert, also für Personen konzipiert, die diesen Schichten entstammen und von denen, wenn überhaupt, noch einigermaßen erwartet werden kann, daß sie den hohen Anspruch einer argumentativen Erziehung leisten und vor allem durchhalten können. Wenn hingegen ein 14- oder 15jähriger Oberschüler, womöglich von außen beeinflußt und mit Argumenten ausgestattet, mit seinen Eltern ein „Einvernehmen" anstreben soll, werden die Eltern, sofern sie über eine geringere Schulausbildung verfügen, intellektuell überfordert sein, der Diskussion standzuhalten. Aber ihr Gefühl und vor allem ihre Erfahrung, die sich entweder nicht in rationalen Argumenten niederschlägt oder als Argument nicht formuliert werden kann, sagt ihnen, daß ihre Entscheidung die richtige ist[24]. Man wird also bei Lichte besehen dem „Leitbild" des § 1626 Abs. 2 Satz 2 BGB einen hohen pädagogischen Impetus be-

---

[21] *U. Diederichsen*, in: Palandt, Bürgerliches Gesetzbuch, Kommentar, 40. Aufl. 1981, § 1626 Erl. 5 a.

[22] So der *Abg. Engelhard* (Nachweise bei *D. V. Simon*, Essener Gespräche 14 (1980), S. 139 Fußnote 35).

[23] So die Charakterisierung bei *U. Diederichsen*, in: Palandt, Bürgerliches Gesetzbuch, Kommentar, 40. Aufl. 1981, § 1626 Erl. 5 a.

[24] Vgl. insoweit eindrucksvoll den Diskussionsbeitrag von *Philippi*, in: Essener Gespräche 14 (1980), S. 161, der seine Stimme aus „der Sicht eines praktizierenden Vaters und eines Lehrers der praktischen Theologie" erhebt.

scheinigen können, aber nicht unbedingt Lebensnähe. Auch wer den Erziehungsstil des § 1626 Abs. 2 Satz 2 BGB für den einzig optimalen hält, wird sich als praktizierender Elternteil doch die Frage stellen müssen, wielange er denn in einem Konfliktfall oder bei einer Meinungsverschiedenheit mit seinem Kind diskutieren muß, was nebenbei bemerkt wiederum nicht nur eine Frage des Zeitbedarfs, sondern auch erzieherischer Opportunität ist. Die Familie ist weder eine Mikro-Demokratie noch ein Parlament; und nicht einmal dort geht alles rational zu, nicht einmal dort ist durchweg ein argumentativer Stil erkennbar. Für den unbefangenen Betrachter erscheint § 1626 Abs. 2 Satz 2 BGB in bemerkenswerter Weise „kopflastig". „Erziehung" erscheint nach dieser Vorschrift als „rationaler Prozeß", in welchem das Argument dominiert. Daß Erziehung *nicht nur* eine Sache des Verstandes ist, bleibt offenbar unbedacht. Insoweit kristallisiert sich in § 1626 Abs. 2 BGB ein utopischer Rationalismus, der mit der auch in anderen Politikbereichen (z. B. der Planung) herrschenden Wissenschaftsgläubigkeit durchaus auf einer Linie gesehen werden muß.

Insgesamt wird man feststellen müssen, daß § 1626 Abs. 2 Satz 2 BGB den Zeitgeist der siebziger Jahre atmet und normativ einfriert[25] — den Zeitgeist der Demokratisierung und der „Rationalisierung". Mag über den Inhalt der Erziehungsmaximen des § 1626 Abs. 2 Satz 2 BGB auch heute noch so breites Einverständnis bestehen, eines scheint mir sicher zu sein: es ist ungewiß, wie die Erziehergeneration des Jahres 2000 über den Erziehungsstil denken wird. Und gleichgültig, wie sie darüber denkt, wird auch sie wiederum, wie der Gesetzgeber der siebziger Jahre, *ihre* Erziehungsmethode für die einzig richtige halten, so wie dies auch jeder verantwortungsbewußte Elternteil immer getan hat. Tempora mutantur et nos mutamur in illis! Die zeitliche und ideologische Relativität von Erziehungsstilen, denen nicht das Etikett der Sittenwidrigkeit oder des Erziehungsmißbrauchs aufgedrückt werden kann, verbietet es dem Gesetzgeber, sich der Erziehungsmethoden normativ anzunehmen. Der Gesetzgeber, d. h. die (repräsentative) Mehrheit hat zum Erziehungsstil zu schweigen.

Was in § 1626 Abs. 2 BGB verordnet wird, erscheint uns, den Erziehern der 70er und sicher auch (noch) der 80er Jahre, vernünftig. Aber was vernünftig ist, ist nicht ohne weiteres auch rechtsverbindlicher Verfassungsgehalt des Art. 6 Abs. 2 Satz 1 GG. Der einfache Gesetzgeber hat, da Art. 6 Abs. 2 GG keinen Gesetzesvorbehalt aufweist, keine andere Aufgabe als die, den Verfassungsgehalt konkret auszuprägen. Mit § 1626 Abs. 2 BGB hat er diese Befugnis überschritten. § 1626 Abs. 2

---

[25] Vgl. auch *U. Diederichsen*, in: Palandt, Bürgerliches Gesetzbuch, Kommentar, 40. Aufl. 1981, § 1626 Erl. 5 a; ders., NJW 1980, S. 1 ff. (3).

Satz 2 BGB ist deshalb wegen Verstoßes gegen Art. 6 Abs. 2 Satz 1 GG verfassungswidrig[26].

d) Verfassungskonforme Auslegung

Soweit § 1626 Abs. 2 Satz 2 BGB für verfassungsrechtlich bedenklich erachtet wird, wird zum Teil geltend gemacht, diese Gesetzesvorschrift sei im Wege einer verfassungskonformen Auslegung vor dem Verdikt der Verfassungswidrigkeit zu bewahren[27].

Der Gedanke der verfassungskonformen Auslegung dient als Auslegungsprinzip der Erhaltung und Bewahrung des im Gesetz zum Ausdruck kommenden legislativen Willens[28]. Er kommt zum Tragen, wenn ein Gesetz mehrdeutig ist. Werden bei unklarer Gesetzesfassung mehrere Auslegungen vertreten, so ist das Gesetz allein im Sinne derjenigen Auslegungsvariante anzuwenden, die sich mit den Grundsätzen der Verfassung vereinbaren läßt. Andere aufgrund der Gesetzesfassung denkbare, aber inhaltlich mit den Prinzipien nicht zu vereinbarende Auslegungsvarianten scheiden deshalb aus.

Für eine solche verfassungskonforme Auslegung fehlt es schon an der Mehrdeutigkeit des Gesetzestextes. Damit ist nicht gemeint, daß § 1626 Abs. 2 Satz 2 BGB nicht verschiedenen Ausdeutungen Raum gäbe. Entscheidend ist im vorliegenden Zusammenhang, daß diese Gesetzesvorschrift, wie man sie auch en detail verstehen mag, jedenfalls stets den Erziehungsstil betrifft, dieser Erziehungsstil aber zu jenen Gegenständen gehört, die gem. Art. 6 Abs. 2 Satz 1 GG für den Gesetzgeber tabu sind.

---

[26] Ebenso im Ergebnis: W. *Schmitt Glaeser*, Das elterliche Erziehungsrecht in staatlicher Reglementierung, 1980, S. 65; verfassungsrechtliche Bedenken äußern ferner U. *Diederichsen*, in: Palandt, Bürgerliches Gesetzbuch, Kommentar, 40. Aufl. 1981, § 1626 Erl. 5 a; *ders.*, Die Neuregelung des Rechts der elterlichen Sorge, NJW 1980, S. 2 f.; F. W. *Bosch*, FamRZ 1980, S. 748; ferner von den Diskutanten bei den Essener Gesprächen 14 (1980): V. M. *Lissek* (S. 147 f.); *Chr. Starck* (S. 151 f.); zweifelnd bezüglich § 1626 Abs. 2 Satz 2 BGB: E.-W. *Böckenförde* (S. 157); kritisch auch H.-W. *Strätz*, FamRZ 1975, S. 541 ff. (549).

[27] Vgl. z. B. H.-U. *Erichsen*, in: Essener Gespräche 14 (1980), S. 163.

[28] Vgl. BVerfGE 2, 266 (282); 19, 1 (5), ständige Rechtsprechung; *Bender*, Inhalt und Grenzen des Gebots der verfassungskonformen Auslegung, MDR 1959, S. 441 ff.; *Schack/Michel*, Die verfassungskonforme Gesetzesauslegung, JuS 1961, S. 269 ff.; H. *Spanner*, Die verfassungskonforme Auslegung in der Rechtsprechung des Bundesverfassungsgerichts, AöR 91 (1966), S. 503 ff.; H. *Bogs*, Die verfassungskonforme Auslegung von Gesetzen, 1966; J. *Burmeister*, Die Verfassungsorientierung der Gesetzesauslegung (Verfassungskonforme Auslegung oder vertikale Normendurchdringung), 1966; K. *Hesse*, Grundzüge des Verfassungsrechts der Bundesrepublik Deutschland, 12. Aufl. 1980, S. 31 ff.

Demnach ist also festzuhalten, daß eine verfassungskonforme Auslegung des § 1626 Abs. 2 Satz 2 BGB ausscheidet[29].

3. Zur Eingriffsschwelle für staatliche Maßnahmen

Ein weiterer „neuralgischer Punkt" der Reform der elterlichen Sorge war die Umschreibung des Tatbestandes für ein Eingreifen des Staates in die elterliche Erziehung[30]. Eine solche Tatbestandsfixierung läßt sich nur durch eine wie auch immer geartete Generalklausel bewältigen. Mit dieser unbestrittenen Feststellung ergibt sich die unvermeidbare Konsequenz, daß die Hauptlast und Hauptverantwortung für die präzise Lokalisierung der Eingriffsschwelle im Einzelfall der richterlichen Gewalt überantwortet wird. Angesichts der Interpretations- und Anwendungsoffenheit von Generalklauseln kann deshalb deren Ausgestaltung kaum *mehr* leisten als die Vermittlung grober Richtungsangaben für die Rechtspraxis. Dies ist angesichts eines Verlustes an Konsens in Erziehungsfragen unter dem Gesichtspunkt des rechtsstaatlichen Grundsatzes der Rechtssicherheit in besonderem Maße problematisch und bedenklich.

a) Inhalt der Neuregelung des § 1666 Abs. 1 BGB

Die hier interessierende neugefaßte Vorschrift des § 1666 Abs. 1 Satz 1 BGB lautet wie folgt:

> „Wird das körperliche, geistige oder seelische Wohl des Kindes durch mißbräuchliche Ausübung der elterlichen Sorge, durch Vernachlässigung des Kindes, durch unverschuldetes Versagen der Eltern oder durch das Verhalten eines Dritten gefährdet, so hat das Vormundschaftsgericht, wenn die Eltern nicht gewillt oder nicht in der Lage sind, die Gefahr abzuwenden, die zur Abwendung der Gefahr erforderlichen Maßnahmen zu treffen."

Diese Gesetzesbestimmung enthält eine Anhäufung von unbestimmten Rechtsbegriffen, die der inhaltlichen Ausdeutung und der Zuordnung zueinander bedürfen. Im Mittelpunkt der Vorschrift steht das „Wohl des Kindes". Dieses „Wohl des Kindes" muß „gefährdet" sein, wenn überhaupt eine staatliche Eingriffsmaßnahme in Betracht kommen soll. Darüber hinaus listet § 1666 Abs. 1 Satz 1 BGB vier Ursachen auf, durch die die „Gefährdung des Wohls des Kindes" herbeigeführt worden sein muß:

— „mißbräuchliche Ausübung der elterlichen Sorge",

— „Vernachlässigung des Kindes",

---

[29] Ebenso im Ergebnis: *W. Schmitt Glaeser*, Das elterliche Erziehungsrecht in staatlicher Reglementierung, 1980, S. 65.

[30] *D. V. Simon*, Die Reform des Rechts der elterlichen Sorge, in: Essener Gespräche zum Thema Staat und Kirche 14 (1980), S. 134.

— „unverschuldetes Versagen der Eltern",
— „Verhalten eines Dritten".

Es kann im folgenden nicht darum gehen, die Vorschrift des § 1666 Abs. 1 Satz 1 BGB eingehend zu kommentieren. Ein solches Unternehmen wäre ohne Rückgriff auf die bereits vorliegende umfangreiche Rechtspraxis zu § 1666 BGB a. F. nicht möglich; es ist dies auch nicht Aufgabe einer verfassungsrechtlichen Betrachtung. Die folgenden Überlegungen gehen vielmehr nur der Frage nach, welche Änderungen die Neuregelung des § 1666 Abs. 1 Satz 1 BGB gebracht hat und wie sich diese Änderungen im Spiegel der Verfassung darstellen.

Gegenüber der früheren Rechtslage sind zwei wesentliche Änderungen zu verzeichnen. Zum einen ist das Erfordernis des Verschuldens entfallen. Nach früherem Recht war neben „Mißbrauch" und „Vernachlässigung des Kindes" als dritter Gefährdungstatbestand vorgesehen, daß sich ein Elternteil „eines ehrlosen oder unsittlichen Verhaltens schuldig" macht; an die Stelle dieser Gefährdungsursache ist das „unverschuldete Versagen der Eltern" getreten. Zum andern ist ein weiterer Gefährdungstatbestand hinzugekommen, nämlich „das Verhalten eines Dritten".

b) *Wegfall des Erfordernisses des Verschuldens als Eingriffsvoraussetzung*

Der Wegfall der Verschuldensschwelle ist bereits im Jahre 1967 vom Bundesrat gefordert worden[31]. Die richterliche Praxis hat schon nach altem Recht zum Teil das Verschuldenserfordernis durch die Annahme entsprechender Schuldvermutungen und Schuldfiktionen entwertet[32]. Der Schritt zum Wegfall des Verschuldens bedeutet danach keine umwälzende Neuerung, aber unzweifelhaft eine Erweiterung der staatlichen Eingriffsbefugnis.

Lüderitz hat in eindrucksvoller Weise an einschlägigen Entscheidungen vorgeführt, welche praktischen Konsequenzen sich aus einer *Objektivierung* der Eingriffsschwelle einerseits und einer *Subjektivierung* der Eingriffsschwelle andererseits ergeben. Wird auf der einen Seite der Eingriffstatbestand auf das „Wohl des Kindes" reduziert, also „objektiviert", so führt ein solches „modernes, allein am Kindeswohl orientiertes Denken leicht zu wirklicher Klassenjustiz (die der Oberschicht angehörenden Pflegeeltern fördern die Entfremdung, setzen damit die Ursache für Umstellungsschwierigkeiten und bedienen sich im Herausgabe-

---
[31] BTDrucks. 5/2370 S. 104.
[32] Vgl. *D. V. Simon*, Die Reform des Rechts der elterlichen Sorge, in: Essener Gespräche 14 (1980), S. 291; *A. Lüderitz*, Elterliche Sorge als privates Recht, AcP 78 (1978), S. 290.

streit günstiger Sachverständiger)"[33]. Werden andererseits staatliche Eingriffsmaßnahmen von einem subjektiven Fehlverhalten der Eltern abhängig gemacht, so kann das Kindesinteresse schnell ins Hintertreffen geraten.

Betrachtet man das Verschuldenserfordernis aus verfassungsrechtlicher Sicht, so ergibt sich die Feststellung, daß der Wegfall des Verschuldens unter dem Gesichtspunkt des Treuhand-Gedankens konsequent und systemgerecht erscheint. Ist nämlich das elterliche Erziehungsrecht — zumindest in erster Linie — ein dienendes Grundrecht und als solches eher Grund*pflicht* als Grund*recht*[34], so ist die dominierende Orientierung der elterlichen Erziehung am Kindeswohl die logische Folge dieser Deutung. Dementsprechend ist auch der „verfassungsrechtliche Sinn" des staatlichen Wächteramtes nach Art. 6 Abs. 2 Satz 2 GG so verstanden worden, daß es dem Staat obliegt, „objektive Verletzungen des Wohles des Kindes zu verhüten unabhängig von einem Verschulden der Eltern"[35]. Es entspricht dem Gedanken der Systemgerechtigkeit, wenn zusätzlich darauf hingewiesen wird, daß personenrechtliche Beziehungen grundsätzlich der (systematisch) falsche Ort für ein „Denken in Schuldzusammenhängen" seien[36].

Schwierigkeiten, auch verfassungsrechtlicher Art, ergeben sich beim Wegfall des Verschuldenserfordernisses jedoch dann, wenn man dem elterlichen Erziehungsrecht mit nicht unerheblichem Akzent eine „eigennützige" Komponente zuspricht, wie dies namentlich *Lüderitz* getan hat[37]. Der Verlust eines „eigennützigen" Grundrechts kann nicht schlicht mit dem Hinweis auf in der Sache vergleichbare Fälle des einfachen Rechts abgetan werden[38]. Vielmehr ist zumindest ein plausibler und dringlicher, allgemein einleuchtender Grund vonnöten[39].

Im Schrifttum ist verschiedentlich die Meinung vorgetragen worden, daß der Eingriffstatbestand in irgendeiner Weise einen Bezug auch zu den Eltern haben müsse und nicht ausschließlich am Kindeswohl orientiert werden dürfe. Diesen Bezug glaubte man mit dem Kriterium der „objektiven Pflichtwidrigkeit" im Eingriffstatbestand festlegen zu können[40]. Solche Forderungen werden aber nicht im Namen des Art. 6

---

[33] *A. Lüderitz*, wie vorige Fußnote, S. 293.
[34] Vgl. oben Zweites Kapitel, IV. 2.
[35] *BVerfGE* 10, 59 (84).
[36] So *A. Lüderitz*, Elterliche Sorge als privates Recht, AcP 178 (1978), S. 293.
[37] Vgl. oben Zweites Kapitel, IV. 4.
[38] So aber *A. Lüderitz*, Elterliche Sorge als privates Recht, AcP 178 (1978), S. 293.
[39] Dies ist für § 1667 BGB, auf den *A. Lüderitz* (wie vorige Fußnote) verweist, der Fall.

Abs. 2 Satz 1 GG als verfassungsnotwendig erhoben, sondern sind eher Vorschläge de lege ferenda, die im freien Ermessen des einfachen Gesetzgebers liegen.

Allen vorgenannten Bemühungen einer Verankerung von Tatbestandselementen, die das Elternverhalten berücksichtigen, im Eingriffstatbestand des § 1666 BGB beruhen auf der Sorge, daß eine Reduzierung der Eingriffsschwelle auf das „Kindeswohl" letztlich die Maßstablosigkeit des staatlichen Wächteramtes bedeutet und damit das Einfallstor für eine Ideologisierung des Kindes und der Familie[41]. Es geht also praktisch um die Bewahrung des elterlichen Primates in Erziehungsfragen.

Nach der bisherigen Rechtslage waren solche auf Bewahrung gerichteten Tatbestandselemente, die zum Kindeswohl hinzutraten, vorhanden. „Rechtsmißbrauch" und „Vernachlässigung des Kindes" sind auch heute noch zusätzliche Tatbestandselemente, die die staatliche Eingriffsschwelle bestimmen und die als Maßstäbe verfassungsrechtlich unproblematisch sind. Da aber beide Tatbestandselemente wiederum am Kindeswohl zu orientieren sind, erscheint ihre selbständige Bedeutung relativiert. Der neue Tatbestand des „unverschuldeten Versagens der Eltern" erweitert diese Relativierung. Denn wenn er als „Auffangtatbestand"[42] fungiert, macht er das Vorhandensein und die Prüfung von „Rechtsmißbrauch" oder „Vernachlässigung des Kindes" entbehrlich. Der Versuch, dem Eingriffstatbestand trotz der Erweiterung auf den Fall des „unverschuldeten Versagens der Eltern" festere Konturen zu geben, erscheint lediglich durch das auch den beiden vorangehenden Tatbestandsvarianten („Rechtsmißbrauch", „Vernachlässigung") inhärente Merkmal der *Evidenz* möglich. Ob eine solche Auslegung des § 1666 BGB sogar als verfassungskonforme Auslegung geboten ist[43], dürfte ebenso zweifelhaft sein wie die durchgreifende Wirksamkeit des Evidenzkriteriums[44]. Aus dem Grundgesetz lassen sich solche Nuancierungen wohl nicht unmittelbar als verfassungsgeboten ableiten.

c) „Verhalten Dritter" als Eingriffsgrund

Die Abkoppelung des Eingriffstatbestandes vom Elternverhalten scheint mit dieser Eingriffsalternative auf die Spitze getrieben zu sein.

---
[40] Vgl. in diesem Sinne *M. Hinz*, Kindesschutz als Rechtsschutz und elterliches Sorgerecht, 1976; *G. Beitzke*, Nochmals zur Reform des elterlichen Sorgerechts, FamRZ 1979, S. 8 ff. (9), mit weiteren Nachweisen.
[41] Deutlich ausgesprochen bei *U. Diederichsen*, Zur Reform des Eltern-Kind-Verhältnisses, FamRZ 1978, S. 461 ff. (468) mit Belegen.
[42] So *U. Diederichsen*, in: Palandt, Bürgerliches Gesetzbuch, Kommentar, 40. Aufl. 1981, § 1626, Erl. 5 a) cc).
[43] So *U. Diederichsen*, wie vorige Fußnote.
[44] Dazu oben Zweites Kapitel, IV. 7.

Bei näherem Zusehen ergibt sich jedoch ein anderes Bild. Die Regelung zielt z. B. ab auf Pflegeeltern, auf die die Eltern keinen Einfluß nehmen können, oder auf den Stiefvater und die Stiefmutter, mit denen das Kind zusammenlebt[45].

Entscheidend ist, daß der staatliche Eingriff erst dann erfolgen darf, „wenn die Eltern nicht gewillt oder nicht in der Lage sind, die Gefahr abzuwenden". Auf diese Weise werden der Vorrang des elterlichen Erziehungsrechts und die Subsidiarität des staatlichen Wächteramtes gewahrt.

II. Reform des Jugendhilferechts

1. Zum Inhalt und Stand der Reform

Die engagiert geführte Diskussion um die inhaltliche Ausprägung des elterlichen Erziehungsrechts, die schon im Zusammenhang mit der inzwischen abgeschlossenen und in Kraft getretenen Reform der elterlichen Sorge geführt worden ist, findet bei der Reform des Jugendhilferechts ihre Fortsetzung.

Die Reform des Jugendhilferechts hat bereits seit mehreren Legislaturperioden die parlamentarischen Instanzen beschäftigt und eine kaum mehr überschaubare Fülle von Entwürfen, Berichten, Gutachten, Stellungnahmen, Kritiken usw. hervorgebracht[46]. Aus der Gesetzgebungsgeschichte sind vier Dokumente von besonderer Bedeutung:

— der Entwurf eines Sozialgesetzbuches (SGB) — Jugendhilfe — *der Bundesregierung* vom 14. 2. 1979
  (BTDrucks. 8/2571);
— der Entwurf eines Gesetzes zur Verbesserung der Jugendhilfe *des Bundesrates* vom 10. 8. 1979
  (BTDrucks. 8/3108);
— Beschlußempfehlung des Ausschusses für Jugend, Familie und Gesundheit (13. Ausschuß)
  (BTDrucks. 8/4010);
— Entwurf eines Sozialgesetzbuches (SGB) — Jugendhilfe — in der vom Deutschen Bundestag in seiner 219. Sitzung am 23. Mai 1980 angenommenen Fassung
  (BRDrucks. 287/80).

---

[45] Vgl. *G. Beitzke*, Nochmals zur Reform des elterlichen Sorgerechts, FamRZ 1979, S. 8 ff. (9).
[46] Vgl. aus jüngerer Zeit *R. Wiesner*, Elternrecht, Jugendhilfe und die Stellung des jungen Menschen. Zu den Gesetzentwürfen über die Reform des Jugendhilferechts, ZRP 1979, S. 285, mit zahlreichen Nachweisen.

Aus den vorangenannten Dokumenten wird zugleich ein wesentlicher Teil der letzten Wegstrecke deutlich, die die Reform der Jugendhilfe genommen hat. Sie ist gediehen bis zu einem Gesetzesbeschluß des Bundestages. Der Bundesrat hat sodann dem zustimmungsbedürftigen Gesetz seine Zustimmung verweigert. Zu einem Vermittlungsverfahren ist es in der Endphase der 8. Legislaturperiode (Sommer 1980) nicht mehr gekommen. In der 9. Legislaturperiode ist der Gesetzentwurf bislang (noch) nicht wieder neu eingebracht worden.

Im folgenden sollen angesichts der begrenzten Zielsetzung dieser Untersuchung nur jene Partien der Jugendhilfereform in den Blick genommen werden, die unter dem Gesichtspunkt des elterlichen Erziehungsrechts in besonderem Maße relevant erscheinen. Dabei soll von jenem Entwicklungszustand der Reform ausgegangen werden, den sie in dem Gesetzesbeschluß des Bundestages vom 23. Mai 1980 gefunden hat.

Die konträren Positionen und „heißen Eisen" der Reform sind in der zweiten Lesung des Gesetzentwurfs im Bundestag nochmals sehr deutlich geworden[47]. Die einen sehen den Sinn der Reform der Jugendhilfe zuallererst in einer notwendigen Verstärkung der Rechtsstellung des „jungen Menschen", die anderen befürchten oder konstatieren die „Vergesellschaftung und Teilverstaatlichung der Erziehung"[48] auf Kosten der Familie und des elterlichen Erziehungsrechtes. Aus juristischer Sicht gewinnt erneut Art. 6 GG eine zentrale Bedeutung. Gegen einzelne Regelungen sind verfassungsrechtliche Bedenken angemeldet worden[49]. — Die folgende Skizze betrifft ausschließlich und allein diesen Punkt. Das politische Für und Wider der Reform muß beiseite bleiben. Es geht nur darum, inwieweit die legislative Gestaltungsfreiheit, der politische Wille des Gesetzgebers, durch verfassungsrechtliche Bindungen aus Art. 6 GG eingeschränkt ist.

2. Einige umstrittene Einzelfragen

a) Eingriff und Leistung

Das Reformwerk des Jugendhilferechts sieht eine Vielfalt von staatlichen Förderungsleistungen und Hilfen zur Erziehung vor. Sie werfen als erstes die Frage nach der Legitimation des Staates zu solchen Aktivitäten auf. Zum Teil lassen sich die Maßnahmen auf das grundgesetzlich etablierte staatliche Wächteramt des Art. 6 Abs. 2 Satz 2 GG stützen. Davon abgesehen ist es keine Frage, daß der Staat grundsätzlich seinen

---
[47] Vgl. Deutscher Bundestag — 8. Wahlperiode — 219. Sitzung vom 23. Mai 1980, 17 632 ff.
[48] So *Abg. Stark* (Nürtingen) (CDU/CSU), wie vorige Fußnote, 17 647 A.
[49] Vgl. etwa *H. Lecheler*, Der Schutz der Familie, FamRZ 1979, S. 7 f.

Bürgern „Leistungen" erbringen kann, wenn er sie politisch für opportun oder gar geboten erachtet. Die Darbietung staatlicher Leistungen ihrerseits scheint grundrechtsindifferent zu sein und allenfalls unter dem Aspekt der Gleichbehandlung nach Art. 3 GG verfassungsrechtliche Probleme aufzuwerfen. So wird denn auch im Schrifttum die Akzentverlagerung vom „Eingriff" auf die „Leistungen" als ein die Jugendhilfereform kennzeichnendes Merkmal betont, überdies mit dem allgemeinen Wandel des Staatsverständnisses vom liberalen Sicherheitsstaat zum sozialen Rechtsstaat in Zusammenhang gebracht und gelegentlich mit der zusätzlichen Bemerkung und Schlußfolgerung versehen, daß der Staat im Bereich der Leistungsverwaltung verfassungsrechtlich „freier" dastehe als im Bereich der Eingriffsverwaltung[50].

Eine solche Argumentation ist im Grundsatz nicht zu beanstanden, aber unter mehreren Aspekten problematisch. Zum einen ist im Sozialstaat der Gegenwart, der auf alle Bereiche menschlichen Zusammenlebens regelnd und ordnend zugreift, der „Eingriff" als Kategorie juristischer Betrachtung fragwürdig geworden[51].

Zum andern, und dies ist im vorliegenden Zusammenhang der wesentliche Aspekt, gilt die Feststellung als „trivial", daß „aufgedrängten Leistungen die Rechtsform grundrechtlicher Eingriffe zukommen kann"[52]. Dies ist unmittelbar einleuchtend, wenn der Staat dem Bürger eine „Leistung" auf *die* Weise „aufdrängt", daß er sie ihm normativ verordnet (z. B. Impfzwang). Doch wissen wir aus dem Subventionswesen und dem Bereich der Planung, daß die staatliche vis directa, also die herkömmliche (frontale) Eingriffsstruktur durch subtilere Formen staatlicher Ingerenz aufgelöst wird. Hoheitlicher (normativer) Zwang wird durch Kooperation, Versprechung, Überredung, Verlockung, Verführung, Appell, Prämien, Anreize, Angebote aber auch Drohungen ersetzt. Die vis indirecta hat die vis directa weitestgehend abgelöst[53].

Im „Zeitalter der Psychologie und Werbung" wissen wir auch, daß ein solcher indirekter Zwang geheimer und vor allem unwiderstehlicher sein kann als ein normativer Zwang. Für den Bereich der Erziehung bedeutet dies, daß staatliche „Angebote" in ihrer Fülle und Vielfalt „die Familie geradezu umlagern und bedrängen" und auf diese Weise einen „Eingriffseffekt" zeitigen können[54].

---
[50] Vgl. etwa R. *Wiesner,* Elternrecht, Jugendhilfe und die Stellung des jungen Menschen, ZRP 1979, S. 285 ff. (286 ff.).
[51] Vgl. *BVerfGE* 40, 237 (249).
[52] Vgl. D. *Wilke,* Zeugnisreform und Erziehungsreform, 1980, S. 33 (z. B. Impfzwang, Unterbringung in einer Heilanstalt).
[53] Vgl. F. *Ossenbühl,* Welche normativen Anforderungen stellt der Verfassungsgrundsatz des demokratischen Rechtsstaates an die planende staatliche Tätigkeit, dargestellt am Beispiel der Entwicklungsplanung?, Gutachten B zum 50. Deutschen Juristentag, 1974, S. 197.

Diese Hinweise dürfen nicht als Plädoyer gegen ein staatliches Engagement in der Familien- und Jugendpolitik mißverstanden werden. Sie sollen aber klarmachen, daß die überkommenen Kategorien von „Eingriff" und „Leistung" im gegenwärtigen Verfassungsrecht ihre systemprägende Kraft weitestgehend eingebüßt haben. Die pauschale These, es handele sich um ein „Leistungsgesetz", kann deshalb eine genaue verfassungsrechtliche Prüfung nicht erübrigen. Vor allem ist die Grundrechtstheorie heute sensibel geworden dafür, daß staatliche Eingriffe in die Freiheitssphäre des Bürgers nicht nur mittels Rechtsnormen geschehen, die man im Gesetzblatt nachlesen kann, sondern daß sich solche Eingriffe vor allem auch als „unmittelbare Auswirkungen" faktischen Hoheitshandelns erweisen können.

b) *Prinzip der Freiwilligkeit*

Die vorstehenden Überlegungen sind von unmittelbarer Bedeutung für die Ausgestaltung und die Praktizierung staatlicher Förderungsleistungen im Erziehungsbereich. Wenn solche Maßnahmen nicht (schon) durch das staatliche Wächteramt gem. Art. 6 Abs. 2 Satz 2 GG, welches auch präventive Maßnahmen einschließt, gedeckt sind, dürfen sie jedenfalls nicht die Grenze zur „aufgedrängten Leistung" überschreiten, die nicht mehr innerlich frei ausgeschlagen werden kann und demgemäß faktisch in das elterliche Bestimmungsrecht manipulierend überwirkt.

Dies ist zu beachten bei der Ausgestaltung des Prinzips der Freiwilligkeit im Jugendhilferecht. Ob Freiwilligkeit in psychologischen Zwang umschlägt, ist allerdings kein Problem der normativen Ebene, sondern des faktischen Gesetzesvollzugs. Psychologischer Zwang kann in der Norm keinen Ausdruck finden. Deshalb ist es verständlich, daß der vorgenannte Aspekt bei den Gesetzesberatungen offenbar keine Rolle gespielt hat.

Das Prinzip der Freiwilligkeit ist insbesondere unter dem Gesichtspunkt gesehen worden, ob der Staat einem Minderjährigen „Erziehungsleistungen" auch gegen oder ohne den Willen der Eltern gewähren kann. Aus dem Blickpunkt des elterlichen Erziehungsrechts ist dies auch in der Tat die Gretchenfrage an das Reformwerk.

c) *Zum Antragsrecht des Jugendlichen*

Die Jugendhilfereform sieht vor, daß auch ein Jugendlicher (14—18 Jahre) beim Jugendamt Anträge auf Leistungen stellen und verfolgen kann. Das Jugendamt hat den Personensorgeberechtigten jedoch über

---

[54] Vgl. *J. Isensee*, in: Essener Gespräche zum Thema Staat und Kirche 14 (1980), S. 153 (Diskussionsbeitrag).

den Antrag zu unterrichten. Der Personensorgeberechtigte kann den Antrag jederzeit zurücknehmen[55].

Gegen eine solche Regelung wird eingewendet, sie habe notwendig eine Einmischung Dritter in die Familie zur Folge. Jede Einmischung Dritter in innerfamiliäre Auseinandersetzungen könne den Erziehungsprozeß beeinträchtigen und den Erziehungskonflikt ausweiten. — Solche Befürchtungen mögen sich im Einzelfall bestätigen; sie mögen auch familien*politisch* ihr Gewicht haben. Verfassungs*rechtlich* wird man das Antragsrecht des Jugendlichen nur dann verwerfen können, wenn das elterliche Erziehungsrecht normativ beschränkt oder doch faktisch unzulässig eingeengt wird. Da die mitgeteilte Regelung die Letztentscheidung über den Antrag beim Personensorgeberechtigten beläßt, wird man eine solche „Grenzüberschreitung" des Gesetzgebers nicht annehmen können.

Das staatliche Wächteramt umfaßt, wie schon dargetan, auch die Prävention und Information. Die Information gehört zum schwierigsten Problem. Und dieses Problem wird um so schwieriger, je hermetischer die Familie nach außen abgeriegelt wird. Das Antragsrecht des Jugendlichen weist einen Weg, auf dem das Problem der Information gelöst werden kann. Das (abstrakte) gesetzlich gewährte Antragsrecht des Jugendlichen mit den vorgesehenen Einschränkungen bewahrt den Primat des elterlichen Erziehungsrechts. Wenn es soweit kommt, daß ein Jugendlicher zum Jugendamt geht und einen Antrag stellt, dürfte nach der Lebenserfahrung ohnehin schon der Fall eines Erziehungsversagens naheliegen. Das Antragsrecht geht nebenbei bemerkt nicht wesentlich über das hinaus, was gegenwärtig geltendes und unangefochtenes Recht ist: der Jugendliche kann sich (faktisch) jederzeit an das Jugendamt wenden, das seinerseits den Jugendlichen anzuhören hat und ggf. von Amts wegen tätig werden muß[56].

d) Zur Beratung von Minderjährigen

Ein weiteres, umstrittenes Problem ist die Frage, ob der Staat einem Minderjährigen Erziehungsberatung auch ohne Zustimmung des Personensorgeberechtigten gewähren kann.

In § 7 Abs. 1 Satz 3 des Regierungsentwurfs war dazu folgende Regelung vorgesehen: „Dient die Beratung eines Minderjährigen der kurzfristigen Lösung einer akuten Konfliktsituation, so kann im Einzelfall auf die Einholung der Zustimmung verzichtet werden." Im Gesetzbeschluß des Bundestages ist daraus entsprechend dem Vorschlag des Ausschusses für Jugend, Familie und Gesundheit in § 6 Abs. 1 Satz 3 folgende

---

[55] § 6 Abs. 3 des verabschiedeten Gesetzentwurfs (BRDrucks. 287/80).
[56] Sog. „Anregungsrecht"; vgl. ferner schon § 36 Abs. 1 SGB — AT.

Fassung geworden: „Wenn und solange der mit der Beratung bezweckte Erfolg gefährdet würde und dadurch ein schwerer Nachteil für das Wohl des Minderjährigen zu besorgen wäre, kann ausnahmsweise auf die Einholung der Zustimmung verzichtet werden."

Die Fassung des Regierungsentwurfs ist sicher verfassungsrechtlich unproblematisch, weil sie durch die eng formulierten Voraussetzungen die zustimmungsfreie Beratung auf den Fall eines persönlichen Notstandes des Minderjährigen beschränkt. Die im Gesetzesbeschluß gewählte Formulierung geht ersichtlich erheblich weiter, dürfte aber ebenfalls unbedenklich sein, wenn man sie restriktiv auslegt.

Fünftes Kapitel

Elternrecht und Schule — Grundlagen

I. Individuelles und kollektives Elternrecht

1. Anknüpfung für die Unterscheidung

Die bisherigen Überlegungen haben das Elternrecht als (individuelles) Grundrecht in den Zusammenhang der Familie als individueller Einheit gestellt. Aus dieser Sicht tritt der Staat als Passivlegitimierter in Erscheinung, gegen den das (Abwehr-)Grundrecht der Eltern auf Erziehung ihrer Kinder gerichtet ist. Der Staat kann in diesem Kontext nur die Rolle des „Wächters" für sich in Anspruch nehmen. Der Bereich der *häuslichen Erziehung* ist für den Staat pinzipiell tabu. Hier hat er keinen eigenen Erziehungsauftrag, sondern in erster Linie eine Verhinderungsfunktion im Falle des Rechtsmißbrauchs durch die Eltern.

Grundlegend anders liegen die Dinge hingegen im Bereich der *schulischen Erziehung*. Dort kommt dem Staat ein eigenes Erziehungsmandat zu, welches mit dem elterlichen Erziehungsrecht in Konkurrenz treten kann. Mit dem Besuch der Schule tritt das Kind, dem die elterliche Pflege und Erziehung gilt, aus der familiären Einheit in eine größere Gemeinschaft von Kindern ein, die der staatlichen Schulerziehung unterliegt. Die *individuelle* häusliche Erziehung gewinnt für das einzelne Kind durch die Aufnahme in eine Erziehungsgemeinschaft ein gewisses kollektives Moment, welches auch für die rechtliche Charakterisierung und Inhaltsbestimmung des Elternrechts maßgebliche Bedeutung gewinnt. Der Schüler kann nach wie vor *als einzelner* in *seinem* schulischen Werdegang und Schicksal betroffen werden, z. B. wenn es um seine (individuelle) Schullaufbahn geht oder um Schulstrafen, die (nur) ihn treffen, weil er als einzelner die innere Ordnung der Schule gestört hat. Daneben kann der Schüler aber auch als *Mitglied der Klassengemeinschaft oder der gesamten Schulgemeinschaft* (kollektiv) betroffen sein, wenn es um Regelungen oder Maßnahmen geht, die mehrere Schüler in gleicher Lage gleichmäßig angehen. Diese unterschiedlichen Betroffenheiten, Erziehungssituationen und -zusammenhänge sind der Anknüpfungspunkt für eine entsprechende Differenzierung in ein individuelles und ein kollektives Elternrecht.

I. Individuelles und kollektives Elternrecht

2. Besonderheiten und Unterschiede

Art. 6 Abs. 2 Satz 1 GG verbürgt, wie die bisherigen Ausführungen gezeigt haben, das Elternrecht als individuelles Grundrecht. Aus diesem individuellen Elternrecht resultieren Beteiligungsrechte im Bereich der Schule, soweit es um Angelegenheiten geht, die das Kind *als Einzelperson* betreffen (Schulaufnahme, Schulverweisung, Schullaufbahn, Fächerwahl etc.).

Angelegenheiten, die für *alle* Kinder einer Klasse oder Schule nur gemeinsam entschieden oder geregelt werden können (z. B. Verwendung von Schulbüchern, Verteilung der Unterrichtsstunden, Lernmethoden etc.), die also einer individuellen Regelung und Entscheidung von der Sache her unzugänglich sind, lassen unter Umständen eine Mitwirkung der Gesamtheit der betroffenen Elternschaft (als Klassen- oder Schulpflegschaft) zu. Entsprechende Mitwirkungsbefugnisse der Elternschaften sind Ausfluß des *kollektiven Elternrechts*. Einige Landesverfassungen haben solche Mitwirkungsbefugnisse ausdrücklich geregelt[1]. Beispielhaft ist die Regelung des Art. 56 Abs. 6 der Verfassung des Landes Hessen, in der es heißt: „Die Erziehungsberechtigten haben das Recht, die Gestaltung des Unterrichtswesens mitzubestimmen, soweit die Grundsätze der Absätze 2 bis 5 nicht verletzt werden"[2].

---

[1] Vgl. Art. 15 Abs. 2 LV BW; Art. 56 Abs. 6 LV Hessen; Art. 8 Abs. 1 und besonders Art. 10 Abs. 2 LV NRW; Art. 27 Abs. 1 und 2 LV Rheinland-Pfalz.

[2] Nach Auffassung des *HessStaatsGH* (NJW 1980, S. 2405) soll Art. 56 Abs. 6 HessVerf. ein „Grundrecht" gewähren, das sich als individuelles Recht einer kollektiven Ausübung entziehe. Der Gerichtshof hat deshalb dem auf der verfassungsrechtlichen Grundlage des Art. 56 Abs. 7 HessVerf. durch einfaches Gesetz eingerichteten Hessischen Landeselternbeirat die Befugnis zur Wahrnehmung der Rechte aus Art. 56 Abs. 6 HessVerf. abgesprochen. — Die Argumentation des Gerichtshofes ist jedoch in sich widersprüchlich und sie vermengt vor allem die scharfe Trennung zwischen individuellem und kollektivem Elternrecht. Art. 56 Abs. 6 HessVerf. scheidet als Grundlage für ein individuelles Eltern(Grund-)Recht schon deswegen aus, weil der Gegenstand, der in dieser Verfassungsvorschrift genannten Mitbestimmungsregelung („Gestaltung des Unterrichtswesens") sachbedingt nur kollektiv geregelt werden und nicht Inhalt einer individuellen Elternentscheidung sein kann. Mit Recht führt der Gerichtshof aus, daß ein Mitbestimmungsrecht im Sinne des Art. 56 Abs. 6 HessVerf. auf Landesebene (und nicht nur dort) nur „durch ein Vertretungsorgan der Erziehungsberechtigten" wahrgenommen werden könne. Wenn dies so ist, andererseits aber — wie der Gerichtshof ebenfalls ausdrücklich einräumt — individuelle Grundrechte nicht kollektiv ausgeübt werden können, dann führt eine Auslegung des Art. 56 Abs. 6 HessVerf. im Sinne eines „Individualgrundrechts" zur völligen oder doch teilweisen Funktionslosigkeit, nämlich Unvollziehbarkeit dieser Verfassungsbestimmung. In Wirklichkeit ist aber Art. 56 Abs. 6 HessVerf. Ausdruck des *kollektiven* Elternrechts, insoweit als „Gruppengrundrecht" interpretierbar, mit der weiteren Folge, daß die legitime Gruppenrepräsentation in Gestalt des Hessischen Landeselternbeirates dann auch in der Lage sein muß, die verfassungsrechtlich verbürgten Rechtspositionen vor dem Staatsgerichtshof geltend zu machen.

Die Mitbestimmungsbefugnisse sind durchweg in einfachen parlamentarischen Landesgesetzen konkret ausgeprägt.

3. System einer erzieherischen Gewaltenbalance

Die Frage, die sich im Zusammenhang einer Abhandlung stellt, welche das „elterliche Erziehungsrecht im Sinne des Grundgesetzes" zum Gegenstand hat, lautet dahin, ob Art. 6 Abs. 2 Satz 1 GG über seine ausdrückliche Verbürgung als *individuelles* Grundrecht hinausgehend auch Inhalte oder Direktiven impliziert, die eine *kollektive* Elternmitbestimmung im Schulbereich verfassungsrechtlich verankern. Diese Frage wird durchaus nicht einheitlich beantwortet[3].

Über einen Punkt besteht zunächst Einigkeit: Grundrechte als Individualpositionen können nicht auf Elternvertretungen delegiert werden. Individualgrundrechte lassen sich nicht repräsentieren, weil jede Repräsentation die individuelle Eigenbestimmung als Kern der Grundrechtsgewährleistung aufhebt und in eine Fremdbestimmung umwandelt[4]. Eltern können zwar ihre individuellen Erziehungsgrundrechte gemeinsam ausüben. Aber die individuellen Grundrechte können nicht gebündelt werden, um auf diese Weise zu einem eigenständigen kollektiven Eltern(grund-)recht zu mutieren. Dies widerspräche dem Wesen der Grundrechte schlechthin. Denn Grundrechte sind als Individualrechte Ausdruck des Minderheitenschutzes und deshalb einem Mehrheitsentscheid entzogen. Die Funktion der Grundrechtsverbürgung besteht gerade darin, sich gegen Mehrheitsentscheidungen (etwa in Gestalt von parlamentsbeschlossenen Gesetzen) durchzusetzen[5]. Dies gilt auch für Art. 6 Abs. 2 GG. „Das Grundrecht aus Art. 6 Abs. 2 GG ist ein Individualgrundrecht, das jedem Elternteil einzeln zusteht. Es kann nicht durch Mehrheitsbildung ausgeübt werden"[6].

Mit dem bisher Gesagten ist jedoch nur festgestellt, daß Art. 6 Abs. 2 Satz 1 GG neben dem Individualrecht *nicht* (auch noch) ein *kollektives* Elternrecht hergibt, sei es als selbständig hinzutretendes „Gruppengrundrecht", sei es als Surrogat für ein Bündel von Individualgrund-

---

[3] Vgl. z. B. einerseits *E.-W. Böckenförde*, Elternrecht, S. 91 ff.; andererseits *J. Isensee*, Demokratischer Rechtsstaat und staatsfreie Ethik, in: Essener Gespräche zum Thema Staat und Kirche 11 (1977), S. 114 ff.

[4] Vgl. *Chr. Starck*, Organisation des öffentlichen Schulwesens, NJW 1976, S. 1375 ff. (1379); *ders.*, Staatliche Schulhoheit, pädagogische Freiheit und Elternrecht, DÖV 1979, S. 269 ff. (275); *F. Ossenbühl*, Schule im Rechtsstaat, DÖV 1977, S. 801 ff. (806 f.); *E.-W. Böckenförde*, Elternrecht, S. 92; *W. Geiger*, Recht des Staates und Elternrecht, FamRZ 1979, S. 457 ff. (461).

[5] Vgl. *F. Ossenbühl*, Die Interpretation der Grundrechte in der Rechtsprechung des Bundesverfassungsgerichts, NJW 1976, S. 2100 ff. (2106).

[6] BVerfGE 47, 46 (76) (Sexualkunde).

rechten, die jedes für sich funktions- und wirkungslos wären. Elterliches Erziehungsgrundrecht und kollektives Elternrecht sind unvergleichbar und unvertauschbar. Defizite auf der individuellen Grundrechtsseite können nicht durch kollektive Mitbestimmungsbefugnisse kompensiert werden[7]. Wohl können kollektive Mitbestimmungsbefugnisse das individuelle elterliche Erziehungsrecht verstärken. Aber es wäre falsch, einem Verlust an Substanz des elterlichen Erziehungsrechts mit dem Hinweis auf eine erweiterte elterliche Mitbestimmung im Schulleben begegnen zu wollen.

Noch keineswegs ist jedoch damit die Frage nach den kollektivrechtlichen Gehalten des Art. 6 Abs. 2 Satz 1 GG erledigt. Denn es gilt heute als Allgemeingut der Verfassungsinterpretation, daß eine Grundrechtsvorschrift nicht nur subjektive Rechtspositionen verbürgt, sondern auch Institutionen gewährleistet, objektive Wertentscheidungen enthält und Direktiven und Maßstäbe für die Gestaltung der einfachen Rechtsordnung „ausstrahlt"[8]. Insoweit taucht die Frage auf, ob das Grundgesetz *verfassungsrechtliche* und das heißt verfassungs*wertige* und verfassungs*rangige* Vorgaben für eine kollektive Elternmitbestimmung im Schulbereich enthält, die ihrerseits beachtet sein wollen und den einfachen Gesetzgeber womöglich binden und zur Gesetzgebung verpflichten. Hier gehen allerdings die Meinungen auseinander, weniger im praktischen Ergebnis als in der prinzipiellen Fundierung des Problems.

Es ist leicht ersichtlich, daß die Einschaltung kollektiver Repräsentationsorgane der Elternschaft in den staatlichen Entscheidungsprozeß Fragen nach der „inneren Souveränität" des Staates, ja nach der „Staatlichkeit" der Schulhoheit schlechthin aufwirft. Aus diesem grundsätzlichen Blickwinkel kommt denn auch *Böckenförde* zu dem Urteil, die Übertragung von Entscheidungsrechten auf Elternvertretungen sei „nur ein weiterer Anwendungsfall der ‚Vergesellschaftung' des Staates und einer vorgeblichen Fundamentaldemokratisierung, die die Einheit der Staatsgewalt und ihren demokratischen Charakter auflöst"[9]. In der Tat leistet die „Einlagerung organisatorischer Teilhabeansprüche in die Grundrechte" einer „stufenweisen Vergesellschaftung des Staates" Vorschub[10]. Diese Gefahren sind auch in der bundesverfassungsgerichtlichen Rechtsprechung zuweilen nicht hinreichend beachtet und gewürdigt wor-

---

[7] Vgl. *H.-U. Erichsen*, Zum staatlich-schulischen Erziehungsauftrag und zur Lehre vom Gesetzes- und Parlamentsvorbehalt, VerwArch 1978, S. 387 ff. (390).

[8] Vgl. zu dieser „Ausstrahlungswirkung" *G. Roellecke*, Prinzipien der Verfassungsinterpretation in der Rechtsprechung des Bundesverfassungsgerichts, in: Festgabe Bundesverfassungsgericht, 1976, S. 22 ff. (34).

[9] *E.-W. Böckenförde*, Elternrecht, S. 92 mit Fußnote 154.

[10] *E.-W. Böckenförde*, Elternrecht, S. 93 mit Fußnote 159.

den[11]. Insbesondere macht sich, legitimiert durch den Gedanken des „vorverlegten Grundrechtsschutzes", eine Modewelle basisdemokratischer Bewegung breit, die ihrerseits eine Bewährungsprobe für das Repräsentativsystem des Grundgesetzes darstellt[12]. Solchen Bewegungen und Strömungen im Verfassungsrecht mag man und sollte man mit der gebotenen Skepsis und Kritik begegnen[13]. Andererseits läßt sich das Problem der elterlichen Mitbestimmung im Schulbereich nicht mit einigen Grundsatzbemerkungen zur Normallage des grundgesetzlichen Entscheidungssystems erledigen. Denn im Bereich des Erziehungswesens besteht — auch verfassungsrechtlich! — durchaus eine Sonderlage, die es zu beachten gilt. Diese Sonderlage ergibt sich u. a. aus der Eigenart der Erziehungsaufgabe. Insoweit führt das Bundesverfassungsgericht mit Recht aus, daß der staatliche Erziehungsauftrag auch „im Bereich der Schule" dem elterlichen Erziehungsrecht keineswegs vorgeordnet ist, geschweige denn dieses elterliche Erziehungsrecht verdrängt. Vielmehr ist die Erziehung eine *unteilbare* Aufgabe, an der mehrere *verfassungsrechtlich legitimierte* Erziehungsträger beteiligt sind: „zuvörderst" die Eltern (Art. 6 Abs. 2 Satz 1 GG), sodann der Staat (Art. 7 Abs. 1 GG), aber auch die Privatschulen (Art. 7 Abs. 4 GG) und die Kirchen (Art. 7 Abs. 3 GG)[14]. Diese Erziehungsträger wirken neben- und miteinander, ohne daß sich die Bestimmungs- und Entscheidungsräume stets scharf voneinander abgrenzen lassen. Dies gilt namentlich für den Bereich der Schule. „Die gemeinsame Erziehungsaufgabe von Eltern und Schule, welche die Bildung der *einen* Persönlichkeit des Kindes zum Ziele hat, läßt sich nicht in einzelne Kompetenzen zerlegen. Sie ist in einem sinnvoll aufeinander bezogenen Zusammenwirken zu erfüllen"[15].

Die Unteilbarkeit der Erziehungsaufgabe und die verfassungsrechtliche Institutionalisierung mehrerer Erziehungsträger konstituiert ein verfassungsrechtlich fundiertes *„System der erzieherischen Gewaltenbalance"*, welches die einseitige Präponderanz des staatlich-demokratischen Willensbildungsprozesses gegenüber dem elterlichen Mitbestimmungsrecht ausschließt[16]. Eine verfassungsgerecht ausgeprägte Schul-

---

[11] Vgl. zuletzt *BVerfG*, DÖV 1980, 299 (KKW Mülheim-Kärlich), insbesondere das Sondervotum von *H. Simon* und *H. Heußner;* dazu *F. Ossenbühl*, Kernenergie im Spiegel des Verfassungsrechts, DÖV 1981, S. 1 ff.

[12] Vgl. *K. Stern*, Staatsrecht I, 1977, S. 477.

[13] Vgl. z. B. *F. Ossenbühl*, Kernenergie im Spiegel des Verfassungsrechts, DÖV 1981, S. 1 ff.

[14] Zum Religionsunterricht vgl. *E. Friesenhahn*, Religionsunterricht und Verfassung, Essener Gespräche 5 (1971), S. 67 ff. (70); *J. Isensee*, Demokratischer Rechtsstaat und staatsfreie Ethik (wie Fußnote 3), S. 117 mit Fußnote 63.

[15] *BVerfGE* 34, 165 (183); auf die rechtliche Einordnung und Ausdeutung dieser Kooperationsformel des BVerfG wird noch an späterer Stelle einzugehen sein, dazu unten III. 3.

[16] Vgl. zu diesem Konzept: *J. Isensee*, Demokratischer Rechtsstaat und staatsfreie Ethik (wie Fußnote 3), S. 115 ff.

I. Individuelles und kollektives Elternrecht

organisation muß von Grundgesetz wegen „Elemente unmittelbarer Staatsverwaltung mit denen gesellschaftlicher Selbstverwaltung verbinden"[17]. Die verfassungsrechtlichen Direktiven für die Komponente gesellschaftlicher Selbstverwaltung folgen aus Art. 6 Abs. 2 Satz 1 GG. Durch die als gesellschaftliche Selbstverwaltung zu qualifizierende Mitbestimmung der Eltern in der Schule wirkt das individuelle elterliche Erziehungsrecht in die Schulhoheit hinein. Das kollektive Elternrecht bedeutet keine Ersetzung, wohl aber eine Verstärkung und Absicherung des persönlichen individuellen Elternrechts[18]. Das kollektive Elternrecht bewirkt einen *verlängerten Grundrechtsschutz*, der sich materiell in entsprechenden verfassungsrechtlichen Organisationsdirektiven für die einfachgesetzliche Schulorganisation ausdrückt. Dieses System einer erzieherischen Gewaltenbalance und Kooperation schließt ein Entscheidungsmonopol des Staates prinzipiell aus. Da dieses Balance-Konzept verfassungsrechtlich fundiert ist, kann es nicht mit dem Hinweis auf basisdemokratische Scheinlegitimationskonzepte diskreditiert werden. Das Grundgesetz selbst hat die staatliche Willensbildung durch verfassungsrechtlich gebotene Gruppenmitwirkungsrechte modifiziert. Die verfassungsrechtliche Verankerung solcher Elternmitwirkungsrechte wird durch die neuere Rechtsprechung des Bundesverfassungsgerichts zur Grundrechtsrelevanz von Verfahrensvorschriften nachdrücklich unterstrichen. So hat das Gericht im Mülheim-Kärlich-Beschluß unter dem Gesichtspunkt des vorbeugenden Rechtsschutzes die Verfahrensbeteiligung betroffener Einzelner als Erfordernis der Verfassung erachtet. Man mag zweifeln, ob dieser an Art. 2 Abs. 2 GG entwickelte Gedanke in dem zur Entscheidung stehenden Kontext tragfähig ist[19]. Unbestreitbar dürfte sein, daß der Gedanke der „Verfahrensteilhabe" jedenfalls dort zum Durchbruch gelangen muß, wo das Grundgesetz selbst die Bewältigung einer Aufgabe zum Kondominium von Staat und Eltern erklärt.

Die Ausprägung der verfahrensrechtlichen Modalitäten des kollektiven Elternrechts, die Ausbildung der Repräsentationsorgane und die Zuteilung von Mitbestimmungsrechten ist Aufgabe des parlamentarischen Gesetzgebers, der insoweit gewiß einen eigenen Gestaltungsspielraum hat[20]. Unzutreffend wäre es aber, wollte man es für verfas-

---

[17] So *J. Isensee*, wie vorige Fußnote.
[18] Vgl. *L. Dietze*, Pädagogisches Elternrecht oder staatliches Erziehungsrecht? — Versuch einer Zuordnung, in: K. Nevermann/I. Richter (Hrsg.), Rechte der Lehrer — Rechte der Schüler — Rechte der Eltern, 1977, S. 137 ff. (147).
[19] Vgl. *F. Ossenbühl*, Kernenergie im Spiegel des Verfassungsrechts, DÖV 1981, S. 1 ff.
[20] Vgl. *W. Geiger*, Recht des Staates und Elternrecht, FamRZ 1979, S. 457 ff. (461).

sungsgeboten erachten, daß eine elterliche Mitbestimmung stets nur auf Beratungsfunktionen beschränkt sein müsse[21]. Die Gefahr, „daß sich (zumindest auf Landesebene) die verschiedenen Parteien wiederum als Parteiungen in dem Elterngremium wiederfinden würden"[22], sollte man nicht zu hoch einschätzen, insbesondere nicht von vornherein als ein Hindernis erachten. Dafür, daß Eltern sich in Schulangelegenheiten „parteikonform" verhalten, gibt es keinen Erfahrungssatz. Es ist eben ein Grundzug der „gesellschaftlichen Selbstverwaltung" wie jeder „Verwaltung durch die Betroffenen", daß unmittelbar erlebte Betroffenheiten anders motivieren (können) als Parteiprogramme und Weltanschauungen. Dafür bietet der Bereich der kommunalen Selbstverwaltung reichliches Anschauungsmaterial.

II. Konfessionelles und pädagogisches Elternrecht

Der vorstehend behandelten Gegenüberstellung von individuellem und kollektivem Elternrecht korrespondiert die sachgegenständliche Unterscheidung in konfessionelles und pädagogisches Elternrecht[23]. Damit sind zwei Hauptkomponenten des einheitlichen Elternrechts angesprochen, die in die staatliche Schulerziehung ausstrahlen. Das konfessionelle Elternrecht umfaßt die Befugnis der Eltern, die religiöse und weltanschauliche Erziehung ihrer Kinder zu bestimmen[24]. Dies muß der Staat bei der Gestaltung des Schulwesens beachten. Zwar haben die Eltern keinen Anspruch auf eine bestimmte religiöse und weltanschauliche Gestaltung des Schulwesens. Jedoch ist der Staat verpflichtet, bei der religiös-weltanschaulichen Ausprägung der *Pflicht*schulen den Eltern „ausreichende Ausweichmöglichkeiten" zu erhalten[25]. Und der Staat ist auch gehalten, einem „hinreichend bedeutsam artikulierten Elternwillen"[26] nach den Möglichkeiten seiner Organisationsgewalt Raum zu geben.

---

[21] So aber *E.-W. Böckenförde*, Elternrecht, S. 91 ff.; *Chr. Starck*, Staatliche Schulhoheit, pädagogische Freiheit und Elternrecht, DÖV 1979, S. 269 ff. (275).

[22] So *Chr. Starck*, wie vorige Fußnote, unter Hinweis auf *H. Maier*, Zur inhaltlichen Gestaltung der Schule aus der Sicht von Politik und Verwaltung, Essener Gespräche 12 (1977), S. 11 ff. (31).

[23] Vgl. *Erwin Stein*, Elterliche Mitbeteiligung im deutschen Schulwesen, JZ 1957, S. 11 ff.; *ders.*, Elterliches Erziehungsrecht und Religionsfreiheit, in: Handbuch des Staatskirchenrechts II, 1975, S. 455 ff. (461); *R. Wimmer*, Das pädagogische Elternrecht, DVBl. 1967, S. 809 ff.; *Th. Oppermann*, Gutachten C zum 51. Deutschen Juristentag, 1976, S. 102 f.; BVerfGE 41, 29 (45).

[24] BVerfGE 41, 29 (44, 47); 52, 223 (235 f.); Grundlage dieser Befugnis ist Art. 6 Abs. 2 Satz 1 i. V. m. Art. 4 Abs. 1 und 2 GG.

[25] BVerfGE 41, 29 (48).

[26] So die Formulierung von *Th. Oppermann*, Gutachten C zum 51. Deutschen Juristentag, 1976, S. 103.

Das konfessionelle Elternrecht ist seit einigen Jahren zugunsten des pädagogischen Elternrechts in den Hintergrund getreten. Das pädagogische Elternrecht betrifft die kollektive Mitwirkung der Eltern (Elternbeirat, Schulpflegschaft, Landeselternbeirat) bei der Gestaltung des Schullebens und bei der Schulverwaltung. Diese Mitwirkung ist „Ausdruck einer notwendigen Erziehungsgemeinschaft zwischen Schule, Schulverwaltung und Familie"[27]. Einzelfragen des Verhältnisses zwischen Elternhaus und Schule werden an späterer Stelle ausführlich erörtert[28].

III. Zum staatlichen Erziehungsmandat

Die Überlegungen zum staatlichen Erziehungsmandat vollziehen sich in zwei Schritten. Zunächst geht es darum, die legitimierenden Grundlagen eines staatlichen Erziehungsmandates zu ermitteln. In einem zweiten Schritt kann sodann der Frage nachgegangen werden, welchen Schranken ein solches Erziehungsmandat des Staates unterliegt.

1. Grundlagen und Rechtfertigung des staatlichen Erziehungsmandates

Reflexionen über die Grundlagen und Rechtfertigung eines staatlichen Erziehungsmandates sind im juristischen Bereich ausgesprochen selten anzutreffen. Daß der Staat in der Schule eine Erziehungsaufgabe erfüllt und erfüllen darf, scheint Allgemeingut zu sein und keiner Frage zu bedürfen. Dennoch ist eine Besinnung auf die Grundlagen des staatlichen Erziehungsmandates unentbehrlich, um Inhalt und Schranken des staatlichen Erziehungsmandates zu ermitteln und vor allem, um Rang und Gewicht des staatlichen Erziehungsmandates gegen das elterliche Erziehungsrecht abwägen zu können.

a) *Erziehung als notwendiger Bestandteil des Schulehaltens*

Ein staatliches Erziehungsmandat läßt sich bei unbefangener Lektüre nicht mit der gleichen Deutlichkeit aus dem Grundgesetz entnehmen wie das elterliche Erziehungsrecht aus Art. 6 Abs. 2 Satz 1 GG. In Art. 7 Abs. 1 GG findet man vielmehr nur den lapidaren Satz: „Das gesamte Schulwesen steht unter der Aufsicht des Staates." — Der Streit um die Auslegung dieses interpretationsbedürftigen Satzes kann heute als abgeschlossen betrachtet werden. Der Aufsichtsbegriff des Art. 7 Abs. 1 GG ist nicht im sonst üblichen juristisch-technischen Sinne zu verste-

---

[27] *Erwin Stein*, Elterliches Erziehungsrecht und Religionsfreiheit, in: Handbuch des Staatskirchenrechts II, 1975, S. 461.
[28] Vgl. unten Sechstes Kapitel.

hen. Vielmehr ist der Begriff der „Aufsicht des Staates" über das Schulwesen der „Inbegriff der staatlichen Herrschaftsrechte, nämlich die Gesamtheit der staatlichen Befugnisse zur Organisation, Planung, Leitung und Beaufsichtigung des Schulwesens"[29]. Nach den Ausführungen des Bundesverfassungsgerichts „umfaßt die in Art. 7 Abs. 1 GG statuierte Schulaufsicht des Staates jedenfalls die Befugnis zur Planung und Organisation des Schulwesens mit dem Ziel, ein Schulsystem zu gewährleisten, das allen jungen Bürgern gemäß ihren Fähigkeiten die dem heutigen gesellschaftlichen Leben entsprechenden Bildungsmöglichkeiten eröffnet"[30]. Weiter heißt es sodann: „Zu diesem staatlichen Gestaltungsbereich gehört nicht nur die organisatorische Gliederung der Schule, sondern auch die inhaltliche Festlegung der Ausbildungsgänge und der Unterrichtsziele. Der Staat kann daher in der Schule grundsätzlich unabhängig von den Eltern eigene Erziehungsziele verfolgen"[31].

Aus Art. 7 Abs. 1 GG wird also ein „allgemeiner Auftrag der Schule zur Bildung und Erziehung der Kinder" abgeleitet. Ein solcher „Erziehungsauftrag des Staates" ist bislang, soweit ersichtlich, von keiner Seite in Abrede gestellt worden[32]. Deshalb ist auch die präzise Fundierung dieses Erziehungsauftrages bisher vernachlässigt worden[33]. Rich-

---

[29] *BVerwGE* 6, 101 (104); 18, 38 (39); 18, 40 (41); 21, 289 (290); *Th. Maunz*, in: Maunz/Dürig/Herzog/Scholz, Grundgesetz, Kommentar, Art. 7 Rdnr. 17 ff. Auf die bei *Th. Maunz* vorgenommene Differenzierung in Schulen mit und ohne staatliche Trägerschaft ist hier nicht näher einzugehen.

[30] *BVerfGE* 34, 165 (182); 47, 46 (71).

[31] *BVerfGE* 47, 46 (71 f.).

[32] Unverständlich ist daher der Satz des BVerfG: „Entgegen *einer mitunter im Schrifttum vertretenen Auffassung* ist der Lehr- und Erziehungsauftrag der Schule nicht darauf beschränkt, nur Wissensstoff zu vermitteln." (BVerfGE 47, 46 [72]). Ein Zitat führt das Gericht für diese Gegenstimme nicht an. *E.-W. Böckenförde* (Elternrecht, S. 83 mit Fußnote 125) meint, die Formulierung des Gerichts sei „möglicherweise als indirekte Zurückweisung der Ansicht *Ossenbühls*" (DÖV 1977, S. 808 rechte Spalte) zu verstehen. Die These, daß der Staat „nur" Wissensstoff zu vermitteln habe, ist aber unsinnig und schon deshalb niemals von mir vertreten worden. Davon mag sich jeder, der lesen kann, durch Lektüre der angegebenen Fundstelle selbst überzeugen. Im einzelnen ist auf den Umfang des Erziehungsmandates noch zurückzukommen.

[33] Die Formulierungen des BVerfG sind ungenau und machen durch Fortzitierung in späteren einschlägigen Entscheidungen einen nicht erklärten, möglicherweise nicht bewußt vollzogenen grundsätzlichen Wandel durch, der auch inhaltliche Konsequenzen hat. In der Ausgangsentscheidung *BVerfGE* 34, 165 (183) heißt es noch, daß Art. 7 Abs. 1 GG von einem „staatlichen Erziehungsauftrag in der Schule" „*ausgeht*". Dies legt nahe, die Grundlage für den Erziehungsauftrag außerhalb des Art. 7 Abs. 1 GG zu suchen, etwa im Staatszweck. In *BVerfGE* 41, 29 (44) findet man unter Zitierung der Vorentscheidung eine ungenaue Formulierung. Im Schulgebets-Beschluß (NJW 1980, S. 575) heißt es dann ganz entschieden, Art. 7 „*erteilt*" dem Staat „einen *verfassungsrechtlichen* Erziehungsauftrag hinsichtlich der Schulerziehung". Sodann wird *BVerfGE* 34, 165 (181 f.) zitiert, wo solches nicht steht.

tiger Ansicht nach ist der schulische Erziehungsauftrag des Staates in dem Mandat „Schule zu halten" notwendig und unabdingbar eingeschlossen. Dies folgt nicht nur daraus, daß das Schulehalten traditionell nicht nur im Sinne der Vermittlung von Wissen und Fertigkeiten, sondern auch von Wertvorstellungen und Handlungsprinzipien verstanden worden ist. Es ergibt sich vor allem auch daraus, daß sich beides nicht voneinander trennen läßt. Bildung im Sinne von Erziehung und Ausbildung stellen in gewissem Sinne eine untrennbare Einheit dar[34]. Erzieht der Lehrer, um ein Wort von *Guardini* zu zitieren, zuerst durch das, was er ist, sodann durch das, was er tut, und erst in dritter Linie durch das, was er sagt, so wird ohne weiteres deutlich, daß Erziehung als ein Prozeß menschlicher Begegnung im Lehrer-Schüler-Verhältnis stets präsent ist.

Der staatliche Erziehungsauftrag in der Schule ist also sachbedingt in die Aufgabe des Schulehaltens eingebunden, womit noch nichts darüber gesagt ist, welchen Inhalt der Erziehungsauftrag haben kann und an welche Grenzen er stößt.

b) Kompensationsfunktion staatlicher Schulerziehung

Die staatliche Schulerziehung läßt sich auch als notwendig aus dem Staatszweck und den Staatsaufgaben ableiten[35].

Die Existenz eines demokratisch organisierten Industriestaates setzt einen gewissen Bildungs- und Ausbildungsstand voraus, der durch das Elternhaus und die häusliche Erziehung nicht vermittelt werden kann. Der Staat muß dem Kinde die Fähigkeiten und Kenntnisse verschaffen, die ihm durch das Elternhaus nicht geboten werden können. Insoweit hat die staatliche Schulerziehung eine kompensatorische Funktion zu erfüllen. Staatliche Schulerziehung ist, jedenfalls soweit die schulische Erziehung nicht von anderen gesellschaftlichen Institutionen geleistet werden kann, staatsexistentiell geboten.

c) Integrationsfunktion staatlicher Schulerziehung

Mit der soeben dargelegten Kompensationsfunktion eng zusammen hängt eine weitere Rechtfertigung des staatlichen Schulerziehungsauftrages, der mit dem Topos „Integrationsfunktion" umrissen werden kann[36].

---

[34] Vgl. *F. Ossenbühl*, Schule im Rechtsstaat, DÖV 1977, S. 801 ff. (807).
[35] Vgl. *H. P. Bull*, Die Staatsaufgaben nach dem Grundgesetz, 1973, S. 284; *Kl. Liske*, Elternrecht und staatliches Erziehungsrecht, Diss. Münster, 1966, S. 43 ff.
[36] Dazu und zum Folgenden *E.-W. Böckenförde*, Elternrecht, S. 84; ferner

5. Kap.: Elternrecht und Schule — Grundlagen

Als ein gewichtiger Sachgrund für die Eigenständigkeit des Erziehungsauftrages der öffentlichen Schule wird danach die „Integrationsaufgabe des Staates für das Volksganze in einer pluralistischen, und zwar auch im geistig-ethischen Sinn pluralistischen, Gesellschaft" erachtet. Als „Ergänzung und Komplement" zum geistig-ethischen Pluralismus, der sich in der zur Individualentfaltung freigesetzten elterlichen Erziehung manifestiere, sei es notwendig, auch die *gemeinsamen* „Grundanforderungen des sozialen und politischen Gemeinschaftslebens" erzieherisch zur Geltung zu bringen. Der Pluralismus dürfe nicht unbalanciert freigesetzt werden, solle der Gemeingeist eines Volkes nicht in Privatheiten auseinanderlaufen, die lediglich durch das ihnen gemeinsame Selbsterhaltungsinteresse verbunden seien.

Das Grundanliegen dieser Argumentation ist unzweifelhaft richtig. Letztlich geht es um eine Korrektur des Pluralismus und damit dem ganzen Impetus der Argumentation nach bereits auch um eine *Inhaltsbestimmung* des staatlichen Schulerziehungsauftrages. Diese Inhaltsbestimmung zeigt starke Anklänge an den von mir hervorgehobenen, aber von anderen Autoren immer wieder übersehenen „Wertfundus und Prinzipienkanon, über den ein allgemeiner und gesicherter Konsens existiert" und der als solcher ebenfalls Gegenstand der staatlichen Schulerziehung sein kann[37]. Darauf ist alsbald zurückzukommen.

Die Integrationsfunktion der schulischen Erziehung ist auch in der Rechtsprechung gelegentlich betont worden. So heißt es in einer Entscheidung des Bundesverfassungsgerichts: „Schule ist nicht notwendig nur eine Anstalt zur Erschließung und Förderung von Begabungen, sie soll auch zur Persönlichkeitsentwicklung des Kindes und *zu seiner Eingliederung in die Gesellschaft* beitragen"[38].

2. Inhalt und Umfang der staatlichen Schulerziehung

Wie die bisherigen Überlegungen gezeigt haben, hängt die Frage nach den Grundlagen der staatlichen Schulerziehung mit der Umgrenzung und Inhaltsbestimmung eines solchen Erziehungsauftrages aufs engste zusammen. Das Schulehalten umgreift sowohl die Vermittlung von Wissen, Kenntnissen und Fertigkeiten wie auch die Vermittlung von Handlungsprinzipien, Wertmaßstäben und Verhaltensmustern; es umfaßt also Ausbildung und Erziehung.

H.-U. Evers, Die Befugnis des Staates zur Festlegung von Erziehungszielen in der pluralistischen Gesellschaft, 1979, S. 62.

[37] Vgl. *F. Ossenbühl*, Schule im Rechtsstaat, DÖV 1977, S. 801 ff. (808 rechte Spalte).

[38] *BVerfGE* 34, 165 (188).

Die staatliche Schulerziehung ist jedoch, namentlich was die erzieherische Komponente anbetrifft, inhaltlich gebunden. Allerdings kann der Staat eigene Erziehungsziele bestimmen und verfolgen[39]. Auch besitzt er Gestaltungsfreiheit bei der Anwendung der Erziehungsmethoden. Jedoch ist er bei der Formulierung von Erziehungszielen und bei der Anwendung von Erziehungsmethoden an gewisse grundgesetzliche Verfassungsgebote gebunden. Zu ihnen gehört in erster Linie das Toleranzgebot[40]. In der Rechtswissenschaft ist in diesem Zusammenhang sogar von einem Grundrecht auf eine tolerante Schule die Rede[41].

Aufgabe dieser Untersuchung ist es nicht, dem staatlichen Schulerziehungsauftrag in allen Einzelheiten und Konsequenzen nachzugehen. Von vordringlichem Interesse ist vielmehr, wie sich der staatliche Schulerziehungsauftrag zur elterlichen Erziehungsbefugnis verhält und ob, ggf. wann und unter welchen Voraussetzungen der staatliche Schulerziehungsauftrag durch das elterliche Erziehungsrecht bedingte Einschränkungen hinnehmen muß. Dieser Frage ist der nun folgende Abschnitt gewidmet.

IV. Elterliches Erziehungsrecht und staatliches Schulerziehungsmandat

1. Zur These der „Gleichordnung"

Sobald das Kind der Schulpflicht unterliegt, begegnen sich zwei Erziehungsträger, die beide auf ein eigenständiges und unabgeleitetes Erziehungsrecht verweisen können: Eltern und Staat. Eine solche Konkurrenz zweier Erziehungsträger erfordert Abgrenzungen und Konfliktlösungsmechanismen für den Fall, daß die anzustrebende Koordination und Kooperation zwischen Elternhaus und Schule mißlingt. Insoweit geht es zunächst um die grundsätzliche Ausgangsposition.

Diese grundsätzliche Ausgangsposition wird in der Rechtsprechung des Bundesverfassungsgerichts durch die Formulierung umrissen: „Der Erziehungsauftrag des Staates ist eigenständig und dem Erziehungsrecht der Eltern gleichgeordnet, weder dem Elternrecht noch dem Erziehungsauftrag des Staates kommt ein absoluter Vorrang zu"[42].

---

[39] *BVerfGE* 47, 46 (72).
[40] Vgl. *BVerfGE* 47, 46 (77) (Sexualkunde), NJW 1980, S. 575 ff. (578) (Schulgebet).
[41] Vgl. z. B. *Th. Oppermann*, Gutachten (wie Fn. 26), S. C 92; ders., Zum Grundrecht auf eine tolerante Schule, RdJ 1977, S. 44 ff.; *G. Eiselt*, Zur Sicherung des Rechts auf eine ideologisch tolerante Schule, DÖV 1978, S. 866 ff.
[42] *BVerfGE* 52, 223 (236) (Schulgebet); vgl. auch *BVerwGE* 18, 40 (42); zur

Sieht man genauer hin, so hat diese jüngste Fassung der Gleichordnungsthese des Bundesverfassungsgerichts gegenüber früheren Formulierungen eine — zumindest sprachlich — nicht zu übersehende Wandlung erfahren. In früheren Entscheidungen lautete die Gleichordnungsthese wie folgt: „Der staatliche Erziehungsauftrag in der Schule, von dem Art. 7 Abs. 1 GG ausgeht, ist *in seinem Bereich* dem elterlichen Erziehungsrecht nicht nach-, sondern gleichgeordnet"[43]. Der Zusatz („in seinem Bereich") für den Wirkungsraum des staatlichen Erziehungsauftrages ist im Schrifttum besonders hervorgehoben worden[44] und für die Gewichtung und Abgrenzung zwischen staatlichem Erziehungsmandat und Elternrecht nicht ohne Bedeutung.

Im Schulgebets-Beschluß ist dieser Zusatz entfallen. Die dort verwendete Formulierung bringt eine rigorose, weder räumlich noch funktionell eingeschränkte Gleichordnung zum Ausdruck. Ob das Bundesverfassungsgericht seine ursprüngliche Formulierung *bewußt* aufgegeben hat, ist nicht ohne weiteres erkennbar. Sollte dies der Fall sein und sollte es sich nicht nur um eine ungenaue façon de parler handeln, so ist die nunmehr ohne Vorbehalt aufgestellte Gleichordnungsthese jedenfalls in der neu formulierten Fassung offensichtlich unhaltbar. Denn nach Art. 6 Abs. 2 Satz 1 GG steht eindeutig fest, daß zumindest die häusliche Erziehung ein Monopol der Eltern darstellt. Im Bereich der häuslichen Erziehung hat der Staat keinerlei Erziehungskompetenzen, sondern lediglich ein Wächteramt. Von einer Gleichordnung zwischen elterlichem Erziehungsrecht und staatlichem Erziehungsmandat kann man also allenfalls für den Bereich der Schule sprechen. Darauf ist sogleich zurückzukommen.

Zunächst sind aus der These der Gleichrangigkeit und der Gleichordnung von elterlichem Erziehungsrecht und staatlichem Erziehungsauftrag die ersten Folgerungen zu ziehen. Die Gleichordnungsthese impliziert zwei abwehrende Aussagen. *Erstens* bedeutet sie eine klare Absage an die in der Weimarer Ära herrschende Formel „Staatsrecht überhöht Elternrecht", die die Herrschaft des Staates über die Schule gegen elterliche Einflüsse vollkommen immunisierte[45]. *Zweitens* beinhaltet die Gleichrangigkeit elterlicher und staatlicher Erziehung eine Ableh-

---
Rechtsprechung der Verwaltungsgerichte vgl. *F. Ossenbühl*, Erziehung und Bildung, AöR 98 (1973), S. 361 ff. (370 ff.).

[43] *BVerfGE* 34, 165 (183) (Förderstufe); 41, 29 (44) (Christl. Gemeinschaftsschule).

[44] Vgl. z. B. *H.-U. Erichsen*, VerwArch. 1978, S. 387 ff. (392); *W. Schmitt Glaeser*, Das elterliche Erziehungsrecht, S. 45.

[45] Vgl. *G. Holstein*, Elternrecht, Reichsverfassung und Schulverwaltungssystem, AöR 12 (1927), S. 187 ff. (215); *G. Anschütz*, Die Verfassung des deutschen Reiches vom 11. August 1919, Kommentar, 14. Aufl. 1933, Nachdruck 1965, Art. 120 Erl. 4; *W. Landé*, Die Schule in der Reichsverfassung, 1929, S. 52 f.

nung der Separationsthese[46], welche zwar die Gleichrangigkeit elterlicher und staatlicher Erziehung unberührt lassen will, sie aber in Wahrheit durch eine funktionelle Trennung wieder aufhebt, und den häuslichen gegen den schulischen Erziehungsbereich scharf abgrenzt, voneinander separiert und den einen wie den anderen Bereich zum Monopol des jeweiligen Erziehungsträgers macht, mit anderen Worten: die Eltern ebenfalls von der schulischen Erziehung vollkommen aussperrt[47].

2. Drei-Bereiche-Lehre

Die Separationsthese leitet direkt über zum Abgrenzungsproblem. Denn Gleichordnung ruft nur solange keine juristischen Komplikationen hervor, als sie mit Harmonie verbunden ist. Kommt es jedoch zum Konflikt, so muß die Rechtsordnung Regeln bereithalten, mit denen ein solcher Konflikt entschieden werden kann. Insoweit ist die Gleichordnungsthese durch eine Abgrenzung der Erziehungskompetenzen von Elternhaus und Schule zu ergänzen.

Die frühere verwaltungsgerichtliche Rechtsprechung[48] wie auch das Schrifttum[49] versuchten, der Abgrenzungsproblematik durch eine sog. Drei-Bereiche-Lehre beizukommen. Danach ist zu trennen zwischen (ausschließlich) elterlicher Erziehung, die sich im wesentlichen auf das Elternhaus beschränkt, gemeinschaftlicher Erziehung von Elternhaus und Schule (sog. Überschneidungsbereich) und staatlicher Schulerziehung (den Eltern verschlossener Bereich).

Mit der Drei-Bereiche-Vorstellung läßt sich jedoch für das gestellte Abgrenzungsproblem nichts anfangen. Sie ist allenfalls geeignet, das Abgrenzungsproblem genauer zu umschreiben und auf seinen Problemkern zurückzuführen[50], aber sie gibt selbst keinerlei Kriterien oder Anhaltspunkte für jenen Sektor, der hier allein interessiert, den sog. Überschneidungsbereich. Es ist deshalb nicht zu beklagen, wenn die Drei-Bereiche-Vorstellung aus der Mode gekommen ist.

---

[46] Ebenso *Erwin Stein*, Elterliches Erziehungsrecht und Religionsfreiheit, in: Handbuch des Staatskirchenrechts II, 1975, S. 455 ff. (460).

[47] Vgl. zur Separationsthese: *I. Richter*, Bildungsverfassungsrecht, 1973, S. 44 f.; die Separationsthese ist auch von ihren Verfechtern angesichts der Rechtsprechung des Bundesverfassungsgerichts offenbar zu den Akten gelegt worden; vgl. *K. Nevermann/I. Richter* (Hrsg.), Rechte der Lehrer, Rechte der Schüler, Rechte der Eltern, 1977, S. 11 ff. (24).

[48] Dazu *F. Ossenbühl*, Erziehung und Bildung, AöR 98 (1973), S. 361 ff. (369).

[49] Vgl. z. B. *Th. Maunz*, in: Maunz/Dürig/Herzog/Scholz, Grundgesetz, Kommentar, Art. 7 Rdnr. 41 (Stand: 1966); *H. Heckel*, Elternrecht und Schule, in: ders., Schulrecht und Schulpolitik, 1967, S. 180 f.

[50] Insoweit ebenfalls skeptisch: *H.-U. Erichsen*, VerwArch 1978, S. 392 mit Fußnote 32.

3. Differenzierung tut not

Wie jedes kompliziertere juristische Problem läßt sich eine Lösung nicht durch eine einheitliche, rigorose und pauschale Formel finden. Vielmehr tut Differenzierung not. Der gordische Knoten kann nicht mit einem Schwertstreich durchschlagen werden. Notwendig ist ein stetes Bemühen, einzelne Fäden in ihrer Verschlungenheit immer wieder aufzulösen; die Verschlungenheit als Ganzes zu beseitigen, wäre der verfassungsmäßig vorgegebenen Gemeinsamkeit der Erziehungsaufgabe zwischen Elternhaus und Schule im Kern zuwider.

Notwendig ist also die Entwicklung und Verwirklichung einer nach Entscheidungsverfahren und Inhalten differenzierenden Lösung[51]. Ungeachtet der Förderung einer Partnerschaft zwischen Elternhaus und Schule und der gegenseitigen Verpflichtung zur Kooperation und Rücksichtnahme hat die Jurisprudenz die Aufgabe, für den Fall partieller Konflikte materielle oder verfahrensrechtliche Lösungsmöglichkeiten aufzuzeigen oder zu entwickeln, die der verfassungsrechtlich vorgegebenen Zuordnung zwischen elterlichem Erziehungsrecht und staatlichem Erziehungsauftrag am besten entsprechen. Für die Entwicklung solcher Lösungsmöglichkeiten ist die prinzipielle Zuordnung zwischen elterlichem Erziehungsrecht und staatlichem Erziehungsmandat von grundlegender Bedeutung. Sie ist mit der in der Rechtsprechung des Bundesverfassungsgerichts immer wieder herausgestellten These von der Gleichordnung keineswegs hinreichend, ja nicht einmal zutreffend erfaßt.

4. Vorrang und Übergewicht des elterlichen Erziehungsrechts gegenüber dem staatlichen Erziehungsmandat

Meine These geht dahin, daß das elterliche Erziehungsrecht gegenüber dem staatlichen Erziehungsauftrag sowohl qualitativ wie auch quantitativ den Vorrang und das Übergewicht hat. Das gilt auch für den Bereich der Schule. Aus dem Vorrang des elterlichen Erziehungsrechtes ergeben sich für die staatliche Schulerziehung substantielle Einschränkungen, die bislang in der Rechtsprechung viel zu wenig beachtet worden sind. Freilich bedeutet „Vorrang des elterlichen Erziehungsrechtes", dies sei bereits hier vermerkt, nicht, daß sich das Elternrecht im Konfliktfall stets gegen das staatliche Erziehungsmandat durchzusetzen vermöchte. Ein solcher „*absoluter* Vorrang" besteht nicht. Darin ist dem Bundesverfassungsgericht zuzustimmen[52]. Jeder Konfliktfall bedarf eigener sachgerechter Abwägung. Im Ergebnis kann dieser Ab-

---

[51] Vgl. *H.-U. Erichsen*, VerwArch 1978, S. 392.
[52] *BVerfGE* 52, 223 (236) (Schulgebet).

IV. Elterl. Erziehungsrecht und staatl. Schulerziehungsmandat 111

wägungsvorgang sich sowohl zur einen wie zur anderen Seite neigen oder sich in einer Mittellage ausbalancieren. Für das Abwägen ist aber entscheidend, welches Gewicht man den abzuwägenden Größen zuzuweisen hat. Nur darauf kommt es an.

Im folgenden gilt es zunächst die Grundsatzthese zu entwickeln. Einzelfragen werden sodann in Anwendung der grundsätzlichen Erkenntnisse an späterer Stelle behandelt[53].

a) Qualitativer Vorrang des elterlichen Erziehungsrechtes

Das qualitative Übergewicht des elterlichen Erziehungsrechtes gegenüber dem staatlichen Erziehungsmandat zeigt sich zunächst in der rechtlichen Fundierung. Der Primat der elterlichen Erziehung drückt sich, wie schon gezeigt, im Verfassungstext selbst unzweideutig aus, wenn die Erziehung als das „natürliche Recht" der Eltern und als die „zuvörderst" ihnen obliegende Pflicht bezeichnet wird. Selbst wenn man das elterliche Erziehungsrecht nicht in einem der Verfassung vorausliegenden Naturrecht verankert, so ist doch unbestreitbar, daß es an einen naturgegebenen Tatbestand anknüpft. Die Erziehung der Kinder durch ihre Eltern hat unter diesem Gesichtspunkt als der menschlichen Natur entsprechend einen „überstaatlichen Kern"[54].

Ungeachtet möglicher Modifizierungen enthält das elterliche Erziehungsrecht einen Menschenwürdegehalt, der auch nicht durch verfassungsändernde Gesetze angetastet werden kann. Demgegenüber kann Gleiches nicht vom staatlichen Schulerziehungsmandat gesagt werden. Die staatliche Schulerziehung knüpft weder an natürliche Vorgegebenheiten an, noch ist sie in der Verfassung unabänderlich verbürgt. Vielmehr ist der staatlichen Schulerziehung schon von Verfassung wegen die Erziehung in Privatschulen ebenbürtig und gleichberechtigt an die Seite gestellt. Ein staatliches Schulmonopol gibt es nicht.

Aus dieser Gegenüberstellung wird ersichtlich, daß die elterliche Erziehung in einem festeren verfassungsrechtlichen Boden wurzelt als die staatliche Schulerziehung und daß sie wegen ihrer Anknüpfung an naturgegebene Tatbestände auch von anderer rechtlicher Qualität ist. Staatliche Erziehung beruht nicht auf einem natürlichen Tatbestand. Sie ist vielmehr *verordnete Zwangserziehung*. Weder Eltern noch Kind können das Erziehungsmilieu in Gestalt der Räumlichkeiten und die Mitschüler oder die Zwangserzieher in Gestalt der Lehrer bestimmen. Eltern und Kinder sind vielmehr staatlicher Zuteilung unentrinnbar ausgeliefert und verpflichtet, auch eine pädagogische Null als Lehrer zu ak-

---

[53] Vgl. unten Sechstes Kapitel.
[54] *Th. Maunz*, in: Maunz/Dürig/Herzog/Scholz, Grundgesetz, Kommentar, Art. 6 Rdnr. 2 (Stand: 1966).

zeptieren — bis zur Grenze des vollkommenen Versagens oder Mißbrauchs. Dieses Ausgeliefertsein an staatlich verordnete Erzieher im schulischen Raum wird, wie das Bundesverwaltungsgericht zum Ausdruck gebracht hat[55], nur durch eine Auslegung des Art. 6 Abs. 2 GG erträglich, die es den Eltern ermöglicht, sich bei der Bestimmung der Lebensrichtung ihrer Kinder auch dem Staat gegenüber zu behaupten. Daraus werden noch konkrete Konsequenzen abzuleiten sein. Insbesondere wird noch darzustellen sein, daß der Zwangszugriff des Staates auf das Kind nur erträglich wird durch eine Restriktion der Erziehungsaufgabe des Staates. Dies bedeutet, daß dem Staat — auch im schulischen Raum — der volle pädagogische Zugriff auf das Kind versagt sein muß[56].

An dieser Stelle geht es zunächst nur um die prinzipielle Gewichtung von elterlichem Erziehungsrecht und staatlichem Erziehungsmandat. Insoweit ergibt sich aus der Rechtsprechung des Bundesverfassungsgerichts selbst, daß das elterliche Erziehungsrecht zwar keinen „absoluten Vorrang", aber doch ein deutliches qualitatives und auch quantitatives Übergewicht gegenüber dem staatlichen Erziehungsmandat hat, und zwar auch im (engeren) Bereich der Schule. Dieses qualitative Übergewicht läßt sich aus folgenden Feststellungen des Bundesverfassungsgerichts entnehmen:

— Der Staat muß in der Schule „die Verantwortung der Eltern für den *Gesamtplan der Erziehung* ihrer Kinder achten und für die Vielfalt der Anschauungen in Erziehungsfragen soweit offen sein, als es sich mit einem geordneten staatlichen Schulsystem verträgt".

— Der Staat darf durch schulorganisatorische Maßnahmen nie den ganzen Werdegang des Kindes regeln wollen. Seine Aufgabe ist es, auf der Grundlage der Ergebnisse der Bildungsforschung bildungspolitische Entscheidungen zu treffen und im Rahmen seiner finanziellen und organisatorischen Möglichkeiten ein Schulsystem bereitzustellen, das den verschiedenen Begabungsrichtungen Raum zur Entfaltung läßt, sich aber von jeder „Bewirtschaftung des Begabungspotentials" freihält.

— „Die(se) *primäre Entscheidungszuständigkeit* der Eltern beruht auf der Erwägung, daß die Interessen des Kindes am besten von den Eltern wahrgenommen werden"[57].

Wenn das Bundesverfassungsgericht davon spricht, daß die Eltern den „Gesamtplan der Erziehung ihrer Kinder" festzulegen haben und der Staat diesen Gesamtplan zu achten hat und nicht unterlaufen darf,

---
[55] *BVerwGE* 5, 155.
[56] Vgl. *F. Ossenbühl*, Elternrecht in Familie und Schule, 1978, S. 28.
[57] *BVerfGE* 34, 165 (183 f.); 47, 46 (74 f.).

IV. Elterl. Erziehungsrecht und staatl. Schulerziehungsmandat

wenn das Gericht ferner die „primäre Entscheidungszuständigkeit der Eltern" betont, dann kommt darin das substantielle Übergewicht des elterlichen Erziehungsrechts gegenüber dem staatlichen Erziehungsauftrag — wenigstens in der Ausgangsposition — unzweideutig zum Ausdruck. Das Bundesverfassungsgericht selbst hat im Sexualkunde-Beschluß vom „Vorrang des elterlichen Erziehungsrechts" gesprochen[58].

b) *Quantitatives Übergewicht des elterlichen Erziehungsrechtes*

Mit dem qualitativen Vorrang des elterlichen Erziehungsrechtes ist ein quantitatives Übergewicht verbunden.

Muß der Staat in der schulischen Erziehung den „Gesamtplan der Erziehung der Kinder", der von den Eltern — und nur von ihnen — bestimmt werden darf, beachten, so kann er dieser Achtungspflicht angesichts des vorgegebenen Pluralismus solcher „Gesamtpläne" nur genügen, wenn er die Schulerziehung so anlegt, daß sie in größtmöglichem Maße dem Willen der größtmöglichen Zahl der Eltern entspricht. Das demokratische Mehrheitsprinzip, welches die staatliche Willensbildung bestimmt, wird insoweit durch das individualrechtliche grundgesetzverbürgte Erziehungsprinzip überhöht. Je mehr sich der Staat in der schulischen Erziehung auf grundlegende gemeinsame Anschauungen und gefestigte Überzeugungen beschränkt, um so weniger kann er mit den individuellen „Gesamterziehungsplänen" der verschiedenen Elternhäuser in Konflikt geraten, um so eher kann er das genannte verfassungsrechtliche Achtungsgebot erfüllen, um so näher liegt die Schulerziehung am Verfassungsgehalt. Diese Beschränkung verengt sich substantiell auf einen „gewissen Minimalkonsens über die Erziehung", der auch in einer pluralistischen Gesellschaft unverzichtbar ist[59]. Auch die pluralistische Gesellschaft kann ohne einen „Grundbestand gemeinsamer Gewißheit und Orientierungen" nicht auskommen[60]. Böckenförde sieht in dieser den Pluralismus in Grenzen haltenden geistig-ethischen Verklammerungsfunktion der staatlichen Schulerziehung sogar den wohl wichtigsten Sachgrund für die Eigenständigkeit des Erziehungsauftrages der staatlichen Schule[61]. Von einem anderen Ausgangspunkt gesehen habe ich an früherer Stelle, was inzwischen sowohl in der Rechtsprechung wie auch im Schrifttum immer wieder außer acht gelassen worden ist, festgestellt, daß sich der Staat in der schulischen Erziehung beschränken muß auf *„einen Wertfundus und Prinzipien-*

---

[58] BVerfGE 47, 46 (77).
[59] Vgl. *G. Beitzke,* Nochmals zur Reform des elterlichen Sorgerechts, FamRZ 1979, S. 10.
[60] *Bundesminister J. Schmude,* Rede über das Thema „Das politische Interesse an der Erziehung", Bulletin Nr. 30 vom 30. März 1980, S. 251 ff.
[61] Vgl. *E.-W. Böckenförde,* Elternrecht, S. 84.

kanon, über den ein allgemeiner und gesicherter Konsens existiert"[62]. Ob „Minimalkonsens" (*Beitzke*) oder „Grundanforderungen des sozialen und politischen Gemeinwesens" (*Böckenförde*) oder „Wertfundus und Prinzipienkanon, über den ein allgemeiner und gesicherter Konsens existiert" (*Ossenbühl*), gemeinsam ist allen Formulierungen die *Beschränkung der staatlichen Schulerziehung auf einen substantiellen Grundbestand.*

Genau diese Konsequenz scheint mir aber als Folge der Achtungspflicht des Staates gegenüber den „Gesamterziehungsplänen" der verschiedenen Elternhäuser und wegen des Charakters der staatlichen Schulerziehung als Zwangserziehung nicht nur praktisch nützlich, sondern verfassungsrechtlich geboten zu sein[63]. Anders gesehen: die Aufgabe des Schulehaltens ist *in erster Linie* (wenn auch nicht ausschließlich) die Vermittlung von Wissen und Fertigkeiten. Ein Mandat zur schulischen Erziehung hat der Staat zum einen dann, wenn sich Erziehung als Annexfunktion zur Wissensvermittlung erweist *und* — unabhängig davon — durchgehend insoweit, als er sich auf die Vermittlung eines gesicherten und allgemein anerkannten Grundbestandes an Wertprinzipien, Verhaltensregeln und Orientierungsmaßstäben beschränkt[64].

Dieses Ergebnis wird nicht dadurch in Frage gestellt, daß sich eine solche Trennung zwischen Wissensvermittlung und Erziehung (im engeren Sinne) nicht vollziehen läßt. Im Sexualkunde-Beschluß hat das Bundesverfassungsgericht selbst auf die prinzipielle Möglichkeit einer solchen Unterscheidung seine ganze Entscheidung aufgebaut[65]. So qualifiziert das Gericht die „von Wertungen freie Vermittlung von Fakten" als eine im Rahmen des staatlichen Bildungsauftrages liegende Aufgabe, die „typischerweise" der Schule zukommt und für die die Schule in der Regel auch besser geeignet ist als das Elternhaus[66]. Hinsichtlich der „eigentlichen Sexualerziehung" hingegen gilt der „Vorrang des elterlichen Erziehungsrechts"[67]. Deshalb können die Eltern beim schulischen Sexualkundeunterricht die „gebotene Zurückhaltung und Toleranz bei der Durchführung der Sexualerziehung verlangen". Die Schule hat „den Versuch einer Indoktrinierung der Schüler mit dem Ziel zu unterlassen,

---

[62] *F. Ossenbühl*, Schule im Rechtsstaat, DÖV 1977, S. 801 ff. (808); ders., Elternrecht in Familie und Schule, 1978, S. 27.

[63] In diesem Sinne schon *F. Ossenbühl*, Schule im Rechtsstaat, DÖV 1977, S. 801 ff. (808).

[64] Vgl. auch *H.-U. Erichsen*, VerwArch 1978, S. 391.

[65] Vgl. *BVerfGE* 47, 46 (66).

[66] *BVerfGE* 47, 46 (75).

[67] *BVerfGE* 46, 47 (75); dazu *Th. Oppermann*, Die erst halb bewältigte Sexualerziehung, JZ 1978, S. 289 ff.

IV. Elterl. Erziehungsrecht und staatl. Schulerziehungsmandat 115

ein bestimmtes Sexualverhalten zu befürworten oder abzulehnen". Die Schule hat vielmehr „allgemein Rücksicht zu nehmen auf die religiösen oder weltanschaulichen Überzeugungen der Eltern, soweit sie sich auf dem Gebiet der Sexualität auswirken".

Damit wird an einem Einzelproblem deutlich, daß — wie schon erwähnt — Wissensvermittlung und Erziehung im eigentlichen Sinne zwar nicht strikt voneinander getrennt werden können, daß es aber sehr wohl möglich ist, Schwerpunkte zwischen beiden zu setzen, Zurückhaltung zu üben und sich auf den größten gemeinsamen Nenner im Erziehungskonzept zu beschränken. Alle diese Elemente für die Beurteilung der Abgrenzung zwischen elterlicher und schulischer Erziehung lassen sich im Sexualkunde-Beschluß deutlich nachweisen. Sie spiegeln jene bereits allgemein gewonnenen Erkenntnisse wider, die für das hier in Rede stehende Abgrenzungsproblem dargelegt worden sind:

— Kompensationsfunktion der staatlichen Schulerziehung („bloße Wissensvermittlung" als „typischerweise" der Schule zukommende Aufgabe, die sie in der Regel besser erfüllen kann als das Elternhaus);

— Beschränkung auf den größten gemeinsamen Nenner: staatliche Schulerziehung muß so angelegt sein, daß sie in größtmöglichem Maße dem Willen der größtmöglichen Zahl der Eltern entspricht. Das demokratische Mehrheitsprinzip wird insoweit durch das Erziehungsprinzip überhöht[68]. („Größtmögliche Abstimmung zwischen Eltern und Schule" in der Sexualerziehung; „Vorrang des elterlichen Erziehungsrechts"; Rücksichtnahme auf die religiösen und weltanschaulichen Überzeugungen der Eltern.)

Zwei Bemerkungen seien angefügt, um denkbaren Mißverständnissen vorzubeugen. Die vorstehenden Erwägungen gelten selbstredend nur für die staatliche Zwangserziehung, nicht hingegen für die Schulerziehung in den Freien Schulen, die die Eltern nach eigenem Willen und Wunsch für ihre Kinder ausgesucht haben und die von einem spezifischen, beispielsweise christlichen Erziehungsauftrag geprägt sind. Ferner sei mit Nachdruck betont, daß es in den vorstehenden Erörterungen nicht darum geht, der staatlichen Schule einen Erziehungsauftrag streitig zu machen oder der neu aufkommenden Parole „Mehr Mut zur Erziehung" im Bereich der Schule entgegenzuwirken. Der wirkliche Grund, warum sich die Eltern heute mehr als früher auf ihr elterliches Erziehungsrecht berufen und im schulischen Raum zur Geltung zu brin-

---

[68] Vgl. *F. Ossenbühl*, Schule im Rechtsstaat, DÖV 1977, S. 801 ff. (808); die Grenzen des Mehrheitsprinzips in der pluralistischen Demokratie sind insbes. von *U. Scheuner* (Das Mehrheitsprinzip in der Demokratie, 1973) untersucht worden, wobei auf den Bereich der Erziehung besonders hingewiesen wird (S. 48, 62).

gen versuchen, liegt offenkundig darin, daß sie aufgrund der Erfahrungen des letzten Jahrzehnts mit gutem Grund eine Indoktrinierung und Ideologisierung ihrer Kinder befürchten. In einer solchen Lage ist es nicht nur legitim, sondern geboten, sich auf den — möglicherweise geringer gewordenen — gemeinsamen Bestand von Erziehungsüberzeugungen und Erziehungsmaximen zu besinnen. Denn nur dieser gemeinsame Bestand von Erziehungsüberzeugungen und Erziehungsmaximen steht nach den dargelegten Grundsätzen der staatlichen Schulerziehung instrumentell und substantiell zur Verfügung.

c) *Folgerungen*

Zieht man aus den bisherigen Überlegungen ein erstes Zwischenergebnis, so läßt sich folgendes festhalten:

Das elterliche Erziehungsrecht hat gegenüber dem staatlichen Erziehungsauftrag sowohl ein qualitatives als auch quantitatives Übergewicht. Damit ist jedoch keineswegs gesagt, daß das staatliche Erziehungsmandat im Konfliktfalle stets dem elterlichen Erziehungsrecht zu weichen hat. Insoweit ist der vom Bundesverfassungsgericht im Schulgebetsbeschluß verwendeten Formulierung, weder dem Elternrecht noch dem Erziehungsauftrag des Staates sei ein absoluter Vorrang zuzubilligen, zuzustimmen[69]. Es ist gewiß richtig, daß das elterliche Erziehungsrecht und das staatliche Erziehungsmandat nach dem Prinzip der Konkordanz miteinander in Einklang gebracht werden müssen. Im Rahmen dieser Harmonisierung kann jedoch das Übergewicht der elterlichen Erziehung unter Umständen entscheidende Bedeutung gewinnen, was sich etwa im Sexualkunde-Beschluß des Bundesverfassungsgerichts gezeigt hat.

Das gewonnene Zwischenergebnis läßt sich also in folgende Thesen fassen:

---

[69] Eine „absolute Priorität des Elternrechts auch in der Schule" habe ich entgegen anderweitigen Unterstellungen (So *U. Fehnemann*, Bemerkungen zum Elternrecht in der Schule, DÖV 1978, S. 489) niemals angenommen. Vielmehr habe ich lediglich von einem Primat des Elternrechts gesprochen und hinzugefügt: „Freilich muß der elterliche Erziehungsprimat im schulischen Bereich Einschränkungen hinnehmen. Aber solche Einschränkungen resultieren *nicht* aus einem gleichrangigen Erziehungsmandat des Staates, sondern sie sind vielmehr Reflexe oder Folgen einer Vereinheitlichung und Nivellierung, die *jede* Kollektiverziehung mit sich bringt. Anders gesprochen: die Notwendigkeiten und Bedingtheiten innerer und äußerer Schulorganisation implizieren unvermeidbare Schranken des elterlichen Erziehungsrechts." (*F. Ossenbühl*, Schule im Rechtsstaat, DÖV 1977, S. 801 ff. [808]). — Diese Position ist — wenn ich recht sehe — deckungsgleich mit *BVerfGE* 47, 46 (76) (Sexualkunde): „In einer pluralistischen Gesellschaft ist es faktisch unmöglich, daß die Schule allen Elternwünschen Rechnung trägt und sie bei der Aufstellung der Erziehungsziele und des Lehrplans sowie bei der Gestaltung des Unterrichts berücksichtigt."

Das elterliche Erziehungsrecht hat gegenüber dem staatlichen Erziehungsmandat verfassungsrechtlich ein höheres Gewicht und eine höhere Bedeutung. Der Staat hat aber auch ein eigenes Erziehungsmandat, dessen Erstreckung jedoch jeweils einer besonderen Legitimation bedarf. Das staatliche Erziehungsmandat hat nicht stets dem elterlichen Erziehungsrecht zu weichen. Einen absoluten Vorrang des elterlichen Erziehungsrechts gegenüber dem staatlichen Erziehungsauftrag gibt es nicht. Vielmehr sind staatliches Erziehungsmandat und elterliches Erziehungsrecht miteinander in Konkordanz zu bringen. Hierbei ist aber der besonderen Bedeutung und dem besonderen Gewicht des elterlichen Erziehungsrechts Geltung zu verschaffen.

5. Kooperationsmodell

Mit den vorstehenden Thesen ist einer Konfliktbewältigung die Richtung gewiesen. Eine solche Konfliktbewältigung sucht die Jurisprudenz auf zwei Wegen: zum einen durch eine materielle Abgrenzung und gegenseitige Einschränkung der potentiell im Widerstreit liegenden Kräfte (*Konkordanz*), zum andern durch eine gegenseitige Abstimmung und Verständigung (*Kooperation*). „Konkordanz" und „Kooperation" sind keine juristischen Termini, obgleich sich das Prinzip der praktischen Konkordanz in der Verfassungsauslegung und Verfassungsanwendung als hermeneutische Maxime inzwischen eingebürgert hat[70]. Beide Begriffe finden aber im Bereich der Abgrenzung zwischen häuslicher und schulischer Erziehung häufig Verwendung. Dabei betrifft die Kooperation die jetzt noch zu behandelnde verfahrensrechtliche Komponente.

a) Kooperationsformel

Die Erziehungsaufgabe, in die sich Elternhaus und Schule teilen, gelten einer unteilbaren Persönlichkeit. Mit Recht wird deshalb vor aller „Abgrenzung" in erster Linie diese „Gemeinsamkeit" der Aufgabenstellung betont. Denn jede Zwietracht zwischen Elternhaus und Schule beeinträchtigt den Erziehungsprozeß und wirkt negativ auf das Kind zurück. Das Bundesverfassungsgericht verwendet deshalb seit langem in seinen Entscheidungen eine Kooperationsformel, die die notwendige Gemeinsamkeit zwischen Elternhaus und Schule beschwört. Sie lautet wie folgt: „Die gemeinsame Erziehungsaufgabe von Eltern und Schule, welche die Bildung der einen Persönlichkeit des Kindes zum Ziel hat,

---

[70] Vgl. dazu *BVerfGE* 41, 29 (51); 41, 65 (77 f.); 41, 88 (107 f.); K. *Hesse,* Grundzüge des Verfassungsrechts der Bundesrepublik Deutschland, 12. Aufl. 1980, S. 28 mit weiteren Nachweisen.

läßt sich nicht in einzelne Kompetenzen zerlegen. Sie ist vielmehr in einem sinnvoll aufeinander bezogenen Zusammenwirken zu erfüllen"[71].

Diese Kooperationsformel des Bundesverfassungsgerichts ist gewiß beherzigenswert und richtig. Fraglich erscheint, ob sie mehr bietet als einen Appell an die Erziehungsträger zu Verantwortung und Verständnisbereitschaft. Fraglich erscheint insbesondere, ob die zitierte Kooperationsformel auch einen *juristischen* Gehalt hat.

b) Lösung individueller Konflikte

Der gleichsam natürliche Anwendungsbereich der sympathischen Formel eines „sinnvoll aufeinander bezogenen Zusammenwirkens" zwischen Elternhaus und Schule scheint im *konkreten Einzelfall* zu liegen, ist doch in der Bezugnahme auf die „*eine* Persönlichkeit des Kindes" schon auf diese Individualisierung hingewiesen. Insoweit lassen sich gewiß aus der Verpflichtung zu einem „sinnvollen Zusammenwirken" eine Reihe prozeduraler Rechte und Pflichten auf beiden Seiten ableiten, z. B. *Informationspflichten* der Schule gegenüber den Eltern[72], aber auch umgekehrt der Eltern gegenüber der Schule. Zu diesen Informationspflichten gesellen sich *Anhörungsrechte, Beratungsrechte* und *Beratungspflichten* sowie das Recht und die Pflicht, aus gegebenem Anlaß die Lösung von Erziehungsproblemen im Einzelfall gemeinsam zu versuchen, durch Aussprache, Verständigung, Abstimmung usw. Geschieht dies alles in einer Atmosphäre der Einigkeit über die Ursachen des Erziehungsproblems sowie die Mittel und Wege seiner Lösung, besteht also Harmonie zwischen Eltern und Lehrern, so entsteht kein juristisches Problem. Das juristische Problem entsteht erst beim Dissens zwischen Elternhaus und Schule im Einzelfall, erst dann, wenn die Meinung beispielsweise über das Verhalten und Versagen eines Kindes auseinandergehen, wenn die Auffassungen über anzuwendende Erziehungsmittel und anzustrebende Erziehungsziele differieren.

Ein solcher Dissens zwischen Elternhaus und Schule im Einzelfall läßt sich aber durch die Kooperationsformel nicht mehr beheben. Die Kooperationsformel setzt immer ein gegenseitiges Arrangement voraus, kann aber naturmäßig nicht das Entscheidungspatt, das sich bei völliger Verhärtung beider Seiten einstellen wird, beheben. In diesem Falle versagt die Kooperationsformel als Verfahrensprinzip. Der Rückgriff auf *materielle* Abgrenzungsmaßstäbe ist unvermeidlich. Verfahrensrechtliche Kooperation muß durch materiellrechtliche Konkordanz der Erziehungsverantwortungen ersetzt werden.

---

[71] *BVerfGE* 34, 165 (183); 47, 46 (74).
[72] Vgl. insoweit F. *Ossenbühl*, Rechtliche Grundfragen der Erteilung von Schulzeugnissen, 1978, S. 43; H.-U. *Erichsen*, Verstaatlichung der Kindeswohlentscheidung?, 1978, S. 26 f.; *BVerwG, JZ* 1978, 604.

c) Lösung genereller Konflikte

Bewegen sich die Konflikte zwischen Elternhaus und Schule nicht mehr nur im Bereich individuell-konkreter Erziehungsfragen, sondern betreffen sie eine Mehrheit von Schülern (Klassen, Schulen, Schülergenerationen) gleichermaßen, wie dies beispielsweise bei der Festlegung von Erziehungszielen oder bei der Einführung neuer Unterrichtsfächer der Fall ist, so steht der Staat mehreren Elternhäusern mit unterschiedlichen Erziehungskonzeptionen gegenüber. Ein Ausgleich unterschiedlicher Standpunkte bedeutet in diesem Falle nicht nur die Suche nach praktischer Konkordanz zwischen staatlicher und individueller elterlicher Erziehungskonzeption. Vielmehr ergibt sich in einem multipolaren Verhältnis die Schwierigkeit, auch die unter Umständen gegensätzlichen, jedenfalls aber nicht stets völlig übereinstimmenden Erziehungsvorstellungen verschiedener Elternhäuser, von denen sich jedes auf sein individuelles Elternrecht berufen wird, unter einen Hut bringen zu müssen.

Das „sinnvolle Zusammenwirken", welches das Bundesverfassungsgericht im Sinn hat, kann unter solchen Umständen als Verfassungsgebot seine Grundlage nur in einem *kollektiven* Elternrecht als verlängertem Grundrechtsschutz finden[73] und wäre letztlich als Verweisung auf die einfachgesetzlichen Regelungen über die elterliche Mitwirkung nach den Schulgesetzen der Länder zu begreifen.

6. Abgrenzungsraster

Funktioniert das „sinnvolle Zusammenwirken" zwischen Elternhaus und Schule nicht, setzt also die verfahrensrechtliche Verständigung aus, so muß die Rechtsordnung für den fortbestehenden Konfliktfall Entscheidungsmaßstäbe bereithalten. Im folgenden soll versucht werden, insoweit einige Markierungen aufzuzeigen, die sich aufgrund der bisherigen Diskussion und Rechtsprechung herausgebildet haben. Der Konfliktfall, um den es geht, wird sich dabei in der Regel nicht auf einen einzelnen bestimmten Schüler beschränken, sondern als ein *generelles Problem schulischer Erziehung* in Erscheinung treten, z. B. Einführung und Verwendung bestimmter Schulbücher, Gestaltung der Schulzeugnisse, Organisation der Schule, Bestimmung der Lernziele und Unterrichtsfächer, Einführung der Orientierungsstufe etc. In solchen Fällen tritt das individuelle elterliche Erziehungsrecht nicht nur in eine potentielle Konkurrenz zum staatlichen Erziehungsmandat, sondern womöglich auch in wenigstens partiellen Gegensatz zu den individuellen Erziehungsrechten anderer Eltern.

---

[73] Vgl. oben I.

Insoweit die verschiedenen Erziehungskonzeptionen und Erziehungsvorstellungen, die vielgestaltigen und unterschiedlichen Bildungswünsche der Eltern sowie deren „Gesamterziehungspläne", von denen das Bundesverfassungsgericht spricht[74], auf einen gemeinsamen Nenner bringen zu wollen, wäre Utopie. Sucht man nach Orientierungsmarken, die eine möglichst weitgehende Verwirklichung des elterlichen Erziehungsrechts auch im schulischen Raum verbürgen, so lassen sich folgende, zum Teil durch die Rechtsprechung des Bundesverfassungsgerichts schon verwendete Kriterien ausmachen.

— Wenn es um die Bewahrung *individueller* Rechte geht, müssen, soweit es die Sache erlaubt, Mehrheitsentscheidungen und Repräsentationsstrukturen zurücktreten. Dies bedeutet, daß jene Konfliktlösung der Idee des individuellen elterlichen Erziehungsrechts auch im schulischen Raum am nächsten kommt, die *in größtmöglichem Maß der größtmöglichen Zahl der Eltern entspricht*[75]. Diese Konfliktlösungsmaxime ist im Schrifttum als „eine liberale und demokratische Position" bezeichnet worden[76]. In der Tat geht es um die Synthese zwischen Liberalität und Demokratie insofern, als Freiheit und Mehrheitsentscheidung miteinander zu vereinbaren sind. Das Bundesverfassungsgericht hat mit Recht betont, daß die Entscheidung über die religiös-weltanschauliche Gestalt der *Pflichtschule* grundsätzlich nicht allein durch demokratische Mehrheitsentscheidung getroffen werden darf, weil die Religionsfreiheit gerade auch das Bekenntnis (die Weltanschauung) der Minderheit vor Beeinträchtigung durch die Mehrheit schützen soll[77]. In gleicher Weise wird auch im Erziehungsbereich das demokratische Mehrheitsprinzip durch das Grundrecht der elterlichen Erziehung modifiziert. Die jeweilige politische Mehrheit mit ihrem zeitlich begrenzten Mandat hat kein Recht, den Eltern ihre Erziehungskonzeption aufzuzwingen. Hiergegen steht schon das verfassungsrechtliche Toleranzangebot, auf das an späterer Stelle noch zurückzukommen ist[78].

— Eine zweite Maxime für eine Konfliktlösung ergibt sich aus dem Hinweis des Bundesverfassungsgerichts auf die *Pflicht des Staates zur Achtung der Gesamterziehungspläne der Eltern und zur Offenheit für die Vielfalt der Anschauungen in Erziehungsfragen*[79].

---

[74] *BVerfGE* 47, 46 (75).
[75] Vgl. *F. Ossenbühl*, Schule im Rechtsstaat, DÖV 1977, S. 801 ff. (808).
[76] *G. Eiselt*, Zur Sicherung des Rechts auf eine ideologisch tolerante Schule, DÖV 1978, S. 866 ff. (869).
[77] *BVerfGE* 41, 29 (48).
[78] Vgl. unten Sechstes Kapitel, IV.
[79] *BVerfGE* 47, 46 (75).

IV. Elterl. Erziehungsrecht und staatl. Schulerziehungsmandat 121

— Im Sexualkunde-Beschluß wird schließlich eine weitere Orientierungsmarke sichtbar: *die Affinität zum jeweiligen Erziehungsbereich*. So wird beispielsweise der Sexualerziehung „eine größere Affinität zum elterlichen Bereich" attestiert. Mit dieser juristisch gesehen untechnischen Formulierung wird offenbar angeknüpft an die Art und Weise der jeweils in Betracht stehenden Erziehungskomponente. Ist diese Komponente nach allgemeiner Auffassung ein *genuiner Bestandteil häuslicher Erziehung*, so sind ihrer „Veröffentlichung" in der schulischen Kollektiverziehung Grenzen gesetzt. Handelt es sich dagegen um eine „typischerweise" der Schule zukommende Erziehungskomponente, so greift das staatliche Bestimmungsrecht voll durch[80].

Mit diesen Begründungsansätzen wird ersichtlich an historisch gewachsene Vorstellungen und an einen auf Tradition beruhenden allgemeinen Konsens über die Teilung der Erziehungsaufgaben zwischen Elternhaus und Schule angeknüpft. Eine solche historische Anknüpfung hat im Verfassungsrecht ihre Vorbilder, insbesondere dort, wo es um die Gewährleistung von verfassungsrechtlich abgesicherten Institutionen geht.

---

[80] *BVerfGE* 47, 46 (75); *Th. Maunz*, in: Maunz/Dürig/Herzog/Scholz, Grundgesetz, Kommentar, Art. 6 Rdnr. 31 a (Stand: Sept. 1980) will insoweit an die Stufentheorie zu Art. 12 GG anknüpfen.

Sechstes Kapitel

Elternrecht und Schule — Aktuelle Einzelfragen

Im vorangehenden Kapitel ist das Verhältnis zwischen elterlichem Erziehungsrecht und staatlichem Erziehungsmandat in der Schule aus prinzipieller Sicht erörtert worden. Die dabei gewonnenen Erkenntnisse und Abgrenzungskriterien sollen nunmehr an konkreten Einzelfragen erprobt und näher bestimmt werden. Dabei geht es um Konfliktfälle und Einzelprobleme, die zum Teil bereits Gegenstand richterlicher Entscheidungen waren.

I. Schulorganisation und Schullaufbahn des Kindes

1. Relevanz aus der Sicht des elterlichen Erziehungsrechts

Zu den gesicherten Erkenntnissen gehört, daß die Eltern kraft des ihnen zustehenden Erziehungsrechtes die Befugnis haben, die Schullaufbahn ihrer Kinder zu bestimmen, d. h. unter den Schularten und Schulformen, die der Staat zur Verfügung stellt, jene auszuwählen, die sie für ihre Kinder für die richtige halten[1]. Dieses Bestimmungsrecht der Eltern wird nach einhelliger Auffassung nur durch eine negativ korrigierende Entscheidungsmöglichkeit des Staates eingeschränkt, indem der Staat den Zugang zu weiterführenden Schulen nur solchen Kindern verweigern kann, die ungeeignet und unbegabt sind und deshalb die schulische Entwicklung anderer Kinder stören würden (sog. negative Auslese)[2]. Von der individuellen Bestimmung der Schullaufbahn eines

---

[1] Vgl. BVerfGE 34, 165 (184); BVerwGE 18, 40; *F. Ossenbühl,* Erziehung und Bildung, AöR 98 (1973), S. 361 ff. (371 f.); *Th. Oppermann,* Gutachten C zum 51. Deutschen Juristentag 1976, S. 103.

[2] Vgl. *E.-W. Fuß,* Verwaltung und Schule, VVDStRL 23 (1966), S. 203; *H. Brauburger,* Elternrecht in der Förderstufe, RdJ 1968, S. 261 ff. (265); *Chr. Starck,* Staatliche Organisation und staatliche Finanzierung als Hilfen zu Grundrechtsverwirklichungen, in: Bundesverfassungsgericht und Grundgesetz II, 1976, S. 513; ders., Organisation des öffentlichen Schulwesens, NJW 1976, S. 1375 ff. (1379); *M. Maurer,* Das Elternrecht und die Schule, Diss. München, 1962, S. 129 ff.; *K. Schwitzke,* Verfassungsrechtliche Probleme des Elternrechts im Schulwesen, RdJB 1974, S. 97 ff. (99) mit weiteren Nachweisen; *F. Ossenbühl,* Erziehung und Bildung, AöR 98 (1973), S. 361 ff. (373); *Ekkehart Stein,* Das Recht des Kindes auf Selbstentfaltung in der Schule, 1967, S. 40 f.

Kindes und der Auswahl der Schularten und Schulformen kann jedoch substantiell nur auf dem Hintergrund eines differenzierten, d. h. aus mehreren Zweigen bestehenden Schulsystems die Rede sein. Maß, Umfang und Intensität des Rechts der Eltern bei der Wahl der Schulform sind demzufolge abhängig von der Reichhaltigkeit und Tiefe staatlicher Schuldifferenzierung. Wenn die staatliche Schuldifferenzierung in einer Einheitsschule ohne Binnengliederung verloren geht, wird das elterliche Wahlrecht substanzlos und damit aufgehoben.

Aus diesem Zusammenhang wird ohne weiteres die rechtliche Verschränkung zwischen elterlichem Erziehungsrecht und staatlicher Schulorganisation deutlich. Sie ist seit langem die Quelle harter Kämpfe um Schulreformen. Aus verfassungsrechtlicher Sicht stellt sich die Frage, ob und inwieweit die Organisationsgewalt des Staates im Bereich der Schule grundrechtlichen Direktiven, Bindungen oder Einschränkungen unterliegt.

2. Schulorganisation als Gegenstand der Gestaltungsfreiheit des Gesetzgebers

Die prinzipielle Befugnis des Staates zur Organisation des Schulwesens folgt aus Art. 7 Abs. 1 GG[3]. Soweit es bei der Organisation um die Grundstruktur der Schule, Schularten und Bildungsgänge, um die prägenden Elemente des Schulsystems geht, handelt es sich um „wesentliche Entscheidungen", die allein vom parlamentarischen Gesetzgeber entschieden werden. Dies bedeutet, daß eine Regelungsbefugnis der Exekutive, also der Kultusminister, von vornherein ausscheidet[4]. Die Zugehörigkeit „wesentlicher Entscheidungen" zum Kompetenzbereich des Gesetzgebers bedeutet, daß die Bestimmung der Grundstruktur der Schulorganisation „grundsätzlich in der demokratischen Mehrheitsentscheidung des Landesparlamentes" liegt. Insoweit gehören die staatlichen Organisationsmaßnahmen „zu dem der elterlichen Bestimmung grundsätzlich entzogenen staatlichen Gestaltungsbereich"[5]. Über diesen Ausgangspunkt kann es keine Meinungsverschiedenheit geben. Fraglich kann nur sein, ob und inwieweit die legislative Gestaltungsfreiheit des parlamentarischen Gesetzgebers durch das elterliche Erziehungsrecht beschränkt ist.

---

[3] *BVerfG*, Beschluß vom 26. 2. 1980, NJW 1980, 2403 (Gymnasiale Oberstufe in Hessen).

[4] Vgl. zum Gesetzesvorbehalt im Schulrecht: *F. Ossenbühl*, Zur Erziehungskompetenz des Staates, in: Festschrift für Friedrich Wilhelm Bosch, 1976, S. 751 ff.; zuletzt *Niehues*, Der Vorbehalt des Gesetzes im Schulwesen, DVBl. 1980, S. 465 ff.; aus der Rechtsprechung: *BVerfGE* 45, 400 (417).

[5] *BVerfGE* 34, 165 (182); 45, 400 (415).

Diese Frage ist nach dem gegenwärtigen Stand der Diskussion noch unbeantwortet; nicht nur im Detail, sondern auch schon im Grundsatz. Die einschlägigen Entscheidungen des Bundesverfassungsgerichts zeigen durch die Wahl und den verbalen Wechsel einschränkender Zusätze eine fundamentale Unsicherheit. So heißt es in einigen Entscheidungen, das Wahlrecht der Eltern zwischen den vom Staat zur Verfügung gestellten Schulformen dürfe „nicht *mehr* als *zulässig* begrenzt werden"[6]. In anderen Entscheidungen hingegen findet man die Wendung, das Wahlrecht dürfe „nicht *mehr* als *notwendig* begrenzt werden"[7]. Daß „Zulässigkeit" und „Notwendigkeit" höchst unterschiedliche Anforderungen bedeuten, bedarf keiner näheren Erläuterung. Davon abgesehen ist mit dem namentlich in neueren Entscheidungen verwendeten Zusatz der „zulässigen" Einschränkung nichts anzufangen. Denn ob eine Einschränkung „zulässig" ist oder nicht, gerade dies ist die gestellte Frage, aber selbst noch keine Antwort.

Daß von der Rechtsprechung des Bundesverfassungsgerichts insoweit keine intensive Konkretisierung von Einschränkungskriterien zu erwarten sein dürfte, ist angesichts der pedagogical-question-Doktrin, die sich das Gericht selbst auferlegt hat und auf die schon in früherem Zusammenhang hingewiesen wurde[8], zu vermuten. Wenn und soweit das Gericht sich auf eine Evidenzkontrolle beschränkt, also nur nachprüfen will, ob *„äußerste* Grenzen der verfassungsrechtlich verankerten Gestaltungsfreiheit des Gesetzgebers" verletzt worden und die getroffenen Regelungen *„völlig* ungeeignet", „gänzlich verfehlt" oder „offensichtlich nachteilig" sind[9], so nötigt eine solche Kontrollabstinenz nicht zur scharfen Ausziehung von Regelungsgrenzen des Gesetzgebers und diesen Regelungsgrenzen entsprechenden Kontrollmaßstäben.

Es ist hier nicht der Ort, zur Kontrolldichte verfassungsgerichtlicher Entscheidungen allgemein Stellung zu beziehen[10]. Sie bildet ein ewiges Problem. Den einen geht das Gericht zu forsch vor, den andern ist es zu reserviert. Die Gewichtung ist vielfach durch die Prozeßperspektive als Antragsteller oder Antragsgegner oder auch durch sonstige Interessen weitgehend vorgeprägt. Über die Kontrollgrenzen wird man juristisch immer streiten können; sinnvoll eigentlich nur am konkreten Konfliktfall. Dies alles darf man nicht übersehen. Ungeachtet dessen ist aber die Begründung, die das Bundesverfassungsgericht gibt, um

---

[6] Vgl. *BVerfGE* 45, 400 (415); Beschluß vom 26. 2. 1980, NJW 1980, S. 2403 ff.
[7] *BVerfGE* 34, 165 (185).
[8] Vgl. oben Einführung.
[9] Vgl. *BVerfG*, NJW 1980, 2403; *BVerfGE* 34, 165 (189).
[10] Vgl. dazu zuletzt: *Korinek/Müller/Schlaich,* Verfassungsgerichtsbarkeit im Gefüge der Staatsfunktionen, VVDStRL 39 (1981); *F. Ossenbühl,* ebenda S. 189 f. (Diskussionsbeitrag).

seine Abstinenz im Bereich der Kontrolle von Schulreformen zu rechtfertigen, unhaltbar. So heißt es in Anlehnung an frühere Formulierungen des Gerichts in der letzten einschlägigen Entscheidung vom 26. 2. 1980 in drei Begründungsschritten wie folgt: Das Schulwesen sei eine ausschließliche Zuständigkeit der Länder. „Daraus" (!) ergebe sich eine „weitgehende (!) eigenständige Gestaltungsfreiheit der Länder bei der Festlegung der Schulorganisation". — Schon diese Folgerung ist unverständlich. In Abgrenzung von der Bundeszuständigkeit folgt aus der „ausschließlichen" Länderzuständigkeit keine (nur) „weitgehende", sondern eine „ausschließliche" Gestaltungsfreiheit der Länder — aber nur in kompetentieller Hinsicht gegenüber dem Bund. Deshalb verlassen die beiden folgenden Sätze der Begründung des Bundesverfassungsgerichts die Schlüssigkeit des Gedankengangs, wenn es heißt: „Sie (die Gestaltungsfreiheit der Länder) ist *nur* eingeschränkt, soweit übergeordnete Normen des Grundgesetzes ihr Grenzen setzen. Schon aus diesem Grunde (?) muß sich das Bundesverfassungsgericht bei der verfassungsgerichtlichen Beurteilung schulrechtlicher Regelungen der Bundesländer große Zurückhaltung auferlegen"[11]. Diese Begründung und Folgerungsweise ist in der Tat schwer zu verstehen. Denn die legislative Gestaltungsfreiheit ist schlechthin *nur* durch die Verfassung eingeschränkt, wenn man einmal supranationale Normen außer acht läßt. Insoweit besteht für die Schulgesetzgebung nicht die geringste Sonderlage. Deshalb ist nicht ersichtlich, warum für die Kontrolle des Schulgesetzgebers eine „große Zurückhaltung" angezeigt sein soll. Der Fehler in dem Gedankengang des Bundesverfassungsgerichts liegt offenbar in der unzulässigen Verquickung von kompetentiellen Aspekten mit vorgegebenen materiellrechtlichen Direktiven der Verfassung.

3. Dirigierende und beschränkende Kraft des Elternrechts

Aus dem elterlichen Erziehungsrecht folgt kein Recht auf Teilhabe am parlamentarischen Gesetzgebungsverfahren[12]. Grundrechtsverbürgungen können aber, dies ist inzwischen ein Gemeinplatz des deutschen Verfassungsrechts, inhaltliche Direktiven insbesondere auch organisatorischer Art für den parlamentarischen Gesetzgeber implizieren[13]. Denn Grundrechte sind nach der feststehenden Rechtsprechung des Bundesverfassungsgerichts nicht nur Abwehrrechte gegen den Staat, sondern sie enthalten ebenso auch Institutsgarantien und wertentscheidende Grundsatznormen[14].

---
[11] Vgl. *BVerfG*, NJW 1980, 2403.
[12] Vgl. dazu oben Fünftes Kapitel sub I. 3.
[13] Vgl. dazu z. B. *Chr. Starck*, Staatliche Organisation und staatliche Finanzierung als Hilfen zu Grundrechtsverwirklichungen?, in: Bundesverfassungsgericht und Grundgesetz II, 1976, S. 480 ff.

6. Kap.: Elternrecht und Schule — Aktuelle Einzelfragen

Die verschiedenen Gehalte und Dimensionen von Grundrechtsgewährleistungen hat das Bundesverfassungsgericht namentlich im Hinblick auf Art. 6 GG an praktischen Konfliktfällen im Ausländerrecht deutlich gemacht und gegenüber der Auslegung und Anwendung des einfachen Gesetzesrechts zur Geltung gebracht[15]. Danach verbürgt Art. 6 Abs. 1 GG „nicht nur die Ehe, sondern die Familie mit Kindern als geschlossenen Lebensbereich". Und der Staat ist verpflichtet, die Einheit und Selbstverantwortlichkeit der Familie zu respektieren und zu fördern[16]. Da das elterliche Erziehungsrecht sich als ein essentielles Element der Institutsgarantie des Art. 6 GG darstellt[17], nimmt es an der Direktionskraft dieser Grundrechtsvorschrift für den (einfachen) Gesetzgeber teil[18]. Hat der einfache Gesetzgeber somit kraft Grundrechtsgewährleistung auch das elterliche Erziehungsrecht zu „respektieren" und zu „fördern"[19], so folgen aus dieser Achtungs- und Förderungspflicht notwendigerweise Grenzen und Bindungen auch und gerade des Schulgesetzgebers. Mit Recht führt das Bundesverfassungsgericht in seiner ersten Grundsatzentscheidung aus: „Das Grundgesetz hat die Schule nicht zur ausschließlichen Staatsangelegenheit erklärt. Der Staat trifft sich hier mit anderen Erziehungsträgern in der Aufgabe, das Kind bei der Entwicklung zu einer eigenverantwortlichen Persönlichkeit innerhalb der Gemeinschaft zu unterstützen und zu fördern. *Insbesondere wird das staatliche Bestimmungsrecht im Schulwesen begrenzt durch das in Art. 6 Abs. 2 Satz 1 GG gewährleistete elterliche Erziehungsrecht (Elternrecht)*"[20]. Ist also die begrenzende und dirigierende Kraft des elterlichen Erziehungsrechts für den staatlichen Schulgesetzgeber nicht zu bestreiten, so kann nur noch fraglich sein, wie die grundrechtlichen Bindungen und Direktiven aussehen und wo die Grenzen zulässiger Regelungen verlaufen.

Hierzu heißt es in einer Entscheidung des Bundesverfassungsgerichts betreffend die Neuordnung der gymnasialen Oberstufe wie folgt:

„Die organisatorische Gliederung der Schule, das inhaltliche und didaktische Programm der Lernvorgänge und das Setzen der Lernziele sowie die Entscheidung darüber, ob und inwieweit diese Ziele von dem Schüler erreicht worden sind, gehören zu dem der elterlichen Bestim-

---

[14] Vgl. *F. Ossenbühl*, Die Interpretation der Grundrechte in der Rechtsprechung des Bundesverfassungsgerichts, NJW 1976, S. 2100 ff.

[15] Vgl. z. B. *BVerfGE* 51, 386 (396).

[16] So *BVerfGE* 51, 386 (398).

[17] *Th. Maunz*, in: Maunz/Dürig/Herzog/Scholz, Grundgesetz, Art. 6 Rdnr. 9, spricht sogar vom Elternrecht „als Verfassungsinstitution".

[18] Der Zusammenhang zwischen Art. 6 Abs. 1 und 2 GG ist deutlich herausgestellt in *BVerfGE* 51, 386 (398).

[19] So die Formulierungen in *BVerfGE* 51, 386 (398).

[20] *BVerfGE* 34, 165 (182).

mung grundsätzlich entzogenen staatlichen Gestaltungsbereich. Zwar darf ... das Wahlrecht der Eltern zwischen vom Staat zur Verfügung gestellten Schulformen nicht mehr als zulässig begrenzt werden. Daraus kann jedoch kein Recht der Eltern abgeleitet werden, daß der Staat eine bestimmte, an den Wünschen der Eltern orientierte Schulform zur Verfügung stellen muß. Dies wäre angesichts der Vielfalt elterlicher Bildungsvorstellungen auch nicht durchführbar. Allerdings kann die Grenze des verfassungsrechtlich Zulässigen dort liegen, wo das Wahl- und Bestimmungsrecht der Eltern angesichts nur noch einer einzigen vorhandenen obligatorischen Schulform mit einem vom Staat einseitig festgelegten Bildungsziel obsolet wird und leerläuft"[21].

Diese freilich nur andeutungsweise skizzierte Grenzziehung des Bundesverfassungsgerichts muß mit erheblichen Vorbehalten und Zusätzen versehen werden, um dem Direktionsgehalt des Art. 6 GG gerecht zu werden. Die „Grenze des verfassungsrechtlich Zulässigen", von der das Gericht spricht, kann nicht erst dann überschritten sein, wenn man bei der „einzig vorhandenen obligatorischen Schulform" mit einem „einseitig festgelegten Bildungsziel" angelangt ist. Denn bei einer solchen Konstellation wäre das elterliche Bestimmungsrecht ein nudum ius, ein inhaltsloses Recht, eine Befugnis ohne Substanz. Die undifferenzierte Einheitsschule, die das Bundesverfassungsgericht im Sinn hat, ist nichts anderes als ein *Fall absoluter und evidenter Verfassungswidrigkeit*, der die Wahlmöglichkeit betreffend die Schullaufbahn des Kindes völlig beseitigt[22]. Das aus dem grundrechtlich verbürgten elterlichen Erziehungsrecht resultierende Differenzierungsgebot für den staatlichen Schulgesetzgeber, welches in einigen Landesverfassungen explicit hervorgehoben ist[23], wird aber schon in einem viel früheren Stadium wirksam. Je vielfältiger die Differenzierung des Schulwesens, um so größer die Auswahl und die Substanz und Effektivität des elterlichen Erziehungsrechts. Diese Maxime muß auch der staatliche Schulgesetzgeber beachten, und zwar kraft einer aus der Grundrechtsgarantie des Art. 6 GG fließenden Organisationsdirektive. Freilich muß der staatliche Gesetzgeber diese Organisationsdirektive mit sonstigen Belangen abwägen. Unmögliches oder finanziell Unzumutbares kann niemand verlangen. Es gibt keine Differenzierung um jeden Preis. Der finanzielle Aufwand einer Schuldifferenzierung ist selbstredend eine legitime Abwägungsgröße. Man muß aber erhebliche Zweifel anmelden, ob es dem Staat auch gestattet ist, einen Abbau der Schuldifferenzierung allein aus

---

[21] *BVerfGE* 45, 400 (416).
[22] Vgl. auch *Th. Maunz*, in: Maunz/Dürig/Herzog/Scholz, Grundgesetz, Art. 6 Rdnr. 28.
[23] Vgl. für Nordrhein-Westfalen: *F. Ossenbühl*, Verfassungsrechtliche Probleme der kooperativen Schule, 1977, S. 34 ff.; ferner Art. 132 BayLV.

Gründen einer von ihm verfolgten, aber von vielen Eltern abgelehnten Erziehungskonzeption vorzunehmen. Insoweit würde ein Verweis auf die demokratische Legitimation des parlamentarischen Gesetzgebers am verfassungsrechtlichen Problem vorbeigehen[24]. Denn der parlamentarische Gesetzgeber ist gerade durch die Grundrechte beschränkt, wobei die Grundrechte ihrerseits als Ausdruck des Minderheitenschutzes punktuelle Durchbrechungen des Mehrheitsprinzips darstellen, anders gesagt: die Respektierung von Minderheitspositionen auch gegenüber der Mehrheit verlangen. Eine solche Respektierung ist nur durch eine Differenzierung zu realisieren und zu gewährleisten.

Das noch ungelöste Problem der Grenzen des staatlichen Schulorganisationsgesetzgebers müßte also mit der Frage ansetzen, wie weit das Differenzierungsgebot trägt. In diesem Zusammenhang wäre auch zu erörtern, welche Gründe einen Abbau vorhandener Schuldifferenzierung zu legitimieren vermögen und ob und inwieweit diese Gründe etwa in Anlehnung an bekannte Stufentheorien sich gegen das aus dem elterlichen Erziehungsrecht resultierende Differenzierungsgebot durchsetzen können. Eine solche Ausformung des juristischen Beurteilungssystems wäre notwendig, um die Bestrebungen, Gesamtschulen auch gegen den Willen der betroffenen Eltern und Kinder durchzusetzen, einer verfassungsrechtlichen Würdigung zuführen zu können. Das Bundesverfassungsgericht hat im Mülheim-Kärlich-Beschluß mit großem Impetus auf den grundrechtsschützenden Charakter von Verfahrensvorschriften im Verwaltungsrecht hingewiesen und den „vorverlegten Grundrechtsschutz" betont[25]. Es wäre konsequent, wenn sich das Gericht darauf besinnen würde, daß es auch bei dem Differenzierungsgebot an die Adresse des Schulgesetzgebers um nichts anderes geht als um einen solchen „vorverlegten Grundrechtsschutz", und zwar in einem Bereich, der keineswegs weniger gravierend ist als jener Fall, an dem das Bundesverfassungsgericht sein grundsätzliches Exempel statuiert hat.

4. Dirigierende und beschränkende Kraft des Kindesgrundrechts

Gleichsam anhangsweise sei zur Abrundung des Problems nur skizzierend darauf hingewiesen, daß das verfassungsrechtliche Differenzierungsgebot an den Schulorganisationsgesetzgeber nicht nur das elterliche Erziehungsrecht effektuiert, sondern vielmehr auch notwendig ist, um das Recht auf freie Entfaltung der Persönlichkeit des Kindes zu gewährleisten. Eine solche Effektuierung und Gewährleistung des Kindesgrundrechts auf freie Entfaltung der Persönlichkeit ist nur bei einer

---

[24] Vgl. auch *U. Scheuner*, in: Essener Gespräche 14 (1980), S. 99 f.
[25] *BVerfG*, DÖV 1980, 299.

entsprechenden Schuldifferenzierung denkbar. Dieser Zusammenhang klingt beispielsweise deutlich an in Art. 11 der Verfassung des Landes Baden-Württemberg, in dem es heißt:

> „(1) Jeder junge Mensch hat ohne Rücksicht auf Herkunft oder wirtschaftliche Lage das Recht auf eine seiner Begabung entsprechende Erziehung und Ausbildung.
> (2) Das öffentliche Schulwesen ist nach diesem Grundsatz zu gestalten."

Das staatliche Schulsystem darf also nicht alle Kinder über einen Kamm scheren, sondern es muß den unterschiedlichen Begabungen und Talenten der Kinder durch eine ausreichende Differenzierung Rechnung tragen. Diese Binsenweisheit ist lange Zeit durch die verklemmte und absurde Vorstellung in Vergessenheit geraten, daß die Begabtenauslese und Begabtenaussonderung im schulischen Bereich eine Privilegierung darstelle. Damit wurde die Begabtenauslese einer falsch konzipierten Sozialpolitik geopfert und Sachwidriges miteinander vermischt. Gewiß haben die lernschwachen und hilfsbedürftigen Kinder einen Anspruch auf Förderung. Darum geht es nicht. Eine solche Förderung kann nicht dadurch stattfinden, daß lernschwache Kinder schlicht mit den begabten Kindern, über eine längere Zeit als es die herkömmliche Grundschule vorsieht, zwangsweise zusammengehalten werden. Nicht die Aussonderung lernschwacher und begabter Schüler, sondern vielmehr die allgemeine Nivellierung stellt ihrerseits eine Diskriminierung dar, und zwar eine Diskriminierung der begabten, talentierten und lernwilligen Kinder, die keinen geringeren Anspruch auf Beachtung und Förderung des Staates haben als die lernschwachen Kinder[26]. Will und muß der Staat aber solche unterschiedlichen Anspruchslagen berücksichtigen, so kann dies nur im Wege einer ausreichenden Differenzierung des Schulwesens geschehen. Das auch unter dem Gesichtspunkt des Kindesgrundrechts bestehende Differenzierungsgebot an den staatlichen Schulgesetzgeber ist aber keineswegs erst bei Instituierung einer Einheitsschule mit vom Staat einseitig festgelegten Bildungszielen verletzt, sondern vielmehr schon dann, wenn bei der differenzierenden Ausprägung der Schulorganisation das elterliche Erziehungsrecht und das Kindesgrundrecht gegenüber anderen staatlichen Zielen und Motiven ungerechtfertigt zurückgesetzt werden.

5. Effektuierung des elterlichen Erziehungsrechts durch Freie Schulen

Eine abschließende Bemerkung möge die Freien Schulen in den gestellten Problemzusammenhang einbeziehen. Die in Art. 7 Abs. 4 GG

---
[26] Das Problem der hochbegabten Kinder ist noch viel zu wenig gesehen; vgl. *R. Scholz*, Hochbegabte Kinder — die vergessene Minderheit, Bonner General-Anzeiger v. 13./14. 12. 1980, S. II.

verankerte Garantie der Institution der Privatschule gewinnt im Zusammenhang mit der Sicherstellung und Effektuierung eines differenzierten Schulangebotes und damit auch des elterlichen Erziehungsrechtes eine hervorragende Bedeutung. Durch die Institution der Freien Schulen mit unterschiedlichen Strukturen, Bildungsangeboten und Erziehungskonzeptionen kann dem elterlichen Erziehungsrecht in seiner Ausprägung als „Wahlrecht im Schultypenbereich" neue Substanz zugeführt werden. Deshalb bedeutet die Erhaltung und Förderung der Freien Schulen nicht nur die Förderung einer verfassungsrechtlich verbürgten Institution, sondern auch eine Effektuierung des elterlichen Erziehungsrechtes, welches durch die Freien Schulen abgestützt wird. Mehrere Grundrechtsgarantien stehen also zusammen, verstärken und ergänzen sich gegenseitig.

II. Schulversuche

Konflikte zwischen elterlichem Erziehungsrecht und staatlicher Schulhoheit können sich auch im Zusammenhang mit Schulversuchen ergeben[27].

Der Begriff „Schulversuche" wird dabei als Sammelbezeichnung für neue, zur Erprobung stehende Schulformen wie auch für die Erprobung neuer Unterrichts- und Erziehungsmethoden verwendet. Genaue inhaltliche Abgrenzungen sind nicht entscheidend. Maßgeblich ist, daß im Bereich schulischer Erziehung experimentiert wird, um zu neuen pädagogischen Erkenntnissen zu kommen, die für die staatliche Schulerziehung ausgewertet werden können.

Im vorliegenden Zusammenhang geht es allein um die Frage der Bedeutung des elterlichen Erziehungsrechtes für die Realisierung von staatlich beabsichtigten Schulversuchen. Die besondere Problematik der gesetzlichen Ermächtigung bleibt ausgeklammert[28]. Die Konstellationen eines Konflikts zwischen staatlicher Organisationsgewalt und elterlichem Erziehungsrecht im Bereich des Schulversuchs können höchst unterschiedlich aussehen. Deshalb sind Differenzierungen geboten.

---

[27] Vgl. z. B. H. *Säcker*, Schulversuche und Verfassungsrecht, RdJB 1972, S. 16; *I. Richter*. Schulversuche vor Gericht, JZ 1978, S. 553 ff.

[28] Vgl. dazu Th. *Oppermann*, Gutachten C zum 51. Deutschen Juristentag, 1976, S. 56; *H. Säcker*, Schulversuche und Verfassungsrecht, RdJB 1972, S. 13 ff.; *ders.*, Zur gesetzlichen Regelung von Schulversuchen, DVBl. 1972, S. 312 ff.; *D. Pirson*, Vorläufige und experimentelle Rechtsetzung im Schulrecht und Hochschulrecht, in: Festschrift für Hermann Jahrreiß, 1974, S. 181 ff.; *R. Stober*, Zum Gesetzesvorbehalt beim Schulversuch, DÖV 1978, S. 518.

II. Schulversuche

1. Kein Anspruch auf Durchführung von Schulversuchen

Unproblematisch erscheint zunächst die Frage, ob die Eltern einen verfassungsrechtlich abgesicherten Anspruch auf Einrichtung und Durchführung von Schulversuchen haben. Diese Frage wird zutreffend allgemein verneint[29]. Die Erprobung und Planung neuer Inhalte und Formen der staatlichen Schulerziehung gehört zum staatlichen Gestaltungsbereich. Aus Art. 6 Abs. 2 Satz 1 GG folgt kein Anspruch der Eltern, daß der Staat ihnen eine ihren Wünschen entsprechende Schule zur Verfügung stellt[30].

2. Zum Anspruch auf Fortführung begonnener Schulversuche

Differenzierter sind hingegen die Dinge bei der Frage nach der Pflicht des Staates zur Fortführung begonnener Schulversuche zu sehen. Allerdings neigt die verwaltungsgerichtliche Rechtsprechung auch für diesen Fall dazu, eine Fortführungspflicht grundsätzlich abzulehnen, wobei insbesondere die gedankliche Parallele zur Schließung von Schulen als staatlichem Organisationsakt eine maßgebliche Rolle spielt[31]. Doch ist deutlich die Bereitschaft erkennbar, Ausnahmen zuzulassen, wobei angedeutet wird, daß „unter besonderen Umständen" die Beendigung oder Änderung von Schulversuchen möglicherweise das elterliche Erziehungsrecht verletzen kann[32]. Solche „besonderen Umstände" sind in der Tat denkbar, wenn auch bislang an konkretem Entscheidungsmaterial aus der Rechtsprechung der Verwaltungsgerichte noch nicht belegt. Immerhin sei auf zwei rechtliche Prinzipien und Gedanken hingewiesen, die für die rechtliche Würdigung künftiger Fälle maßgeblich sein könnten.

Zum einen ist im Schrifttum darauf aufmerksam gemacht worden, daß der Abbruch eines Schulversuchs unter Umständen die rechtliche Problemstruktur einer Planänderung aufweist, die unter dem verfassungsrechtlichen Gesichtspunkt des *Vertrauensschutzes* bedenklich sein kann[33]. Es liegt nahe, daß nach dem Maß des Erfolges und des Fortschritts eines Schulversuches und der Intensität der Betroffenheit von Schülern und Eltern ein Anspruch auf Fortführung des Schulversuchs oder doch auf schonende Übergangsmaßnahmen entstehen kann.

---

[29] Vgl. etwa *VGH Baden-Württemberg*, DÖV 1974, 858 (859); *I. Richter*, JZ 1978, S. 553 ff. (554).
[30] BVerwG, NJW 1976, 864.
[31] Vgl. BVerwG, NJW 1976, 864; *VGH Baden-Württemberg*, DÖV 1974, 858 (859).
[32] Vgl. BVerwG, NJW 1976, 864, wo als Beispiel der Fall einer „pädagogisch schädlichen Unruhe" durch „Wechselbäder" genannt wird.
[33] Vgl. *I. Richter*, Schulversuche vor Gericht, JZ 1978, S. 553 ff. (554 f.).

Zum andern dürfte sich eine Anspruchsposition, wiederum allerdings nur in vorsichtiger Weise unter Beachtung der besonderen Umstände des Einzelfalles, auf dem Gedanken aufbauen lassen, daß Schulversuche regelmäßig nach dem Prinzip der Freiwilligkeit mit Zustimmung der Eltern begonnen und von staatlicher Seite gewisse Erwartungen geweckt worden sind. Auf diese Weise entsteht zwischen Staat und Eltern eine Art *vertragsähnliches Vertrauensverhältnis*, welches zu einer intensiveren Rücksichtnahme und Bindungswirkung der staatlichen Organisationsgewalt führt, als dies üblicherweise der Fall ist.

3. Kein Zwang zur Teilnahme an Schulversuchen

Der letzte Gedanke leitet unmittelbar über zur Frage, ob der Staat die Eltern zwingen kann, ihre Kinder einem staatlichen Schulversuch zu unterwerfen. Ein solcher Zwang ist unter verschiedenen verfassungsrechtlichen Gesichtspunkten, unter anderem auch unter Berufung auf das elterliche Erziehungsrecht gemäß Art. 6 Abs. 2 Satz 1 GG in Zweifel gezogen worden[34]. Andere hingegen halten einen Zwang zur Teilnahme an Schulversuchen für zulässig, sofern gewisse Kautelen eingehalten sind, die den Grundrechtspositionen der Betroffenen Rechnung tragen[35]. Das Bundesverfassungsgericht spricht an einer Stelle von einem „*unzumutbaren* Zwang zur Beteiligung an einem Schulversuch", der dann aber im konkreten Falle verneint wird[36]. Doch wird man diesen Passus nicht überbewerten dürfen, weil er lediglich einen Einwand der Verfassungsbeschwerdeführer aufnimmt, nicht aber als Element einer „tragenden Begründung" in Erscheinung tritt. So wird man aus dem Attribut „zumutbar" nicht schon darauf schließen können, daß das Bundesverfassungsgericht einen Zwang zur Beteiligung an Schulversuchen bis zur Zumutbarkeitsgrenze verfassungsrechtlich grundsätzlich abgesegnet habe.

Der bestehende Dissens scheint auch mehr auf definitorischen als auf sachlichen Diskrepanzen zu beruhen. Zunächst einmal macht sich hier bemerkbar, daß ein allgemeiner Konsens darüber fehlt, was ein „Schulversuch" ist. Nicht jedes Unterrichtsexperiment läßt sich unter diesen Begriff subsumieren. Einem Schulversuch ist vielmehr eine gewisse Dauer und Bedeutung eigen. Ferner setzt er eine größere Zahl betroffener Schüler voraus.

---

[34] Vgl. *H. Säcker*, Schulversuche und Verfassungsrecht, RdJB 1972, S. 16 f.; *R. Stober*, Gesetzesvorbehalt beim Schulversuch, DÖV 1976, S. 521.
[35] So *I. Richter*, Schulversuche vor Gericht, JZ 1978, S. 553 ff. (555 f.) unter Berufung auf die einfachgesetzliche Rechtslage in einigen Bundesländern.
[36] *BVerfGE* 34, 165 (185).

Versteht man, die vorstehenden Einschränkungen vorausgesetzt, unter Schulversuchen die Erprobung neuer Formen und Methoden des Unterrichts, die pädagogisch umstritten sind oder deren Gleichwertigkeit mit den üblichen Formen und Methoden ungewiß ist, die also mit anderen Worten auch die Möglichkeit einer pädagogischen Benachteiligung der betroffenen Schüler gegenüber ihren Jahrgangsgenossen einschließen können, so erscheint es schon unter dem Gesichtspunkt des Gleichheitssatzes unverständlich, wieso der Staat befugt sein soll, dieses Sonder-Risiko („Sonderopfer") einer bestimmten Gruppe von Schülern ohne weiteres abzufordern. *Maunz* hält deshalb mit Recht einen solchen Zwang für unzumutbar und deshalb verfassungswidrig[37]. Als wesentliches Element für die Legitimität von Schulversuchen ist somit das Prinzip der Freiwilligkeit zu erachten[38]. Gegen den Willen der Eltern kann der Staat also Schüler nicht in einen Schulversuch einbeziehen.

III. Orientierungsstufe und elterliches Erziehungsrecht

Um eine Aussage zur Betroffenheit des elterlichen Erziehungsrechts bei der Einführung der Orientierungsstufe etwa im System der kooperativen Schule machen zu können, erscheint es geboten, zunächst klarzustellen, wie sich die Wahl- und Bestimmungsmöglichkeiten der Eltern gegenüber der herkömmlichen Gliederung des Schulsystems verändern. Dies ist jedoch angesichts der unterschiedlichen Konzeptionen zur Orientierungsstufe nicht ganz einfach[39].

Um zu konkreten Aussagen zu kommen, sei von dem Modell einer schulformunabhängigen Orientierungsstufe nach dem Muster etwa der hessischen Förderstufe ausgegangen, die intern nach einem Kurssystem gestaltet ist, das sich an den zur Verfügung stehenden weiteren Bildungswegen orientiert[40].

Fragt man auf dem Hintergrund dieses Modells nach den Veränderungen des elterlichen Bestimmungsrechts, so könnte der Einwand kommen, daß eine Verkürzung des Elternrechts nicht stattfinde, weil die Eltern nach wie vor in der Lage seien, den der Orientierungsstufe folgenden weiteren Bildungsweg eigenständig zu bestimmen. In der Tat findet sich diese Argumentation im politischen Raum, verbunden mit

---

[37] *Th. Maunz*, in: Maunz/Dürig/Herzog/Scholz, Grundgesetz, Art. 6 Rdnr. 28 a. E.

[38] Vgl. *R. Stober*, Gesetzesvorbehalt beim Schulversuch, DÖV 1976, S. 521.

[39] Vgl. die Übersicht von *J. Ziegenspeck*, Zum Planungs- und Entwicklungsstand der Orientierungsstufe in der Bundesrepublik Deutschland, eine Dokumentation und Zwischenbilanz, 1976.

[40] Vgl. *BVerfGE* 34, 165.

dem Zusatz, die zeitlich um zwei Jahre verzögerte Bestimmung des weiteren Bildungsweges führe zu einer Optimierung der Entscheidung, weil diese durch die Orientierungsstufe besser vorbereitet sei.

Bei Licht besehen erscheint eine solche Argumentation indessen als durchaus vordergründig. Allerdings ist zuzugeben, daß die *formale* Position der Eltern, nach Beendigung der Orientierungsstufe noch — wie bisher auch schon — zwischen den überkommenen drei Bildungswegen zu wählen, erhalten bleibt. Jedoch läßt sich nicht bestreiten, daß diese Wahl durch die Zuordnungen des Schülers im Kurssystem und Differenzierungsbereich der Orientierungsstufe entscheidend vorgeprägt wird[41].

Am Ende der Orientierungsstufe steht nach dem Konzept dieses Schulmodells nicht ein einheitlicher Ausbildungsstand aller Schüler, sondern eine differenzierte Vorbereitung auf die dann folgenden Schulzweige, die ihrerseits eine solche differenzierende Vorbereitung erfordern, wenn sie ihre Identität bewahren sollen. Infolgedessen müssen die maßgeblichen Richtungsentscheidungen für die späteren Bildungswege schon im Stadium der Orientierungsstufe in einem sukzessiven, kontinuierlichen Ausleseverfahren getroffen werden. Diese Zusammenhänge sind längst erkannt[42].

Die folgenden Überlegungen gehen von dem Fall aus, daß die Festlegungen der inneren Struktur der Orientierungsstufe in dem Sinne erfolgen, wie dies oben geschildert wurde. Für diesen Fall bleibt festzuhalten, daß die Orientierungsstufe das Wahlrecht der Eltern betreffend den Schulzweig *formal* aufrechterhält und — lediglich — um zwei Jahre verschiebt, jedoch *faktisch* dieses Wahlrecht durch sukzessive Richtungsbestimmungen in der Orientierungsstufe präjudiziert und entleert.

Dieser Befund wäre verfassungsrechtlich dann zu vernachlässigen, wenn das (vormalige) Wahlrecht der Eltern, nach Abschluß der Grundschule den Besuch der weiterführenden Schule zu bestimmen, durch ein entsprechendes Wahlrecht ersetzt würde, welches sich bereits *im Stadium der Orientierungsstufe* entfalten könnte. Dies bedeutet praktisch, daß die Eltern dann gleichsam als Surrogat für das durch die Orientierungsstufe verkürzte Wahlrecht betreffend den Schulzweig ein

---

[41] Vgl. BVerfGE 34, 165 (190 f.); *Harnischfeger/Heimann*, Rechtsfragen der Gesamtschule, 1970, S. 42 f.

[42] Vgl. für die hessische Förderstufe: BVerfGE 34, 165 (190 f.); *H. Brauburger*, Elternrecht in der Förderstufe, RdJB 1968, S. 261 ff. (265); ferner: *Harnischfeger/Heimann*, wie vorige Fußnote; *L. Dietze*, Nach welchen rechtlichen Grundsätzen sind das öffentliche Schulwesen und die Stellung der an ihm Beteiligten zu ordnen?, DVBl. 1976, S. 593 ff. (601).

Bestimmungsrecht über die Zuordnung ihrer Kinder zu den Kursen oder Lerngruppen in der Orientierungsstufe erhalten müßten.

Es ist leicht ersichtlich, daß sich mit einer solchen elterlichen Bestimmung im Orientierungsstufenbereich schwierige schulorganisatorische Probleme verbinden. Mehr noch: ein solches Bestimmungsrecht der Eltern, welches sich — bis zum Nachweis mangelnder Eignung des Kindes — auch gegenüber dem widerstrebenden Staat durchsetzen müßte, stünde im Widerspruch zur Grundkonzeption der Orientierungsstufe[43].

Denn die Orientierungsstufe bedeutet in ihrer Intention eine deutliche Abkehr von der bloß „negativen Auslese" hin zu einer *positiven Eignungsbestimmung durch die Schule*. Diese wird nicht nur durch das informative und pädagogisch-fachliche Übergewicht des Lehrers gegenüber den Eltern, denen das Beobachtungsfeld der Orientierungsstufe entzogen ist und die gegenüber dem Lehrer kaum argumentativ auftreten können, *faktisch* vorprogrammiert, sondern zum Teil sogar als *rechtliches* Letztentscheidungsrecht der Schule statuiert[44].

Diese Gewichtsverschiebung des Bestimmungsrechts bei der Schulzweigwahl von den Eltern auf die Schule ist auch vom Bundesverfassungsgericht im Förderstufen-Urteil klar, wenn auch in vorsichtigen Formulierungen, herausgestellt worden, wenn es im entsprechenden Zusammenhang heißt: „Damit erhält das Eignungsurteil der Schule für die Wahl des weiteren Bildungsweges eine über die ‚negative Auslese' hinausgehende Bedeutung"[45].

Freilich ist entgegen anders lautenden Würdigungen festzuhalten[46]: der vorstehende Satz im Förderstufenurteil ist, wie sich aus dem Kontext ergibt, lediglich eine feststellende Bemerkung im Zusammenhang mit der tatsächlichen Betrachtung der hessischen Förderstufe — *nicht* aber auch schon eine verfassungsrechtliche Legitimation eines Übergriffs in das elterliche Bestimmungsrecht. Anders ausgesprochen: das Bundesverfassungsgericht hat auch für die Orientierungsstufe keineswegs die bislang für das Schulwesen anerkannte verfassungsrechtliche Position eines Letztentscheidungsrechts der Eltern, welches lediglich durch eine sog. negative Auslese des Staates eingegrenzt wird, aufge-

---

[43] Vgl. auch *Chr. Starck,* Organisation des öffentlichen Schulwesens, NJW 1976, S. 1375 ff. (1379).

[44] Vgl. Vereinbarung über die Orientierungsstufe, Beschluß der Kultusministerkonferenz vom 28. 2. 1974, Nr. 7 Sammlung der Beschlüsse der ständ. Konferenz der Kultusminister der Länder in der Bundesrepublik Deutschland.

[45] BVerfGE 34, 165 (191).

[46] Vgl. z. B. *Chr. Starck,* NJW 1976, S. 1375 ff. (1379), der meint, das BVerfG lasse bei der Kurszuordnung eine stärkere Einwirkung der Schule zu.

geben, sondern im Gegenteil erneut unterstrichen. In den Entscheidungsgründen heißt es nämlich resümierend:

„Allerdings wäre eine Begabungsdiagnose und Bildungsprognose durch den Staat dann verfassungswidrig, wenn sie das elterliche Bestimmungsrecht ausschaltete und damit den Schüler auf seine künftige Rolle in der staatlichen Gemeinschaft festlegen wollte. Die Schule muß deshalb die Eltern über die beabsichtigte Ein- und Umstufung der Kinder rechtzeitig und ausreichend aufklären und sich mit ihnen abstimmen. *Sie muß dem Elternwunsch soweit wie möglich entsprechen und darf davon nur abweichen, wenn ihm mangelnde Eignung entgegensteht.*"[47].

Daß trotz dieses aus dem Jahre 1972 stammenden Urteils des Bundesverfassungsgerichts noch die Vereinbarung der Kultusminister betreffend die Orientierungsstufe im Jahre 1974 zustandekommen konnte, die praktisch das elterliche Bestimmungsrecht durch ein staatliches Bestimmungsrecht ersetzen will, beweist die Unempfindlichkeit der Kultusbürokratien gegenüber der Direktionskraft rechtsstaatlicher Prinzipien im Schulwesen.

Angesichts des soeben mitgeteilten Judikates und einer gefestigten Meinung auch in der übrigen Rechtsprechung und Lehre bedarf die Gegenposition, nach welcher das Elternrecht eine positive Auslese durch den Staat nicht hindern soll, keiner ausführlichen Widerlegung mehr. Diese vereinzelt vorgetragene Auffassung[48] beruht auf dem grundlegenden Fehler, daß sie das „wohlverstandene Interesse des Kindes" (Kindeswohl), auf das es im Einzelfall ankommt, als eine objektiv feststellbare und erkennbare Größe *fingiert* und das Elternrecht lediglich als „Instrumentalrecht" versteht, welches den Zweck hat, diese objektiv feststellbare Größe zu ermitteln. Da die Schule aber für die Entscheidung über Schullaufbahnen im Einzelfall besser gerüstet erscheint, wird diese Entscheidung kurzerhand für die Schule reklamiert[49].

Dem sympathischen Anliegen, dem Kinde eine möglichst optimale Schullaufbahn zu erschließen, wird im Ergebnis niemand widersprechen wollen. Aber dieses Anliegen über eine Pauschalentmündigung *aller* Eltern und eine Letztentscheidung des Lehrers erreichen zu wollen, zeugt nicht nur von einem übertriebenen, durch die Wirklichkeit nicht gerechtfertigten Glauben an die pädagogische Unfehlbarkeit des Lehrers schlechthin, sondern offenbart auch eine über tiefe Skepsis

---

[47] *BVerfGE* 34, 165 (192) (Hervorhebung von mir).
[48] Vgl. *Harnischfeger/Heimann*, Rechtsfragen der Gesamtschule, 1970, S. 38 ff.; *I. Richter*, Bildungsverfassungsrecht, 1973, S. 63.
[49] Vgl. zur Kritik auch *H.-U. Evers*, Reformen des Schulverhältnisses als Grundrechtsproblem, JR 1976, S. 265 ff. (268).

hinausgehende Überzeugung von der pädagogischen Ignoranz und Unfähigkeit der Eltern; eine Überzeugung, die ihrerseits wiederum kaum dem Vorwurf der Wirklichkeitsblindheit oder Naivität zu entgehen vermag. Man braucht also gar nicht auf den verfassungsrechtlich legitimen Standpunkt, daß auch die pädagogisch bessere Einsicht des Lehrers dem rechtlichen Vorrang des elterlichen Erziehungsrechtes zu weichen habe[50], zurückzugreifen, um die oben mitgeteilte etatistische Mindermeinung zum Selbstbestimmungsrecht zu widerlegen. Ihr liegt, wie ihre Vertreter auch unzweideutig offenbaren, ein gesellschaftspolitisches Engagement zugrunde, welches darauf gerichtet ist, auch den begabten Kindern sog. unterprivilegierter Schichten — notfalls auch gegen den Willen oder doch gegen eine gewisse Scheu der Eltern — den Weg zu einer qualifizierten Bildung zu eröffnen. Dieses begrüßenswerte Engagement aber durch eine generelle Negation des elterlichen Erziehungsrechts verfolgen zu wollen, ist nicht nur im Hinblick auf die Zahl der betroffenen Eltern unverhältnismäßig, sondern auch im Hinblick auf Art und Weise der Mittel verfehlt. Auch im Schulwesen müssen die staatlichen Instanzen letztlich begreifen, daß die Abkehr vom Untertanenstaat des 19. Jahrhunderts eine Veränderung der Formen bewirkt, in denen der Staat dem Bürger gegenübertritt, um gewisse Ziele zu erreichen: an die Stelle frontalen hoheitlichen Zwangs sind in weiten Bereichen andere, dem angesprochenen Bürger weitgehend Freiheit belassende Mittel getreten wie Beratung, Unterstützung, Abbau von Vorurteilen durch Aufklärung, finanzielle Hilfen etc. Solche Mittel und Wege auch im Schulrecht dem frontalen hoheitlichen Zwang vorzuziehen, ist nicht nur ein Gebot der politischen Klugheit, sondern auch der Verfassung.

IV. Ganztagsschule

In der politischen Diskussion wird immer wieder die Forderung erhoben, die Ganztagsschule einzuführen. Eine präzise verfassungsrechtliche Antwort auf die Zulässigkeit der Ganztagsschule als Zwangsschule läßt sich nur dann geben, wenn bekannt ist, wie die Ganztagsschule aussehen soll, insbesondere welches zeitliche Ausmaß der schulischen Erziehung mit ihr verbunden ist. Die folgenden Überlegungen können

---

[50] Vgl. W. *Geiger*, Das Elternrecht, in: Schulreform und Recht, 1967, S. 33 ff. (49); H.-U. *Evers*, Verfassungsrechtliche Determinanten der inhaltlichen Gestaltung der Schule, in: Essener Gespräche zum Thema Staat und Kirche, Band 12 (1977), S. 104 ff.; A. v. *Campenhausen*, Erziehungsauftrag und staatliche Schulträgerschaft, 1967, S. 39; Th. *Oppermann*, Gutachten C zum 51. Deutschen Juristentag, 1976, S. 100 f.; Chr. *Starck*, Organisation und Finanzierung als Hilfen zu Grundrechtsverwirklichungen?, in: Festschrift Bundesverfassungsgericht, Bd. II, 1976, S. 514.

deshalb nur einige generelle Anmerkungen zu den verfassungsrechtlichen Grenzen einer Ganztagsschule bieten.

Wie die grundsätzlichen Erörterungen des 5. Kapitels gezeigt haben, hat das elterliche Erziehungsrecht sowohl qualitativ wie auch quantitativ den Vorrang vor dem schulischen Erziehungsmandat des Staates. Nach der Rechtsprechung des Bundesverfassungsgerichts hingegen sind elterliches Erziehungsrecht und staatliches Erziehungsmandat gleichrangig. Unabhängig von dieser Differenz in der Bewertung und Gewichtung des elterlichen Erziehungsrechts, d. h. *auch* vom Standpunkt der ständigen Rechtsprechung des Bundesverfassungsgerichts aus gesehen, darf jedenfalls das Gleichgewicht oder anders ausgedrückt: „die pädagogische Gewaltenteilung zwischen elterlichen und staatlichen Erziehungsträgern"[51] nicht aufgehoben werden. Dies wäre dann der Fall, wenn die Erziehungsverantwortung und Erziehungsbefugnis des Elternhauses durch sachliche und/oder zeitliche Inanspruchnahme des Kindes durch den Staat gefährdet und zurückgedrängt würden. Deshalb ist eine Ganztagsschule, die das Kind dem maßgeblichen erzieherischen Einfluß der Eltern entzieht, als Schulregeltyp, d. h. als staatlich verordnete Zwangsschule verfassungswidrig, „weil sie die Gleichrangigkeit von Elternrecht und Schulrecht durch eine Dominanz staatlicher Erziehung ersetzen würde"[52].

Allerdings sind einige erläuternde Bemerkungen angebracht. Entscheidend ist, inwieweit die Ganztagsschule nach ihrer inneren Ausgestaltung und nach ihrer zeitlichen Dimension das Kind dem Elternhaus fernhält. Insoweit präzise Grenzen zu ziehen, ist schwierig. Aber es sollte Einigkeit darüber bestehen, daß zum elterlichen Erziehungsrecht auch die Befugnis gehört, mit dem Kind innerhalb einer gewissen Zeitspanne zusammen sein zu können. Dies sei denjenigen gesagt, die darauf hinweisen wollen, daß die Grundformung des Kindes durch das Elternhaus in den ersten Lebensjahren bereits so ausgeprägt sei, daß die Schule — auch als Ganztagsschule — hieran nichts mehr ändern könne. Selbst wenn dies zuträfe, wäre es kein verfassungsrechtlich erhebliches Gegenargument. Denn im Eltern-Kind-Verhältnis kommt es keineswegs nur darauf an, daß die Eltern das Kind erzieherisch „for-

---

[51] *J. Isensee,* in: Essener Gespräche 11 (1977), S. 144.
[52] Vgl. *P. Kirchhof,* Die Grundrechte des Kindes und das natürliche Elternrecht, S. 183; *F. Ossenbühl,* Schule im Rechtsstaat, DÖV 1977, S. 801 ff. (809); *J. Isensee,* in: Essener Gespräche 11 (1977), S. 144; *W. Geiger,* Die Einschulung von Kindern verschiedenen Bekenntnisses in eine öffentliche Bekenntnisschule, 1980, S. 74; a. A. jedoch ohne nähere Erörterung des Problems und ohne Begründung *W. Perschel,* Die Rolle des Rechts bei der Demokratisierung der Schule, RdJB 1969, S. 38 mit Fußnote 48; *E. Arendt,* Verfassungsrechtliche Problematik der öffentlichen Vorschulerziehung, Diss. Bonn, 1976, S. 128; nicht ganz klar *H. Ihlenfeld,* Pflicht und Recht zum Besuch öffentlicher Schulen nach deutschem Bundes- und Landesrecht, Diss. Hamburg, 1971, S. 112.

men", sondern ihnen muß auch unabhängig davon das persönliche Zusammensein mit dem Kind gewährleistet sein.

Eine weitere Bemerkung sei hinzugefügt. Die vorstehenden Überlegungen betreffen nur die Ganztagsschule als Zwangsschule, nicht hingegen die Ganztagsschule als Angebotsschule, für die sich die Eltern frei entscheiden können. Wenn sich also viele Eltern für eine berufliche Tätigkeit beider Ehegatten entschieden haben und in der Ganztagsschule eine willkommene Entlastung in der häuslichen Überwachung der Schularbeiten sehen, dann ist es ihre persönliche Entscheidung für mehr materiellen Wohlstand oder für mehr persönliche Entfaltung beider Ehegatten, die man respektieren muß. Aber es wäre falsch, eine solche Konstellation für das Normale und deshalb Normierbare zu halten.

Auch der immer wieder zu hörende Hinweis auf ausländische Vorbilder hinsichtlich der Einrichtung von Ganztagsschulen, verbunden mit der Bemerkung, daß wir nicht unter ständigem Pochen auf das Grundgesetz hinter der Entwicklung unserer Nachbarländer herhinken könnten, will zwar das Votum gegen die Ganztagsschule als rückständig erscheinen lassen, ist aber bei Licht besehen ohne jede Grundlage. Man kennt diese Art der Argumentation aus der Diskussion um die Abtreibung, in der auch immer wieder auf ausländische Regelungen hingewiesen wurde. Eine solche Argumentation war damals so falsch wie heute. Denn es ist eine Binsenweisheit, daß deutsche Rechtsprobleme nicht unter Zuhilfenahme ausländischer Verfassungen gelöst werden können. Noch niemand ist auf die Idee gekommen, etwa das deutsche öffentlich-rechtliche, staatsdistanzierte Rundfunksystem durch einen Staatsrundfunk abzulösen, weil jeder Kundige weiß, daß Art. 5 Abs. 1 GG dies verbietet. Aber man müßte dies fordern, wenn man die französischen Verhältnisse auch in diesem Punkte für vorbildlich hielte. Hinzu kommt, daß sich Verfassungsvorschriften in ihrem normativen Charakter nur auf dem Hintergrund der gewachsenen Sozialstruktur, der Tradition und Geschichte eines Gemeinwesens erschließen lassen. Geht man so vor, so stellt sich heraus, daß andere Schulsysteme, denen der Typ der Ganztagsschule eigen ist, ein viel ausgeprägteres Privatschulsystem aufzuweisen haben, als dies in der Bundesrepublik der Fall ist, so daß auf diese Weise dem elterlichen Erziehungsrecht in gewissem Umfang die Wahl erhalten bleibt, Erziehungskonzept und Erzieher auszuwählen.

V. Vorschulerziehung

Der Topos der „Dominanz staatlicher Erziehung" ist auch der entscheidende Ansatzpunkt für die verfassungsrechtliche Beurteilung einer öffentlichen Vorschulerziehung, die in Plänen, politischen Programmen und pädagogischen Diskussionen immer wieder auftaucht[53]. Die Vor-Schulerziehung gehört thematisch nicht mehr zum Schulrecht, sondern zum Jugendrecht[54]. Das Regelungsthema „Jugendrecht" fällt aber nicht nur in die Kompetenz eines anderen Gesetzgebers (konkurrierende Gesetzgebung); es ist anders als das Schulrecht (Art. 7 Abs. 1 GG) auch nicht grundgesetzlich durch ein staatliches Erziehungsmandat unterfangen.

Keine Vorschulerziehung wäre die Vorverlegung des Schuleintrittsalters, etwa auf das vollendete 5. Lebensjahr. Eine Vorverlegung des Schuleintrittsalters könnte deshalb auf Art. 7 Abs. 1 GG gestützt werden. Es ergibt sich dann im Hinblick auf das elterliche Erziehungsrecht die Frage, wieweit solche Vordatierungen der Schulpflicht gehen können. Insoweit läßt sich die generelle Feststellung treffen, daß das Schulpflichtalter nicht in eine Entwicklungsstufe vorverlegt werden darf, „in der das Kind noch in besonderem Maße Geborgenheit und Identifikationsmöglichkeiten bei den Eltern sucht"[55]. Dies bedeutet, daß Art. 7 Abs. 1 GG keinesfalls jede Vorverlegung des Schulpflichtalters zu legitimieren vermag. Dem steht zum einen das elterliche Erziehungsrecht begrenzend entgegen, welches das Kind im frühen Alter ausschließlich dem Elternhaus vorbehält. Die Zwecksetzungen des staatlichen Erziehungsmandats in der Schule, die den staatlichen Schulerziehungsauftrag legitimieren[56], kommen im frühen Kindesalter noch nicht zum Tragen. Daraus ergibt sich des weiteren die Feststellung, daß die Erziehung von Kleinkindern nicht zum Regelungsthema des Art. 7 Abs. 1 GG gehört, weil „Schule" im Sinne dieser Vorschrift herkömmlicherweise an bestimmten Lernprogrammen, Lehrformen und Lehrmethoden orientiert ist, die sich nicht beliebig auf Kleinkinder ausdehnen lassen[57]. Der öfter

---

[53] Vgl. die Nachweise bei *E. Arendt*, Verfassungsrechtliche Problematik der öffentlichen Vorschulerziehung, Diss. Bonn, 1976.

[54] Vgl. *H. Heckel*, Vorverlegung des Schuleintrittsalters und Ausbau der vorschulischen Erziehung in rechtlicher Sicht, RdJB 1969, S. 257 ff.

[55] *P. Kirchhof*, Die Grundrechte des Kindes und das natürliche Elternrecht, S. 183.

[56] Vgl. oben Fünftes Kapitel, II. 1.

[57] Vgl. *B. Hassenstein*, Die Bedeutung der Familie für die Persönlichkeitsentwicklung der Kinder, in: Fontes u. a. (Hrsg.), Familie — Feindbild und Leitbild, 1977, S. 51 ff. (69 f.); von juristischer Seite auch *E. Arendt*, Verfassungsrechtliche Problematik der öffentlichen Vorschulerziehung, Diss. Bonn, 1976, S. 122 f.

diskutierte Beginn des Schulpflichtalters mit dem vollendeten 5. Lebensjahr dürfte insoweit die äußerste Grenze „nach unten" darstellen.

Kann die öffentliche Vorschulerziehung somit in Art. 7 Abs. 1 GG keine verfassungsrechtliche Legitimation finden, so ist sie in der Form staatlicher Zwangserziehung nur dann zulässig, wenn sich eine andere verfassungsrechtliche Grundlage ermitteln läßt. Im Schrifttum ist eine solche Grundlage in einem aus Art. 2 Abs. 1 GG abgeleiteten Innominatgrundrecht des Kindes auf optimale Erziehung gesehen worden[58]. Danach hat jedes Kind ein Grundrecht auf ein „Optimum an Anlagenentfaltung". Dieses Grundrecht soll mit dem elterlichen Erziehungsrecht dann in Konflikt geraten, wenn die Eltern wegen Unfähigkeit oder sonstigen Versagens diesem Optimum nicht zu genügen vermögen. In einem solchen Falle soll der Staat verpflichtet sein, durch eine öffentliche Vorschulerziehung „Erziehungsdefizite" auszugleichen. Überdies soll eine staatliche Vorschulerziehung auch ein „demokratisches Defizit der Erziehung" durch die Eltern kompensieren[59].

Dieser — allerdings nur in einer einzigen Dissertation — vorgetragene Gedankengang ermangelt nicht nur einer plausiblen Begründung, sondern auf weiten Strecken auch der juristischen Qualität. Nur einige Bemerkungen seien entgegnet. Selbst wenn man sich auf ein Kindesgrundrecht auf optimale Erziehung verständigen könnte, so ist doch die Erziehungsoptimalität keine objektiv feststellbare Größe. Vielmehr taucht hier in anderer Gewandung das alte Problem auf, wem der Interpretationsprimat für die Bestimmung des Kindeswohls zugeordnet werden soll[60]. Insoweit gibt Art. 6 Abs. 2 GG eine eindeutige Auskunft. Der Staat hat nur ein „Wächteramt", keine Erziehungskompetenz. Sein Erziehungsmandat ist auf den Bereich der Schule beschränkt (Art. 7 Abs. 1 GG); er reicht nicht darüber hinaus. Außerhalb des Schulbereichs kann der Staat keine allgemeine Zwangserziehung einrichten. Dem steht die klare Vorschrift des Art. 6 Abs. 2 GG entgegen. Art. 2 Abs. 1 GG scheidet als Grundlage einer staatlichen Zwangs-Vorschulerziehung aus, weil die Interpretation des Kindeswohls den erziehungsberechtigten und -verpflichteten Eltern obliegt — jedenfalls bis zur Mißbrauchsgrenze. Insoweit ist Art. 2 Abs. 1 GG, auch wenn man ihm ein Kindesgrundrecht auf optimale Erziehung entnehmen will, in den Zusammenhang des Art. 6 Abs. 2 GG eingebunden, weil die Erziehungsoptimalität im Einzelfall keine objektiv feststellbare Größe darstellt.

Ferner: wer eine öffentliche Vorschulerziehung als Zwangserziehung begründen möchte, könnte dies unter keinen Umständen damit recht-

---

[58] So *E. Arendt*, Verfassungsrechtliche Problematik der öffentlichen Vorschulerziehung, Diss. Bonn, 1976.
[59] So *E. Arendt*, wie vorige Fußnote, S. 263.
[60] Dazu oben Zweites Kapitel, IV. 7.

fertigen, daß sich in vielen Elternhäusern „Erziehungsschwächen" feststellen lassen (Wer sollte solche Feststellungen plausibel und verbindlich treffen?) oder ganze Bevölkerungsschichten wegen „Erziehungsunfähigkeit" das Kindesgrundrecht auf optimale Erziehung verfehlen[61]. Es bedeutet eine Pervertierung des Gleichheitssatzes, wenn man ihn heranziehen wollte, um bei Erziehungsversagen bestimmter Bevölkerungsschichten eine *allgemeine* öffentliche Zwangsvorschulerziehung zu legitimieren.

Eine allgemeine staatliche Vorschulerziehung als Zwangserziehung ist somit verfassungsrechtlich schlechthin unzulässig. Der Staat kann öffentliche Vorschulerziehung nur als freiwillige Angebots-Erziehung praktizieren. Im übrigen ist er nur berechtigt, unter Umständen bei *individuellem* Erziehungsversagen einzugreifen.

VI. Bestimmung der Erziehungsziele und Lerninhalte

1. Bedeutung und Brisanz

Vom Standpunkt des elterlichen Erziehungsrechtes liegt das Kernproblem der staatlichen Schulerziehung in der Festlegung der Erziehungsziele und Lerninhalte. Es erscheint noch gravierender als etwa schulorganisatorische Fragen, weil mit den Erziehungszielen und Lerninhalten unmittelbar die „Substanz" der Erziehung betroffen ist. Verständlich erscheint deshalb die Aufregung, die beispielsweise die hessischen Rahmenrichtlinien für Gesellschaftslehre und die nordrhein-westfälischen Richtlinien für den Politik-Unterricht verursacht haben[62]. Ob etwa eine „Erziehung zum Widerstand" stattfindet[63], ist nicht nur eine Angelegenheit, die den Staat selbst interessieren müßte, sondern die unmittelbar in das Elternhaus einwirkt und das Verhältnis zwischen Eltern und Kind bestimmt, womöglich in diametralem Gegensatz zur elterlichen Erziehungskonzeption steht, anders gesagt, den der elterlichen Verantwortung unterliegenden „Gesamtplan der Erziehung" durchkreuzt[64]. Es ist denn auch nicht verwunderlich, daß an der Frage der Festlegung von Erziehungszielen und Lerninhalten die gegensätzlichen Fronten besonders deutlich werden. Auf der einen Seite wird

---

[61] Vgl. in diesem Sinne aber *E. Arendt,* wie vorige Fußnote, S. 215.

[62] Vgl. dazu *G. Püttner,* Toleranz und Lehrpläne für Schulen, DÖV 1974, S. 656; *J. Abr. Frowein,* Erziehung zum Widerstand?, in: Festschrift für Willi Geiger, 1974, S. 579 ff.; *Chr. Tomuschat,* Der staatlich geplante Bürger, in: Festschrift für Eberhard Menzel, 1975, S. 21 ff.

[63] So der Titel der Abhandlung von *J. Abr. Frowein* (wie vorige Fußnote) zu den nordrhein-westfälischen Rahmenrichtlinien für den Politikunterricht.

[64] *BVerfGE* 34, 165 (183 f.); 47, 46 (74 f.).

VI. Bestimmung der Erziehungsziele und Lerninhalte

das Gebot der Toleranz als Richtschnur und Schranke staatlicher Festlegungskompetenz betont und zum Grundrecht auf eine ideologisch tolerante Schule gesteigert[65]. Es soll den Schüler vor einseitiger Indoktrination bewahren, namentlich vor dem Monopolanspruch „einiger sattsam bekannter Gesellschaftstheoreme"[66].

Auf der anderen Seite wird, freilich mit juristisch unqualifizierten Anleihen aus der Theologie[67], versucht, das verfassungsrechtliche Toleranzgebot so umzumodeln, daß es einem staatlichen Bestimmungsmonopol im Schulbereich nicht mehr entgegensteht. Während die politische Absicht solcher Versuche ebenso offenkundig ist wie die juristische Begründung abwegig, sind jene Einwände ernster zu nehmen, die in der Einschränkung der staatlichen Befugnis zur Lehrzielbestimmung durch das elterliche Erziehungsrecht eine „Blockierung von Reformen" im Schulbereich befürchten[68].

Es ist in der Tat so, daß der staatlichen Gestaltungsfreiheit im Schulwesen u. a. durch das elterliche Erziehungsrecht Schranken gezogen werden. Daß solche Schranken allerdings zu einer Blockade von Reformen führen sollen, erscheint nach der bisher festzustellenden, hypertrophisch verlaufenden Reformentwicklung eine eher unverständliche Befürchtung. Sieht man von dem „schulwirklichen" Befund ab, so kennt das Grundgesetz kein Verfassungsgebot der „Reformen um jeden Preis", dem Grundrechtspositionen zu opfern wären. Vielmehr sind die Grundrechtspositionen gerade dazu da, die Individualsphäre gegen Mehrheitsentscheidungen zu bewahren. Diesen Mehrheitsentscheidungen durch das Etikett „Reformen" einen „Mehr-Wert" verschaffen zu wollen, ist nicht geeignet, das sich stellende verfassungsrechtliche Problem der Abgrenzung zweier Einfluß- und Bestimmungssphären zu verdeutlichen.

An dieser Stelle mag ein Gedanke eingeschoben werden, der bereits in der Einführung angeklungen ist, aber im Zusammenhang der Bestimmung von Erziehungszielen und Lerninhalten besondere Bedeutung erlangt. Der Bereich der Erziehung ist seiner Natur nach in besonderem

---

[65] Vgl. Th. Oppermann, Gutachten C zum 51. Deutschen Juristentag, 1976, S. 92; ders., Zum Grundrecht auf eine tolerante Schule, RdJB 1977, S. 44; G. Eiselt, Zur Sicherung des Rechts auf eine ideologisch tolerante Schule, DÖV 1978, S. 866.

[66] Vgl. Th. Oppermann, RdJB 1977, S. 46; G. Püttner, DÖV 1974, S. 656 ff. (658).

[67] So U. K. Preuß, Lehrplan und Toleranzgebot, RdJB 1976, S. 267; gegen ihn treffend: Th. Oppermann, Zum Grundrecht auf eine tolerante Schule, RdJB 1977, S. 44, und G. Eiselt, Zur Sicherung des Rechts auf eine ideologisch tolerante Schule, DÖV 1978, S. 866 f.

[68] Vgl. Hufen, Zur „Verrechtlichung" der Lehrinhalte — Tendenzwende durch eine „pedagogical-question-Doktrin" des Bundesverfassungsgerichts?, RdJB 1978, S. 31 ff. (43).

Maße ein der normativen Erfassung und Reglementierung verschlossener Raum. Als Prozeß menschlicher Begegnung lebt die Erziehung von der persönlichen Ausstrahlung des Erziehers und der Spontaneität des Augenblicks. Diesen gleichsam vorgegebenen Befund versucht man in der Schule mit der Kategorie der „pädagogischen Freiheit" des Lehrers einzufangen. Gleichgültig, ob man eine solche „pädagogische Freiheit" des Lehrers als Rechtsposition anerkennt oder in ihr nur einen Rechtsreflex sieht[69], fest steht, daß alle Normen, die Erziehungsziele und Lerninhalte zum Gegenstand haben, nur eine beschränkte Steuerungskraft zu entfalten vermögen. Mit ihnen steht es nicht anders als mit den Programmnormen im Rundfunk, die wegen ihrer Abstraktionshöhe zwar schnell eine generelle Verständigung ermöglichen, aber in der täglichen Anwendung gleichwohl immer wieder zu Dissensen führen und mangels ausgeprägter Regelungssubstanz kaum eine wirksame Kontrolle ermöglichen[70].

Entscheidend kommt es deshalb auch und gerade im Schulbereich weniger auf Normen als auf Personen, besser: Persönlichkeiten an. Wer in seiner schulischen Entwicklung nicht der ihn prägenden vorbildhaften Persönlichkeit begegnet, dem helfen noch so ausgefeilte Normen über Erziehungsziele und Lerninhalte nichts. Wer als Lehrer indoktrinieren will, den können noch so ausgefeilte curricula nicht daran hindern. Man muß also bei allen juristischen Überlegungen sich der geringen Steuerungskraft von Normen im Schulbereich bewußt sein und bleiben. Die Schulatmosphäre wird weniger durch die Normen als durch den Geist der Lehrer bestimmt.

2. Kompetenz und Gestaltungsfreiheit des Staates

Gemäß Art. 7 Abs. 1 GG hat der Staat die Befugnis, das staatliche Schulwesen zu gestalten. „Zu diesem staatlichen Gestaltungsbereich gehört nicht nur die organisatorische Gliederung der Schule, sondern auch die inhaltliche Festlegung der Ausbildungsgänge und Unterrichtsziele"[71].

Von der staatlichen Befugnis zur Festlegung von Unterrichts- und Erziehungszielen ist in den Landesverfassungen und Schulgesetzen der Länder ausgiebig Gebrauch gemacht worden[72]. Dem ist hier im einzelnen nicht nachzugehen.

---

[69] Vgl. dazu *F. Ossenbühl*, Die Rechtsstellung des Lehrers — unter besonderer Berücksichtigung der pädagogischen Freiheit, in: Schule im Rechtsstaat, Bildung Real 12/1, 1977, S. 22 ff.
[70] Vgl. *F. Ossenbühl*, Programmnormen im Rundfunk, in: Rundfunkrecht, hrsg. von der Gesellschaft für Rechtspolitik, Trier 1981, S. 1 ff.
[71] *BVerfGE* 34, 165 (182); NJW 1980, 2403.

VI. Bestimmung der Erziehungsziele und Lerninhalte

Das Problem liegt nicht in der Frage, ob der Staat in der Schule überhaupt Erziehungsziele festlegen darf, sondern vielmehr in der Frage, ob die Verfassung dieser unbestrittenen Festlegungskompetenz des Staates inhaltliche Schranken setzt und Direktiven vorgibt. Insoweit gewinnt zum einen das Neutralitäts- und Toleranzgebot eine dominierende Bedeutung[73]. Aus dem Verfassungsgebot der Neutralität des Staates, der sich nicht mit bestimmten Weltanschauungen identifizieren darf, erwächst das „Gebot maximaler Lehrzielneutralität" als eines der wesentlichen Elemente der modernen Bildungsverfassung[74]. Aus ihm ergibt sich ein gewisser Widerspruch, der darin besteht, daß Erziehungsziele positive Leitbilder voraussetzen, an denen sie orientiert werden können, daß die Identifizierung mit Leitbildern aber sogleich die Gefahr der Neutralitätsverletzung heraufbeschwört.

Dem Gebot der Zielneutralität entspricht das „Gebot ideologischer Neutralität" des Unterrichts und der Schule[75], ein Gebot, dem neuerdings ein korrespondierendes Grundrecht auf eine ideologisch tolerante Schule gegenübergestellt worden ist[76]. Neutralität als Freiheit von einer Staatsideologie meint Pluralität[77]. Die Schule soll die Strömungen und Auffassungen der Gesellschaft vermitteln, auch erläutern und kommentieren, auch bewerten, sich aber nicht mit ihnen identifizieren. Die Schule soll in ihrem Erziehungs- und Bildungsprogramm Gesellschaft abbilden, aber nicht verändern wollen. Einen Auftrag zur Veränderung der Gesellschaft hat die Schule nicht[78].

Die Stellung der Schule in Staat und Gesellschaft ist nicht zufällig mit Stellung und Aufgabe der Rundfunkanstalten in Parallele gesetzt worden[79]. Ebenso wie der Rundfunk muß die Schule vor der einseitigen Abhängigkeit einer weltanschaulich-ideologischen Richtung bewahrt

---

[72] Vgl. die systematisierende Bestandsaufnahme bei *H.-U. Evers*, Die Befugnis des Staates zur Festlegung von Erziehungszielen in der pluralistischen Gesellschaft, 1979, S. 34 ff.

[73] Vgl. namentlich *K. Schlaich*, Neutralität als verfassungsrechtliches Prinzip, 1972, S. 91 ff.

[74] *H.-U. Gallwas*, Die Privatschule im bayerischen Bildungswesen, BayVBl. 1970, S. 121 f.

[75] Vgl. *Ekkehart Stein*, Das Recht des Kindes auf Selbstentfaltung in der Schule, 1967, S. 51 f., 53.

[76] Vgl. *Th. Oppermann*, Gutachten C zum 51. Deutschen Juristentag, 1976, S. 92; *ders.*, Zum Grundrecht auf eine tolerante Schule, RdJB 1977, S. 44; *G. Eiselt*, Zur Sicherung des Rechts auf eine ideologisch tolerante Schule, DÖV 1978, S. 866.

[77] Vgl. *K. Schlaich*, Neutralität als verfassungsrechtliches Prinzip, 1972, S. 97.

[78] Vgl. *G. Eiselt*, DÖV 1978, S. 870.

[79] Vgl. *K. Schlaich*, Neutralität als verfassungsrechtliches Prinzip, 1972; *G. Püttner*, Toleranz und Lehrpläne für die Schulen, DÖV 1974, S. 656 ff. (659).

werden. Der Unterschied besteht nur darin, daß der Rundfunk von den Staatsorganen organisatorisch abgekoppelt worden ist, die Schule hingegen dem staatlichen Entscheidungssystem unterstellt bleibt und auf diese Weise in den Parteienstreit und in die Ideologieanfälligkeit geraten kann. Denn es läßt sich nicht leugnen: „Die jeweils Regierenden sind nicht neutral, sondern Partei im Meinungs- und Weltanschauungsstreit"[80]. Die Neutralitätsprobleme als Folge des verfassungsrechtlichen Neutralitätsgebotes sind hier nicht weiter zu verfolgen. Dies ist nicht das Thema der vorliegenden Untersuchung. Ihr Akzent liegt vielmehr auf inhaltlichen Schranken und Direktiven, die die staatliche Festlegungskompetenz im Bereich der Erziehungsziele durch das elterliche Erziehungsrecht erfährt.

3. Einflüsse durch das elterliche Erziehungsrecht

Was die inhaltlichen Einflüsse des elterlichen Erziehungsrechtes auf die staatliche Festlegungskompetenz anbetrifft, so besteht freilich eine innere Verbindung mit dem Neutralitätsgebot insofern, als sich die verschiedenen Erziehungskonzeptionen der Elternhäuser ebenfalls in der zu beachtenden gesellschaftlichen Pluralität als von der Schule zu beachtende Außen-Faktoren manifestieren. Von hier aus ist der Weg zum größten gemeinsamen Nenner im Erziehungsprogramm nicht weit[81]. Bemerkenswerterweise wird dieser gemeinsame Nenner in einer zunehmenden Hinwendung zu den Grundrechten und ihren Freiheitsgarantien gesehen[82]. Die Grundrechte fungieren insoweit als eine Art Ideologieersatz. Sie bilden den Basiskonsens, der jedem „zugemutet" werden kann und der deshalb zum Pflichtprogramm der Schule rechnet[83].

Doch lassen sich mit einem solchen Rückgriff die praktischen Probleme kaum bewältigen. Denn auch die Grundrechte sind vor einer Ideologisierung keineswegs gefeit. Abhilfe ist in erster Linie durch vorkehrende organisatorische Sicherungen zu gewährleisten.

Insoweit hat *Eiselt* Modelle vorgetragen, welche größte Beachtung verdienen[83a]. Sie sind geeignet, das Prinzip, nach welchem die Erziehung in der Schule in größtmöglichem Maße dem Willen der größtmöglichen Zahl der Eltern entsprechen muß, organisatorisch umzusetzen. Die Vor-

---

[80] G. *Püttner*, DÖV 1974, S. 657.
[81] Vgl. dazu oben Fünftes Kapitel, IV. 3.
[82] Vgl. K. *Schlaich*, Neutralität als verfassungsrechtliches Prinzip, 1972, S. 96.
[83] Vgl. z. B. Art. 56 Abs. 5 Satz 3 der Hessischen Verfassung von 1946: „Nicht zu dulden sind Auffassungen, welche die Grundlagen des demokratischen Staates gefährden."
[83a] DÖV 1978, S. 866 ff. (870 f.).

schläge *Eiselts* beruhen auf der richtigen Überlegung, daß Dissense im allgemeinen erst auf einer Stufe zu verzeichnen sind, auf der die formalgesetzlich festgelegten, sehr abstrakt formulierten Erziehungsziele zu konkreten Lernzielen ausgeprägt werden. Für die Ausprägung solcher Lernziele schlägt *Eiselt* folgende Möglichkeiten vor:

— Festlegung der Lernziele durch Verwaltungsvorschriften, die der Zustimmung eines Rahmenrichtlinienausschusses, in dem die Eltern vertreten sind, bedürfen, wobei diese Zustimmung nur mit einer *qualifizierten* Mehrheit abgegeben werden kann;

— Zustimmung zu den Rahmenrichtlinien durch einen Parlamentsausschuß ebenfalls mit *qualifizierter* Mehrheit;

— Erlaß der Rahmenrichtlinien als Rechtsverordnung, die dem Parlament vorzulegen sind, welchem ein Zustimmungsvorbehalt, ein Veto- oder ein Rückholvorbehalt zusteht. Der Zustimmungsvorbehalt wäre auch hier im Interesse eines breiten Konsenses mit *qualifizierter* Mehrheit auszuüben.

Diese Vorschläge sind nur als Anregungen für organisatorische Gestaltungsmöglichkeiten gedacht, die die gewonnenen Erkenntnisse über die Kooperation zwischen Staat und Elternhaus im Erziehungsbereich praktisch realisieren können. Das in der Demokratie grundsätzlich geltende Mehrheitsprinzip ist hierfür, wie schon mehrfach betont, ungeeignet, weil es durch andere Verfassungsentscheidungen modifiziert wird (Elterliches Erziehungsrecht, Neutralitätsgebot, Verfassungsentscheidung für eine pluralistische Gesellschaft)[84].

VII. Schulgebet

Ein ausgedehnter juristischer Streit ist über viele Jahre zur Frage der Zulässigkeit des Schulgebetes geführt worden[85]. Dieser Streit hat durch den Beschluß des Bundesverfassungsgerichts vom 16. Oktober 1979 sein Ende gefunden[86].

Die Zulässigkeit des Schulgebetes ist in dem größeren Zusammenhang der Zulässigkeit religiöser Erziehung im Rahmen der staatlichen Schul-

---

[84] Vgl. *U. Scheuner*, Konsens und Pluralismus als verfassungsrechtliches Problem, in: G. Jakobs (Hrsg.), Rechtsgeltung und Konsens, 1976, S. 33 ff. (64).

[85] Vgl. *F. Ossenbühl*, Erziehung und Bildung, AöR 98 (1973), S. 361 ff. (375 ff.); *E.-W. Böckenförde*, Vorläufige Bilanz im Streit um das Schulgebet, DÖV 1974, S. 253 ff.; beide mit weiteren Nachweisen aus der Rechtsprechung und Literatur.

[86] BVerfGE 52, 223; *E.-W. Böckenförde*, Zum Ende des Schulgebetsstreits, DÖV 1980, S. 323 ff.; *U. Scheuner*, Nochmals: Zum Ende des Schulgebetsstreits, DÖV 1980, S. 513 ff.; *E.-W. Böckenförde*, Schlußwort, DÖV 1980, S. 515.

erziehung schlechthin zu sehen. Das Bundesverfassungsgericht macht die Antwort zunächst vom Schultyp abhängig. Danach ist die Einführung „christlicher Bezüge bei der Gestaltung der öffentlichen Schulen nicht schlechthin verboten"[87]. Die staatliche Schule darf jedoch keine „missionarische Schule" sein und sie darf auch nicht in ihrem Erziehungsziel „konfessionell fixiert" sein. Die Vermittlung und Bejahung christlichen Gedankengutes „bezieht sich in erster Linie auf die Anerkennung des prägenden Kultur- und Bildungsfaktors, wie er sich in der abendländischen Geschichte herausgebildet hat, nicht auf die Glaubenswahrheit"[88]. Die religiöse Erziehung ist vielmehr eine prinzipiell den Eltern vorbehaltene Erziehung, die ihnen grundrechtlich gemäß Art. 6 Abs. 2 Satz 1 und Art. 4 Abs. 1 und 2 GG zusteht[89]. „Das Schulgebet als religiöser Bekenntnisakt, das außerhalb des Religionsunterrichts gesprochen wird, ist nicht Teil des allgemeinen Schulunterrichts, der im Rahmen des staatlichen Bildungs- und Erziehungsauftrags erteilt wird." Das Schulgebet kann demzufolge auch nicht Teil eines verbindlichen Lehrplans sein.

Es ist jedoch entgegen *Böckenförde* keineswegs zwingend, aus diesen Prämissen die Folgerung ableiten zu wollen, daß das Schulgebet dann auch organisatorisch vom Schulunterricht getrennt werden müsse und nicht während des Unterrichts gesprochen werden dürfe[90]. Eine solche Auffassung verkennt, daß das Schulgebet, obgleich außerhalb des staatlichen Erziehungsprogramms stehend, eine „schulische Veranstaltung" bleibt[91], deren Einrichtung je nach Schultyp vorgesehen werden kann. Die Eltern haben keinen Anspruch darauf, daß das Schulgebet als „schulische Veranstaltung" vorgesehen wird, aber der Staat ist verpflichtet, das Schulgebet (außerhalb des Schulunterrichts) zuzulassen, wenn dies von den Schülern bzw. ihren Erziehern gewünscht wird. Im letzteren Falle ist die Verrichtung des Schulgebetes dann allerdings keine „schulische Veranstaltung" mehr, sondern — juristisch gesprochen — Ausübung des Grundrechts der freien Religionsausübung in der Schule (als „besonderem Gewaltverhältnis")[92].

Wenn der Staat das Schulgebet als „schulische Veranstaltung" einführt, so bestehen von Verfassung wegen zwei Eingrenzungen. Zum einen muß die Teilnahme am Schulgebet auf dem *Prinzip der Frei-*

---

[87] *BVerfGE* 41, 29 (44 ff.) (Badische Gemeinschaftsschule); *BVerfGE* 41, 65 (77 ff.) (Bayerische Gemeinschaftsschule); *BVerfGE* 52, 223 (236 f.) (Schulgebetsbeschluß).
[88] *BVerfGE* 52, 223 (237).
[89] *BVerfGE* 52, 223 (235 f.).
[90] DÖV 1980, S. 323 ff.; gegen ihn: *U. Scheuner*, DÖV 1980, S. 513 ff.
[91] *BVerfGE* 52, 223 (240).
[92] Vgl. *E.-W. Böckenförde*, DÖV 1980, S. 323 ff. (325).

willigkeit beruhen. „Der Staat ordnet hier nicht an, er gibt ein Angebot, von dem die Klasse Gebrauch machen kann"[93]. Zum andern muß der Staat unter dem Gesichtspunkt der negativen Bekenntnisfreiheit nach dem *Toleranzgebot* einen Ausgleich mit denjenigen Schülern und Eltern suchen, die ein Schulgebet nicht wünschen. Der nicht betwillige Schüler muß „in zumutbarer Weise der Teilnahme (am Schulgebet) ausweichen" können[94]. Wann diese Zumutbarkeit gegeben ist, hängt von der „Würdigung der Rahmenbedingungen ab, unter denen das Gebet stattzufinden hat"[95].

Damit ist die Entscheidung über die Zulässigkeit des Schulgebetes nach einer langen juristischen Deduktion wieder in die Hände des praktizierenden Pädagogen zurückgelegt. Er muß in der jeweiligen Situation nach den Umständen des Einzelfalles entscheiden, ob unter Beachtung des Toleranzgebotes, welches auch dem nicht betwilligen Schüler Duldsamkeit abfordert, ein zumutbares Ausweichen möglich ist oder nicht. Eine gewisse praktische Hilfestellung liefert das Bundesverfassungsgericht, indem es mit Nachdruck den Toleranzgedanken betont und zum Ausdruck bringt, daß „im Regelfall eine den am Schulgebet nicht teilnehmenden Schüler diskriminierende Außenseiterstellung ausgeschlossen werden" kann[96].

VIII. Schülerbeurteilung sowie Gestaltung und Inhalt der Zeugnisse

Ein weiteres Problemfeld bildet die Frage der Schülerbeurteilung sowie die Gestaltung und der Inhalt der Zeugnisse. Gestaltung und Inhalt der Zeugnisse sind durch die in Nordrhein-Westfalen per Ministerialerlaß eingeführte Zeugnisreform[97] zu einem neuartigen Konfliktfeld im Schulbereich geworden. Die Motive für die Zeugnisreform sind komplex und können hier nicht im einzelnen dargetan werden[98].

Per saldo ist festzuhalten, daß die Zeugnisreform für die Klassen 1 und 2 der Grundschulen die Abschaffung der Noten und statt dessen eine allgemeine Beurteilung nach Lernbereichen vorsieht, ferner: daß an Stelle der überkommenen sog. Kopfnoten eine verbale Beschreibung des

---

[93] *BVerfGE* 52, 223 (240).
[94] *BVerfGE* 52, 223 (248).
[95] *BVerfGE* 52, 223 (249).
[96] *BVerfGE* 52, 223 (252 f.).
[97] Vgl. Erlaß des Kultusministers des Landes Nordrhein-Westfalen vom 13. 5. 1976 — II A 1.36 — 60/0 Nr. 552/76.
[98] Vgl. Näheres bei *F. Ossenbühl*, Rechtliche Grundfragen der Erteilung von Schulzeugnissen, 1978, S. 8 ff.; *D. Wilke*, Zeugnisreform als Erziehungsreform, 1980.

„Sozialverhaltens" des Schülers treten soll. Die mit der Zeugnisreform verbundenen rechtlichen Fragestellungen sind vielgestaltig[99]. Im vorliegenden Zusamenhang interessieren nur die thematischen Berührungspunkte mit dem elterlichen Erziehungsrecht, auf die sogleich zurückzukommen ist. — Ein weiteres Beispiel für einen Konflikt zwischen Elternhaus und Schule im Bereich der Schülerbeurteilung bildet die Frage, ob die Eltern das Recht auf die Bekanntgabe eines Notenspiegels bei Klassenarbeiten haben[100]. Viele Eltern wünschen insoweit klare Informationen über den relativen Leistungsstandard ihres Kindes, um die von ihrem Kind erzielten Noten zutreffend einschätzen und entscheiden zu können, ob verstärkte elterliche Überwachung und Nachhilfe geboten ist oder nicht. Diesem Informationswunsch der Eltern wird — im Gegensatz zur bisherigen Schulpraxis — zunehmend nicht mehr Rechnung getragen.

An Hand dieser beiden Beispielsfälle sollen im folgenden einige grundlegende rechtliche Aussagen versucht werden.

1. Ausgangspunkt: der grundrechtlich fundierte Informationsanspruch der Eltern gegen die Schule

Die Eltern haben aus dem grundrechtlich verbürgten elterlichen Erziehungsrecht gem. Art. 6 Abs. 2 Satz 1 GG gegenüber der Schule einen Anspruch auf Erteilung von Auskünften über Inhalt, Erfolg und Fortgang der Schulerziehung ihres Kindes. Dieser Anspruch ist dem Grundsatz nach seit langem in der Rechtsprechung der Verwaltungsgerichte anerkannt[101]. Er ergibt sich unmittelbar aus der Erziehungsaufgabe, die die Eltern gemeinsam mit der Schule als Verfassungspflicht zu erfüllen haben. Mit Recht wird in diesem Zusammenhang die schon erörterte Kooperationsformel des Bundesverfassungsgerichts zitiert[102], nach welcher die „gemeinsame Erziehungsaufgabe von Eltern und Schule ... in einem sinnvoll *aufeinander bezogenen Zusammenwirken* zu erfüllen" ist. Daß ein solches Zusammenwirken nur bei gegenseitiger Information „sinnvoll" möglich ist, bedarf keiner weiteren Erläuterung. Meinungsverschiedenheiten bestehen nicht über Grundlage und Existenz, sondern nur über den Inhalt und Umfang der Informationspflicht sowie die Art und Weise der Auskunftserteilung.

---

[99] Vgl. F. *Ossenbühl,* Rechtliche Grundfragen der Erteilung von Schulzeugnissen, 1978.
[100] Verneint von *BVerwG,* JZ 1978, 604.
[101] Vgl. *OVG Hamburg,* MDR 1958, 951 = VerwRspr. 11, 272; *OVG Koblenz,* DÖV 1963, 553 = RWS 1963, 245; *OVG Münster,* Urteil vom 25. 4. 1980 — 5 A 2442/78, S. 16; BVerwGE 19, 128 (131); JZ 1978, 604.
[102] Dazu oben Fünftes Kapitel, III. 4.

2. Inhalt und Umfang der Informationspflicht

Inhalt und Umfang der Informationspflicht der Schule sind an der Erziehungsaufgabe der Eltern zu orientieren. Die Eltern müssen soviel an Information aus dem Bereich der Schule verlangen können, wie notwendig ist, um der ihnen obliegenden Erziehungsaufgabe voll genügen zu können. Insoweit besteht kein Zweifel, daß die Schule verfassungswidrig handelt, wenn sie auf Befragen der Eltern erziehungsrelevante Informationen zurückhält oder verschweigt. Dies bedeutet nicht, daß die Schule verpflichtet wäre, dem Elternhaus permanent Informationen zukommen zu lassen, auch ohne daß solche Informationen gleichsam „abgefragt" würden. Eine solche Informationspflicht wird man lediglich bei schwerwiegenden Umständen oder bei signifikantem Leistungsversagen des Schülers annehmen können („blauer Brief"). Im übrigen kann sich die Schule auf standardisierte Informationen beschränken, die herkömmlicherweise in der Form von Zeugnissen erteilt werden. Man wird die Schule auch nicht für verpflichtet halten können, bei allen Klassenarbeiten einen Notenspiegel bekanntzugeben[103], eine solche Pflicht aber dann bejahen müssen, wenn die Eltern im konkreten Falle eine unzweideutige Auskunft darüber wünschen, wie ihr Kind im Gesamtzusammenhang der Klasse resp. im Gesamtfeld des Jahrgangs einzustufen ist. Solche Positionshinweise sind für Erziehungsentscheidungen der Eltern und ihr Verhalten gegenüber dem Kind (intensivere Unterstützung, verstärkte Nachhilfe und Überwachung etc.) von grundlegender Bedeutung[104].

Deshalb wird man den Inhalt und Umfang des elterlichen Informationsanspruchs jedenfalls so verstehen müssen, daß er auch eine genauere Auskunft darüber umfaßt, wie das Kind in den einzelnen Leistungsfächern in der Klasse einzuordnen ist, mag man auch den permanenten Notenspiegel für nicht geboten erachten[105]. Wollte man den Eltern eine Auskunft über den relativen Leistungsstandard verwehren, so würde dies nichts anderes bedeuten, als den Eltern die amtlich verordnete pädagogische Konzeption aufzunötigen und sie über von ihnen für wesentlich gehaltene Fragen im Ungewissen zu lassen. Denn die Abschaffung von Notenspiegeln und Notenvergleichen beruht offenkundig auf der Vorstellung, dies sei ein Beitrag zur Beseitigung des Leistungs- und Zensurendrucks und zur Bekämpfung des Konkurrenzdenkens innerhalb der Klasse. Wer so argumentiert, muß andererseits

---

[103] Vgl. *BVerwG*, JZ 1978, 604.
[104] Dies wird übersehen in *BVerwG* JZ 1978, 604; vgl. auch *Th. Maunz*, in: Maunz/Dürig/Herzog/Scholz, Grundgesetz, Kommentar, Art. 7 Rdnr. 211 (Stand: Sept. 1980) betr. Zeugnis ohne Noten.
[105] Vgl. auch *H.-U. Erichsen*, Verstaatlichung der Kindeswohlentscheidung?, 1978, S. 26 f.

konzedieren, daß es Elternhäuser gibt, die die „Konkurrenz" als ein positives Element der Erziehung einschätzen und es namentlich für fragwürdig erachten, Kinder in der schulischen Erziehung vom Konkurrenzdenken fernzuhalten, obwohl sie in der Welt der Erwachsenen nach Schulabschluß mit einem solchen Konkurrenzdenken permanent konfrontiert werden und fertig werden müssen.

Ob der Staat den Eltern der Schüler auch Beurteilungen über deren Sozialverhalten schlechthin „aufdrängen" darf, ist nicht so sehr Streitgegenstand wie die Frage, ob dies in der urkundlichen Form des Zeugnisses zulässig ist, wobei hinzukommt, daß für eine solche verbale Beurteilung nur wenige Zeilen zur Verfügung stehen[106].

3. Art und Weise der Information

Informationen können in vielfältiger Form gegeben werden, insbesondere mündlich oder schriftlich, standardisiert, d. h. durch Notengebung, oder verbal durch allgemeine Beurteilungen nach Lernbereichen. Das elterliche Erziehungsrecht kann durch die Art und Weise der Information beeinträchtigt werden, wenn diese den Informationsgehalt beschneidet und damit die Information und den Informationsanspruch verkürzt oder der Form nach „unverhältnismäßig" ist.

Insoweit gilt hinsichtlich der Abschaffung des Notensystems das schon Gesagte. Entscheidend kommt es darauf an, ob die gegebenen verbalen Beurteilungen nach Leistungsbereichen aussagekräftig sind. Hier kann sich unter Umständen ein Anspruch auf ergänzende Informationen ergeben[107]. Die *schriftliche* Beurteilung des Sozialverhaltens durch die Schule verstößt gegen den Grundsatz der Verhältnismäßigkeit. Für die Beurteilung des Sozialverhaltens ist ein zur Verfügung stehender Raum von wenigen Zeilen *ungeeignet*. Allein eine *mündliche* Information der Eltern durch den Lehrer vermag ein nuanciertes, dem Informationszweck angemessenes und dienliches Bild vom Sozialverhalten des Kindes zu vermitteln. Das Gespräch ist auch die weniger belastende Form, die dem Gegenstand angemessen ist. Aus dem mehrfach zitierten Kooperationsgebot eines „sinnvollen Zusammenwirkens zwischen Elternhaus und Schule" ergibt sich das *Prinzip der gegenseitigen Rücksichtnahme*, welches zwischen Elternhaus und Schule ähnliche rechtliche Funktionen zu erfüllen hat wie im Staatsorganisationsbereich die Ver-

---

[106] Vgl. zu diesem Unterschied F. *Ossenbühl*, Rechtliche Grundfragen der Erteilung von Schulzeugnissen, 1978, S. 54.

[107] So *OVG Münster*, Urteil vom 25. 4. 1980 — 5 A 2442/78, S. 16; zur Relevanz des Notensystems im Hinblick auf das Rechtsschutzinteresse: F. *Ossenbühl*, Rechtliche Grundfragen der Erteilung von Schulzeugnissen, 1978, S. 24 ff.

VIII. Schülerbeurteilung; Gestaltung und Inhalt der Zeugnisse 153

fassungsorgantreue[108]. Unter Beachtung des Prinzips der gegenseitigen Rücksichtnahme wird man dem Staat prinzipiell nicht das Recht zugestehen können, den Eltern Informationen aufzudrängen, die sie — jedenfalls *in dieser Form* — nicht wünschen. Mit ihnen kann der Staat im Grunde nichts erreichen, wenn die Eltern solche Informationen innerlich ablehnen. Sie können dann nämlich ihren Informationszweck, der darauf gerichtet ist, die Eltern mit Erziehungshilfen und Erziehungssignalen zu versehen, nicht erfüllen. Mehr noch: sie erreichen nur das Gegenteil, nämlich Mißstimmung und Unzufriedenheit, womöglich Vertrauensverluste gegenüber der Schule[109]. Ist aber die *schriftliche* Beurteilung des Sozialverhaltens der Kinder nicht nur nicht erforderlich, sondern im Gegenteil mit Gefahren der Mißdeutung verbunden, so gebietet es das Prinzip der Rücksichtnahme zwischen Elternhaus und Schule, daß der Staat von einer solchen Beurteilung — jedenfalls auf Wunsch der einzelnen Eltern — absieht[110].

---

[108] Dazu *W.-R. Schenke*, Die Verfassungsorgantreue, 1977; *K. Stern/H. Bethge*, Öffentlich-rechtlicher und privatrechtlicher Rundfunk, 1971, S. 33 ff.
[109] Vgl. *W. Dohse*, Reformvorschläge zum Schulzeugnis, in: Lebendige Schule, 1964, 2, S. 359 ff.
[110] Vgl. über das Pro und Contra zum „Wortzeugnis": *J. Ziegenspeck*, Zensur und Zeugnis in der Schule, 1973, S. 130 ff., mit Nachweisen; aus verfassungsrechtlicher Sicht: *F. Ossenbühl*, Rechtliche Grundfragen der Erteilung von Schulzeugnissen, 1978, S. 38 ff.

Literaturverzeichnis

(Auswahl)

Baumgarte, Gisela: Das Elternrecht im Bonner Grundgesetz, Diss. Köln, 1966.

Becker, Walter: Die Eigen-Entscheidung des jungen Menschen, in: Festschrift für Friedrich Wilhelm Bosch, Bielefeld 1976, S. 37 ff.

Beitzke, Günther: Nochmals zur Reform des elterlichen Sorgerechts, FamRZ 1979, S. 8 ff.

Böckenförde, Ernst-Wolfgang: Elternrecht — Recht des Kindes — Recht des Staates. Zur Theorie des verfassungsrechtlichen Elternrechts und seiner Auswirkung auf Erziehung und Schule, in: Essener Gespräche zum Thema Staat und Kirche, Bd. 14, Münster 1980, S. 54 ff.

Bosch, Friedrich Wilhelm: Rückblick und Ausblick oder De legibus ad familiam pertinentibus — reformatis et reformandis? (Familienrechtsreform in Vergangenheit, Gegenwart und Zukunft) FamRZ 1980, S. 739 ff., S. 849 ff.

— Volljährigkeit — Ehemündigkeit — Elterliche Sorge, FamRZ 1973, S. 489 ff.

Brauburger, Heinz: Elternrecht in der Förderstufe, RdJ 1968, S. 261 ff.

Diederichsen, Uwe: Die Neuregelung der elterlichen Sorge, NJW 1980, S. 1 ff.

— Zur Reform des Eltern-Kind-Verhältnisses, FamRZ 1978, S. 461 ff.

Dietze, Lutz: Pädagogisches Elternrecht oder staatliches Erziehungsrecht? — Versuch einer Zuordnung, in: K. Nevermann / J. Richter (Hrsg.), Rechte der Lehrer — Rechte der Schüler — Rechte der Eltern, München-Zürich 1977, S. 137 ff.

Eiselt, Gerhard: Zur Sicherung des Rechts auf eine ideologisch tolerante Schule, DÖV 1978, S. 866 ff.

Erichsen, Hans-Uwe: Verstaatlichung der Kindeswohlentscheidung?, Berlin-New York 1978.

Evers, Hans-Ulrich: Die Befugnis des Staates zur Festlegung von Erziehungszielen in der pluralistischen Gesellschaft, Berlin 1979.

Fehnemann, Ursula: Bemerkungen zum Erziehungsrecht in der Schule, DÖV 1978, S. 489 ff.

— Die Bedeutung des grundgesetzlichen Elternrechts für die elterliche Mitwirkung in der Schule, AöR 105 (1980), S. 529 ff. (erschienen nach Abschluß des Manuskripts).

Geiger, Willi: Das Elternrecht, sein Inhalt und seine Anwendung heute im Bereich der Schule, in: ders. (Hrsg.), Schulreform und Recht 1967, S. 33 ff.

— Die verfassungsrechtlichen Grundlagen des Verhältnisses Schule und Staat, in: W. Geiger / A. Arndt / F. Pöggeler, Schule und Staat, 1959, S. 13 ff.

— Kraft und Grenze der elterlichen Erziehungsverantwortung unter den gegenwärtigen gesellschaftlichen Verhältnissen, in: Essener Gespräche zum Thema Staat und Kirche, Bd. 14, Münster 1980, S. 9 ff.

— Recht des Staates und Elternrecht, FamRZ 1979, S. 457 ff.

Gernhuber, Joachim: Elterliche Gewalt heute, FamRZ 1961, S. 89 ff.

— Kindeswohl und Elternwille, FamRZ 1973, S. 229 ff.

Heckel, Hans: Elternrecht und Schule, in: H. Heckel, Schulrecht und Schulpolitik, Neuwied-Berlin 1967, S. 180 ff.

Hinz, Manfred: Kindesschutz als Rechtsschutz und elterliches Sorgerecht, Paderborn 1976.

Höhne, Norbert: Gerichtliche Kontrolle elterlicher Fehlentscheidungen, Diss. Frankfurt a. M., 1974.

Holstein, Günther: Elternrecht, Reichsverfassung und Schulverwaltungssystem, AöR 12 (1927), S, 187 ff.

Kirchhof, Paul: Die Grundrechte des Kindes und das natürliche Elternrecht, in: Praxis des neuen Familienrechts, 1978, S. 171 ff.

Kittner, Michael: Zur Grundrechtsmündigkeit des Minderjährigen am Beispiel der Koalitionsfreiheit (Art. 9 Abs. 3 GG), ArbuR 1971, S. 280 ff.

Landé, Walter: Die Schule in der Reichsverfassung, Berlin 1929.

Lecheler, Helmut: Der Schutz der Familie, FamRZ 1979, 1 ff.

Liske, Klaus: Elternrecht und staatliches Erziehungsrecht, Diss. Münster, 1966.

Lüderitz, Alexander: Elterliche Sorge und privates Recht, AcP 178 (1978), S. 263 ff.

Maunz, Theodor: Das Elternrecht als Verfassungsproblem, in: Festschrift für Ulrich Scheuner, Berlin 1973, S. 419 ff.

— in: Maunz / Dürig / Herzog / Scholz, Grundgesetz, Kommentar, Erl. zu Art. 6 und 7 (Stand: September 1980).

Maurer, Manfred: Das Elternrecht und die Schule, Diss. München, 1962.

Mnookin, Robert H.: Was stimmt nicht mit der Formel „Kindeswohl"?, FamRZ 1975, S. 1 ff.

Oppermann, Thomas: Elterliches Erziehungsrecht und staatliche Schulerziehung, in: Röper (Hrsg.), Die Schule und ihr Auftrag, 1979, S. 71 ff.

— Das Grundrecht auf eine tolerante Schule, RdJ 1977, S. 44 ff.

— Nach welchen rechtlichen Grundsätzen sind das öffentliche Schulwesen und die Stellung der an ihm Beteiligten zu ordnen?, Gutachten C zum 51. Deutschen Juristentag, 1976.

Ossenbühl, Fritz: Elternrecht in Familie und Schule, 1978.

— Zur Erziehungskompetenz des Staates, in: Festschrift für Friedrich Wilhelm Bosch, Bielefeld 1976, S. 751 ff.

— Rechtliche Grundfragen der Erteilung von Schulzeugnissen, Berlin 1978.

— Schule im Rechtsstaat, DÖV 1977, S. 801 ff.

— Verfassungsrechtliche Probleme der Kooperativen Schule, 1977.

Peters, Hans: Elternrecht, Erziehung, Bildung und Schule, in: Bettermann / Nipperdey / Scheuner, Die Grundrechte IV/1, S. 369 ff.

Püttner, Günter: Toleranz und Lehrpläne für Schulen, DÖV 1974, S. 656 ff.

Quambusch, Erwin: Die Persönlichkeit des Kindes als Grenze der elterlichen Gewalt, Diss. Freiburg, 1973.

Reuter, Dieter: Kindesgrundrechte und elterliche Gewalt, Berlin 1968.

Saladin, Peter: Rechtsbeziehungen zwischen Eltern und Kindern als Gegenstand des Verfassungsrechts, in: Festschrift für Hans Hinderling, Basel-Stuttgart 1976, S. 175 ff.

Simon, Dieter V.: Die Reform der elterlichen Sorge, in: Essener Gespräche zum Thema Staat und Kirche, Bd. 14, Münster 1980, S. 128 ff.

— Das neue elterliche Sorgerecht, JuS 1979, S. 751 ff.

Schmitt Glaeser, Walter: Die Eltern als Fremde, DÖV 1978, S. 629 ff.

— Das elterliche Erziehungsrecht in staatlicher Reglementierung, 1980.

Schmude, Jürgen: Das politische Interesse an der Erziehung, in: Bulletin der Bundesregierung Nr. 30 vom 19. 3. 1980, S. 251 ff.

Schwerdtner, Eberhard: Kindeswohl oder Elternrecht?, AcP 173 (1973), S. 227 ff.

Schwitzke, Klaus: Verfassungsrechtliche Probleme des Elternrechts im Schulwesen, RdJ 1974, S. 97 ff.

Starck, Christian: Staatliche Schulhoheit, pädagogische Freiheit und Elternrecht, DÖV 1979, S. 269 ff.

Stein, Ekkehart: Das Recht des Kindes auf Selbstentfaltung in der Schule, Neuwied 1967.

Stein, Erwin: Elterliches Erziehungsrecht und Religionsfreiheit, in: Handbuch des Staatskirchenrechts, Bd. II, 1975, S. 459 ff.

— Die rechtsphilosophischen und positiv-rechtlichen Grundlagen des Elternrechts, in: E. Stein / W. Joest / H. Dombois, Elternrecht, Heidelberg 1958, S. 5 ff.

Stöcker, Hans A.: Beschränkte Mündigkeit Heranwachsender — ein Verfassungspostulat, ZRP 1974, S. 211 ff.

Strätz, Hans-Wolfgang: Elterliche Personensorge und Kindeswohl, vornehmlich in der zerbrochenen Familie, FamRZ 1975, S. 541 ff.

Wiesner, Reinhard: Elternrecht, Jugendhilfe und die Stellung des jungen Menschen. Zu den Gesetzentwürfen über die Reform des Jugendhilferechts, ZRP 1979, S. 285 ff.

Wilke, Dieter: Zeugnisreform und Erziehungsreform, 1980.

Wimmer, Raimund: Das pädagogische Elternrecht, DVBl. 1967, S. 809 ff.

Zenz, Gisela: Die Reform der elterlichen Gewalt, AcP 173 (1973), S. 527 ff.

Zuleeg, Manfred: Familienpolitik und Verfassungsrecht, FamRZ 1980, S. 210 ff.

Printed by Libri Plureos GmbH
in Hamburg, Germany